Défis linguistiques et culturels pour la gestion des risques
dans l'espace rhénan et ailleurs

I0094945

transversales

Langues, sociétés, cultures et apprentissages

Vol. 50

Collection publiée sous la direction d'Aline Gohard-Radenkovic

Jacqueline Breugnot (éd.)

Défis linguistiques et culturels pour la gestion des risques dans l'espace rhénan et ailleurs

PETER LANG

Bruxelles · Berlin · Bern · New York · Oxford · Wien

Information bibliographique publiée par «Die Deutsche Nationalbibliothek»
«Die Deutsche Nationalbibliothek» répertorie cette publication dans la
«Deutsche Nationalbibliografie»; les données bibliographiques détaillées
sont disponibles sur Internet sous ‹http://dnb.d-nb.de›.

ISSN 1424-5868
ISBN (Print) 978-2-87574-521-7 • E-ISBN 978-2-87574-522-4 (E-PDF)
E-ISBN 978-2-87574-523-1 (EPUB) • DOI 10.3726/b19632
D/2022/5678/18

Cette publication a fait l'objet d'une évaluation par les pairs.

© Peter Lang P.I.E. SA
Éditions Scientifiques Internationales
Bruxelles 2022
Tous droits réservés.

Table des matières

Deuxième partie Les risques à fréquence faible

Troisième partie Les risques à fréquence élevée

Préface

Une communauté de destin

Chacun garde en mémoire cet épisode absurde de l'annonce météorologique télévisée de « l'arrêt » à la frontière allemande du nuage
radioactif venu de Tchernobyl en 1986. À l'époque, une meilleure coordination des services à l'échelle transfrontalière aurait sans doute évité
une telle bévue médiatique. On se souvient également de cet instant
d'effroi au moment de la fermeture de la frontière entre l'Allemagne et
la France au plus fort de la crise sanitaire en mars 2020 : ce pourquoi
nous nous étions battus, à savoir une Europe ouverte et solidaire, s'ef-
fondrait alors, laissant rejaillir les plus vivaces des blessures du passé.
On le sait, fort heureusement, la raison a fini par rapidement l'empor-
ter : avec nos homologues allemands, nous avons œuvré en Alsace pour
que l'évacuation des malades, ainsi que leur accueil dans les hôpitaux,
s'organisent dans les meilleures conditions et dans les deux sens en
fonction de l'évolution de la crise. Ce qui a permis de sauver des vies.

Notre communauté de destin dans l'espace rhénan n'est pas une
chimère, elle se doit d'être une réalité afin de nous protéger mutuellement. Et c'est sans doute en cela que cet ouvrage est si précieux. Il
aborde ce point essentiel, la gestion des risques, qu'ils soient sanitaires
ou climatiques, tout en plaçant celle-ci au cœur des défis linguistiques
et culturels de demain. Autrement dit, d'aujourd'hui.

En s'appuyant sur de nombreux exemples concrets, son approche
pluridisciplinaire propose un état des lieux complet et ouvre bien des
voies de réflexion autour d'un ensemble de solutions à mettre en œuvre.
Bon nombre de collaborations existent, mais que ce soit un tremblement

de terre, des inondations plus récurrentes ou une crise sanitaire comme celle que nous vivons, nous devons parfaire nos modes de communication pour agir vite et de manière plus efficiente.

Il est évident que nos profondes différences culturelles, institutionnelles et linguistiques constituent des freins, mais ces dernières résistances peuvent être assez aisément évacuées : la volonté est là, il suffit d'opter pour une méthodologie adaptée et adoptée par tous.

Derrière tout cela, ce qui transparaît de manière plus réjouissante c'est cet irrésistible désir de vivre ensemble dans l'espace rhénan, y compris quand se présente une situation préoccupante. Cet ouvrage nous montre que des pistes véritables existent pour renouer avec la dimension pionnière d'un territoire dont on ne retient parfois que les conflits du passé alors qu'il a tant œuvré dans l'Histoire dans le domaine de la sécurité civile et servi d'exemple pour l'humanité toute entière.

Frédéric BIERRY

Président de la Collectivité européenne d'Alsace

Jacqueline BREUGNOT

Introduction

Des inondations de grande ampleur dans la région de Trèves : « Qu'une chose pareille puisse se passer ici, en Allemagne ! ». Des hôpitaux complètement débordés en Alsace. La prise de conscience que des phénomènes que l'on pensait réservés à d'autres parties du globe pourraient bien se multiplier ici est rude. Confrontées aux événements qui se multiplient et font apparaître la fragilité des territoires et singulièrement du territoire rhénan face à des risques de plus en plus nombreux, inattendus ou surprenants, les populations attendent des responsables politiques une démarche active dans la prévention ou le traitement de ces catastrophes.

Un silo à grain explose dans la zone portuaire de Strasbourg. Les sapeurs-pompiers français contrôlent la situation, le bateau-pompe franco-allemand est réquisitionné selon la procédure prévue, la communication avec la préfecture se passe normalement, mais le bref délai avec lequel la municipalité allemande située de l'autre côté du Rhin sera prévenue aura permis à la rumeur de se répandre à Kehl : « Il y a de l'amiante. Les écoles de Strasbourg sont fermées. Et, nos enfants !!! Ils s'en fichent ! ». Un grand incendie à Offenburg : « Il faudrait prévenir les Français ! Mais qui appeler ? Dans quelle langue ? ». Incendie aux Haras de Wissembourg. Les sapeurs-pompiers volontaires allemands proposent leur aide : « Désolé, ce serait trop compliqué à gérer ».

Les exemples sont nombreux. Ils ne se limitent pas aux incendies ni aux catastrophes naturelles. Les responsables politiques comme les spécialistes des différents domaines ont pris conscience depuis des années de la nécessité d'établir des coopérations performantes et de renforcer les solidarités. De nombreuses avancées ont d'ores et déjà été réalisées. La plupart du temps, les responsables trouvent des solutions et font fonctionner des équipements et des équipes réellement transfrontaliers. Leurs exemples montrent qu'il existe plusieurs voies, plusieurs choix possibles et qu'au-delà des obstacles organisationnels, linguistiques, culturels, juridiques, des coopérations autour de la sécurité des citoyens sont à l'œuvre. Cependant, la nécessité de se préparer davantage et de prendre en compte l'intérêt d'une réelle coopération dans la protection d'espaces finalement géographiquement partagés se fait mieux ressentir au fil des catastrophes, qu'elles aient été prévisibles ou non. La gestion concertée de ces risques implique une réflexion nourrie par la connaissance des différents domaines concernés, en espérant qu'elle facilite des modes de communication appropriés.

L'ouvrage n'a bien sûr pas prétention à l'exhaustivité. Pourtant, il a été conçu pour proposer un large éventail de réflexions, d'expériences, d'analyses et de perspectives. Ainsi l'ensemble des contributions croisent-elles, à la fois les domaines concernés par les risques potentiellement transfrontaliers : inondations, tremblements de terre, incendies, maladies ou criminalité mais également les perspectives depuis lesquelles les difficultés seront abordées. Les auteurs sont donc issus de trois univers. Certains viennent du terrain et sont directement impliqués dans la gestion des risques. D'autres viennent de la recherche universitaire et sont experts d'un type de risque. D'autres encore travaillent sur la communication/réception de ces risques. Tous les cas s'inscrivent dans l'espace rhénan, sauf un. Nous avons intégré un cas lointain (le Pérou) afin de montrer les permanences susceptibles d'exister dans la problématique de la communication sur le risque et percevoir dans quelle mesure ces études lointaines pouvaient enrichir une réflexion ancrée dans des caractéristiques transfrontalières anciennes.

L'objectif est donc de créer une synergie entre des domaines partageant a priori des soucis communs et, au-delà de la question frontalière, d'initier des rapprochements institutions/universités comme interdisciplinaires. L'ouvrage rassemble un choix de treize contributions issues des différents domaines concernés. Ces textes s'adressent tant aux chercheurs qui travaillent sur la gestion des risques qu'aux responsables et acteurs de terrain soucieux de faire évoluer les pratiques, aussi bien au niveau des accords officiels internationaux qu'au niveau d'une recherche de solutions pragmatiques. Environ la moitié des contributions ont été traduites de l'allemand, qu'elles aient été rédigées par des professionnels de terrain ou des universitaires.

L'ouvrage a été structuré en quatre parties afin de faciliter l'orientation de la lecture.

–   La première partie a pour fonction de poser des principes et concepts permettant de clarifier le positionnement depuis lequel le lecteur pourra aborder les recherches et les pratiques des chapitres suivants.

–   Lorsque l'occurrence du risque est faible, ou que les services de secours se suffisent la plupart du temps à eux-mêmes, il est difficile de mettre en œuvre en amont les stratégies et les moyens qui seraient pourtant indispensables lorsque la catastrophe est là. Les inondations graves, les tremblements de terre, les pandémies ou les grands incendies ne se produisent heureusement que rarement. Comment alors justifier de passer du temps à apprendre une langue, à connaître la hiérarchie du système étranger, les adaptations techniques des matériels ? Ce sont de ces questions que traite la deuxième partie de l'ouvrage.

–   Et plus souvent, c'est bien la régularité et la fréquence du besoin de coopération qui va être moteur pour l'instauration d'outils et le développement de stratégies adéquates. Les personnels de la brigade fluviale franco-allemande, soutenus par le centre transfrontalier de formation linguistique de Lahr, vont développer des compétences bilingues, vont partager des locaux. Les juristes de part et d'autre de la frontière vont instaurer de manière informelle des rencontres conviviales mensuelles pour échanger sur les besoins respectifs. Les questions du choix de la langue dans la gestion d'un aéroport se posent au quotidien et les réponses, quelquefois surprenantes, doivent répondre à des besoins toujours imminents. La troisième partie de l'ouvrage apporte à ce sujet des solutions qui pourraient inspirer la plupart des acteurs de la sécurité.

—   Enfin la quatrième partie, s'attache à montrer comment des études
    scientifiques sont susceptibles de tracer des perspectives modèles
    dans la prise en compte des risques, dans les formes de communi-
    cation nécessaire à une gestion efficace.

Ces quatre parties permettent de croiser des ancrages disciplinaires,
culturels et professionnels dans l'intention délibérée de motiver et
d'alimenter des coopérations à même d'améliorer la protection des personnes.

Première partie
Expression et réception du risque

Andrea KYI-DRAGO

(Traduction Jacqueline BREUGNOT)

Quand on ne maitrise pas la langue de l'autre. Un tabou ? De l'identité dans les rencontres transfrontalières

Résumé: Dans les situations de risques, la qualité de la communication pourra faire pencher la balance entre danger et sécurité. Dans un contexte transfrontalier, où les protagonistes ne parlent pas la même langue, l'enjeu de la communication est d'autant plus important. Les tabous et encore plus la rupture des tabous peuvent signifier la fin immédiate de la communication et des relations interpersonnelles. Si cela se produit dans un contexte d'urgence ou de catastrophe, les conséquences peuvent être fatales. Il s'agit ici d'étudier si le fait de ne pas maîtriser la langue de l'autre ou une *lingua franca* peut être considéré comme tabou. Quels phénomènes sont ici à l'œuvre ? Avec quelles conséquences ? Comment procéder face aux barrières linguistiques et culturelles ? Il n'y a pas de solution miracle, chaque identité étant différente des autres. Il est possible en revanche de décider de se centrer davantage sur les personnes et de développer une meilleure connaissance du fonctionnement et des enjeux des tabous.

Mots clés: Communication en cas de risque, coopération transfrontalière, tabou, identité, langue étrangère.

Abstract: In high-risk situations, the success of communication can make the difference between danger and safety. In cross-border contexts, where the protagonists do not speak the same language, the challenge of and to communication is all the greater. Taboos and even more so taboo-breaking can imply the immediate end of communication, because taboo-breaking violates the identity of persons. If this happens in a case of emergency or of catastrophe, the consequences can be fatal. The relevant question in this paper is whether the very fact of not speaking the other person's language or a *lingua franca* is a taboo. What are the active phenomena? What are the consequences? How to deal with linguistic and cultural barriers? There is no magic formula, as every identity is different. However, it is possible to focus more on the individual and develop a better understanding of how taboos work and what is at stake.

Keywords: Risk communication, cross-border cooperation, taboo, identity, foreign language.

Introduction : Ce que je ne peux pas dire...

La coopération et la coordination reposent en grande partie sur la qualité de la communication mise en place. La coopération s'inscrit généralement dans la perspective d'atteindre un objectif, au moins partiellement, partagé. L'implication de chacun, tant par son comportement que par les interactions qu'il initie, conditionne la qualité des résultats obtenus. La confiance est un élément déterminant dans la qualité de cette communication, *a fortiori* lorsque la coopération transfrontalière porte sur la gestion des risques. Même lorsqu'on part de l'existence, *a priori*, d'une relation de confiance entre les participants concernés, la pratique des langues en présence, l'incapacité d'utiliser la langue de l'autre ou la langue dominante dans les échanges restent souvent un tabou qui peut entraîner des dysfonctionnements graves. Ainsi, pourra-t-on constater lors de réunions que certaines personnes s'arrêtent brusquement de parler, alors même qu'elles n'ont manifestement pas dit tout ce qu'elles savaient sur un sujet donné (Breugnot, 2014). Le mutisme peut aussi résulter de l'impression que l'interlocuteur, issu d'une autre culture, ne comprendra pas ce qu'elles veulent dire même si leur propos serait parfaitement intelligible dans la culture nationale, conçue comme monolithique parce que familière. Le locuteur considère que les différences en matière de discrétion, de tact, ou au contraire dans la manière directe et sans fioritures représentent des limites à la communication interculturelle. Trouver la bonne distance est difficile et parfois l'envie même de la trouver est absente. Alors, apparaissent les incompréhensions et la communication en pâtit. Ce qui était un risque inhérent à la communication devient une mise en danger de la coopération et de la collaboration, facile à imaginer dans un contexte tel que les services d'incendie et de secours. La contribution qui suit traite de ce qu'on ne peut pas dire, de ce qui est indicible.

Dans la plupart des cas, lorsque des personnes qui ne parlent pas la même langue et pour lesquelles, au-delà des différences culturelles, les différences linguistiques sont un défi à une communication réussie, il existe deux solutions : soit les protagonistes font appel à un service d'interprétariat, soit ils se « débrouillent » avec une *lingua franca*, souvent l'anglais, complétant si nécessaire avec un attirail non verbal ou *para* verbal. On pourrait considérer les barrières franchies ainsi que la pertinence de la question du tabou comme injustifiée ; ou du moins s'interroger sur le lien existant entre la communication professionnelle en contexte plurilingue et la présence de tabous.

L'analyse d'un corpus de réunions de travail fait pourtant apparaître le phénomène suffisamment fréquemment pour qu'il semble nécessaire de l'étudier. Nous proposons donc de faire une brève présentation du socle théorique :

– en formulant une définition du tabou en tant que phénomène,
– en décrivant le lien qui existe entre tabou et traduction,
– en analysant la relation entre tabou et jeux de pouvoir.

Celui-ci servira de fondement pour établir la compréhension de deux situations issues de la vie quotidienne dans lesquelles la place du pouvoir, de la manipulation et du risque en même temps que la présence d'éléments à caractère tabou sont identifiables. À partir de ces deux exemples, nous tenterons d'analyser et d'interpréter le jeu des interactions et de formuler quelques suggestions pour échapper à ces dysfonctionnements.

1. Les tabous

Pour comprendre le tabou en tant que système et pour en fournir une définition fiable, il convient d'en donner les catégorisations possibles, les domaines où il est observable et les motivations qui le font apparaître.

Kraft (2015) définit les tabous comme des préceptes d'évitement. Il énonce dix thèses décrivant clairement leurs propriétés, leurs fonctions et leurs effets. Les tabous sont des phénomènes actuels de notre société. Ce sont des règles d'évitement dont la violation est punie par l'exclusion de la communauté. Il existe un large éventail de manifestations qui servent à préserver l'identité des personnes. Les tabous dépendent toujours du contexte et chaque groupe, chaque lieu et chaque événement a ses tabous, souvent très différents.

Il existe donc plusieurs manières de catégoriser et de comparer les tabous. Les domaines (Schröder, 2003 : 311) ou, plus précisément les types de comportements où l'on peut relever des tabous concernent aussi bien les objets, les formes de contacts, les actions, le langage, les pensées ou les émotions (Schröder 2013 : 9). Il s'agit de variables susceptibles d'être affectées par un élément tabou. Certaines pensées peuvent être affectées, certaines émotions. Chaque variable pourrait faire l'objet d'une catégorisation. Dans un souci de clarté, nous distinguerons dans un premier temps trois catégories principales : celle des objets, celle du langage, celle des actions. La première catégorie concerne les choses interdites au toucher, les lieux interdits d'accès (pour une raison sacrée ou de préséance, par exemple). La deuxième correspond à toutes les paroles interdites (grossièreté, sacrilège) et la troisième intègre tous les comportements interdits par les codes sociaux (comme l'exhibitionnisme). Ces trois catégories ne recouvrent pas nécessairement les mêmes domaines mais sont liées les unes aux autres. Certaines choses ne peuvent être dites mais peuvent être faites et inversement (paroles interdites mais gestes permis entre partenaires sexuels ou pratiques interdites mais paroles permises dans un contexte médical). Certains objets ne deviennent tabous qu'en relation avec certaines actions. Il est par exemple malvenu de manger son chat. Manger n'a pas de caractère tabou, le chat de la maison non plus. C'est la combinaison des deux qui produit l'inacceptable.

Il est possible de catégoriser les tabous à partir du type de motivation qui doit pousser à les éviter. Cela peut être la peur du rejet, la honte, l'idéologie qui mènera à permettre ou interdire certains comportements sociaux, ou le souci de la décence (Schröder, 2003 : 311 ; Grundmann, 2010 : 46).

Les domaines concernés sont multiples : le corps, le genre, la mort, la religion, l'argent, la profession, l'échec, la violence, le pouvoir... (Balle, 1990). Certains phénomènes seront socialement acceptables dans certains contextes mais relèveront de l'interdit dans d'autres. Pour reprendre l'exemple du cabinet médical, certaines paroles ou comportements y seront admis comme normaux tandis qu'ils seront scandaleux dans la rue. On voit ici que certains comportements ou paroles peuvent momentanément échapper au tabou. Il existe trois attitudes face au tabou : il peut être respecté, dissimulé ou brisé. Généralement la dissimulation se réalise par la parole. On aura recours à un euphémisme, à un glissement de sens ou à une métaphore. On pourra juger plus approprié de dire « mon père nous a quittés » plutôt que « mon père est mort » ou « mon père est à l'étranger » plutôt que « mon père nous a quittés ».

Les tabous fonctionnent comme des garants de l'identité et leur non-respect peut mettre celle-ci en danger. Toute modification dans la place et le traitement qui leur sont alloués entraîne des changements non seulement pour la personne mais pour l'ensemble des formes sociétales, que ce soit la famille, les cercles amicaux, professionnels ou même plus larges si l'on pense aux communautés religieuses ou politiques. Les niveaux sociaux qui constituent les composantes du groupe dans lequel s'applique un tabou correspondent et interagissent avec les niveaux de valeurs de l'être et du devenir (Sauer, 2019 : 46–47).

Nous reprenons, pour suivre Fabricius (2003 : 28–29), une terminologie plus large pour définir le concept qui nous intéresse et utiliserons désormais la terminologie de « dimension taboue » plutôt que le tabou *stricto sensu*. En effet, cela doit nous permettre de prendre en compte certains éléments utiles à la compréhension de l'émergence, du déroulement et des conséquences du phénomène. Le tabou absolu serait selon lui, pour tout le monde, impensable, inexprimable et impraticable (Fabricius, 2003 : 28). Seront donc inclus également les éléments susceptibles de causer suffisamment de gêne pour mener à l'exclusion, au rejet de celui qui aura brisé les codes du socialement acceptable.

Les catégorisations et classifications brièvement présentées ici montrent qu'il s'agit d'un phénomène complexe présentant des facettes multiples et affectant l'identité des personnes de manière à la fois individuelle et variée. Pour illustrer mon propos, et montrer la pertinence de l'étude sur la communication en contexte plurilingue et pluriculturel, voici un aperçu de ce que peut signifier l'existence de tabous dans la pratique professionnelle de traducteurs et d'interprètes.

2. Tabous et traduction

Les traducteurs et interprètes ont une fonction de médiateurs linguistiques et culturels et leur pratique se situe au croisement de langues, de cultures, de religions, d'idéologies, de tabous et de censures
(Lebedewa, 2016 : 7). Les systèmes de valeurs et de représentations
des protagonistes sont la plupart du temps différents. Le traducteur et
l'interprète sont en permanence confrontés à la question de savoir s'ils
doivent préserver les valeurs du discours de l'un ou les traduire dans le
système de l'autre (Lebedewa, 2016 : 9). Quelle que soit la décision, elle
impliquerait pour pouvoir y répondre que les systèmes impliqués soient
parfaitement maîtrisés par l'interprète, ce qui est quasiment impossible
et ne serait pas d'une grande utilité si les deux systèmes de langue et de
culture ne disposent pas d'un territoire commun. L'interprète devient
alors un briseur de tabou. En raison du lien inextricable entre traduction et interprétation, les traducteurs ont toujours été des briseurs de
tabou notoires (Lebedewa, 2016 : 25). Braem (1966) avait déjà fait une
constatation équivalente et la description qu'il fait du profil professionnel du traducteur est toujours d'actualité.

> Es gibt gute Übersetzer literarischer und wissenschaftlicher Werke. Aber ich
> kann nur meinem Feinde wünschen, ihre « Aufgaben » erfüllen zu müssen,
> ihren « Erfordernissen » entsprechen zu sollen, ihre « Ausbildung » bis zum
> bitter guten Ende durchzustehen (Braem, 1966).

> [Il existe de bons traducteurs d'ouvrages littéraires et scientifiques. Mais je ne
> peux souhaiter qu'à un ennemi de devoir accomplir ses « tâches », à satisfaire
> ses « exigences », à mener à bien sa « formation » jusqu'au bout.] (Traduction
> de l'auteure).

Réduire le traducteur à son bilinguisme serait donc insuffisant. La cher-
cheuse en traductologie, Nord, ne mentionne même pas le bilinguisme
ou la maîtrise de deux langues comme compétence d'un traducteur
dans son aperçu des compétences traductionnelles générales (Nord,
2011 : 237). Une bonne connaissance des langues impliquées dans
le processus de traduction ou d'interprétation est un prérequis pour
le professionnel. Le défi d'accomplir son travail dans des situations

présentant des tabous va bien au-delà de la maîtrise des langues. Ce qui est nécessaire, ce sont des compétences telles que des connaissances pratiques, techniques et spécialisées, des connaissances culturelles (Nord, 2011 : 237) et, surtout, des connaissances rhétoriques et de l'empathie ; connaissances que le traducteur doit acquérir et cultiver grâce à une formation constante (Kohlmayer, 2018). C'est la combinaison de ces compétences et du bilinguisme ou la maîtrise de deux langues qui vont définir le traducteur. C'est la familiarité du passage d'un monde de références à un autre qui constitue la principale différence entre un interprète et un locuteur monolingue.

Deux exemples issus d'un contexte de traduction présentant des éléments relevant du tabou devraient éclairer mon propos : ce qu'on appelle, d'une part, la pseudo-traduction et, d'autre part, la traduction cannibale. Dans le cas de la pseudo-traduction, la personne qui traduit le fait dans une langue qu'elle maîtrise, certes, mais à laquelle elle ne s'identifie pas. Les textes produits sont donnés comme « traduction », ce qu'ils ne sont pas. La pseudo-traduction ou traduction supposée (Jeandillou, 1994) ou encore fictive concerne un texte qui, présenté comme traduction, postule un original qui lui tient lieu de garant (Martens, 2011). Ils peuvent utiliser la fonction du tabou, mais à des fins manipulatrices. Se présentant comme simples traducteurs, ils se dédouanent ainsi de la responsabilité de les avoir brisés. Dans la traduction dite cannibale, un texte source et sa culture sont absorbés ou bien la culture cible est soumise au cannibalisme.

> Kannibalisch übersetzen meint, dass der Übersetzer das Original interpretierend verdaut und es als Übersetzung in der Zielsprache neu erschafft als eine die eigene Autorschaft beanspruchende Leistung des Übersetzers. So gerät die Übersetzung zu einer Neuschöpfung durch die kreative Leistung des Übersetzers. Sie nimmt keinen untergeordneten Status unter dem Original mehr ein, sondern tritt mit dem Anspruch auf, eine dem Original ebenbürtige literarische Leistung, eine so genannte « Transkreation » (Lebedewa, 2016 : 14).

> [Traduire de manière cannibale signifie que le traducteur digère l'original d'une manière interprétative et le recrée comme une traduction dans la langue cible comme une réalisation du traducteur qui revendique sa propre paternité. La traduction devient ainsi une nouvelle création à travers le travail créatif du traducteur. Il n'a plus de statut subordonné à l'original, mais apparaît avec la prétention

d'une réalisation littéraire à égalité avec l'original, une soi-disant « transcréa-tion ».] (Traduction de l'auteure).

Là encore, le traducteur peut utiliser l'invisibilité qu'on attend de lui pour attribuer le texte produit à son auteur original (Lebedewa, 2016 : 33).

La communication en contexte plurilingue ne se limite pas à remplacer des mots d'une langue par une autre. Le traducteur se trouve dans une position délicate, lorsque dans les situations de tabou la pertinence du tabou n'est pas évidente au départ. Le traducteur doit toujours se demander si une déclaration dans une langue cible est une violence culturelle voulue, si elle était dans la langue source et *vice versa*. Nous le voyons, la décision à prendre est bien ancrée dans une interaction entre tabou et pouvoir. Et cela s'applique non seulement au traducteur, mais à toutes les personnes en communication les unes avec les autres.

3 Tabou et pouvoir

L'origine même du terme tabou indique un lien indissociable avec celui de *mana*. Les tabous exercent le pouvoir en stipulant au sein d'une société ce que les membres de cette société ne sont pas autorisés à faire, à dire ou à penser :

> Mana meint das « außerordentlich Wirkungsvolle », eine übernatürliche Kraft, die sich im Tabu manifestiert. [...] Bei jedem Tabu, das wir in unserer Umgebung entdecken, lohnt es sich, nach dem Mana [der Macht] dieses Tabus zu fragen. Was würde, vertreten durch welche Personen, passieren, wenn ich dieses oder jenes jetzt tue oder sage? Was davon entspricht wirklich der Macht eines « Tabuwächters » – und was schreibe ich ihm möglicherweise lediglich zu? Sind es vielleicht nur die in mir vorhandenen Bilder (Introjekte), die mir Angst einjagen und die ich auf andere Menschen zu projizieren bereit bin? (Kraft, 2015: 17).

> [Mana signifie « l'extraordinairement efficace », un pouvoir surnaturel qui se manifeste dans le tabou. [...] Avec chaque tabou que nous découvrons dans notre environnement, il vaut la peine de s'interroger sur le mana [le pouvoir] de ce

tabou. Que se passerait-il, représenté par quelles personnes, si je faisais ou disais ceci ou cela maintenant ?! Lequel de ceux-ci correspond vraiment au pouvoir d'un « gardien tabou » – et qu'est-ce que je viens peut-être de lui attribuer ?! Est-ce peut-être seulement les images (introjects) qui existent en moi qui me font peur et que je suis prêt à projeter sur les autres ?] (Traduction de l'auteure).

L'interaction entre tabou et pouvoir est présentée différemment selon la perspective sous laquelle on l'envisage. Budde (2013 : 6) distingue le pouvoir négatif, qui implique l'exercice d'un degré élevé de coercition et le pouvoir positif, c'est-à-dire l'influence délibérée. Le pouvoir personnel en tant que tabou peut exister lorsqu'une personne transgresse intentionnellement un tabou, mais aussi lorsqu'elle y adhère volontairement, alors que l'un des interlocuteurs juge nécessaire de le transgresser. La délimitation entre les deux perspectives n'est d'ailleurs pas toujours claire. La qualification d'une intention dépend de la position des protagonistes. Ainsi, l'intervention de l'armée en cas de risque majeur en Allemagne est encore taboue et susciterait sans doute de vives réactions même si leur mission était de sauver des vies. Le pass sanitaire reste tabou pour les anarchistes, etc.. . .

En même temps, la perception du pouvoir ou de la puissance personnelle est subjective. Elle n'est même pas toujours consciente. La transposition de ce pouvoir ou de cette puissance dans les interactions pourra prendre des formes qui recourent à la préservation du tabou, à sa transgression ou à l'interdiction de la transgression. (Balle (1990 : 17) rappelle d'ailleurs que tabou signifie pouvoir. Celui qui l'utilise ou le transgresse consciemment, a le pouvoir en main. Et puis il y a les sources du pouvoir : l'argent, la capacité de nuisance, les informations non partagées, la hiérarchie. . . comportent souvent elles-mêmes une dimension taboue.

La transgression délibérée des tabous peut ainsi donner ou retirer le pouvoir. Balle (1990 : 27) cite l'exemple suivant pour illustrer son propos : « La bienséance exige que le représentant de la classe supérieure se mette au niveau de son interlocuteur afin d'éviter les situations embarrassantes » (Balle, 1990 : 27). Si ce tabou de la bienséance est brisé dans une conversation, dans laquelle le « représentant de la classe supérieure » parle depuis son propre niveau, de telle sorte que le représentant de la classe inférieure ne le comprend pas, la relation de pouvoir surgit. Ceci est également possible quelle que soit la nature de l'appartenance sociale : par exemple si une personne habituée à parler dialecte n'utilise pas la langue standard, de sorte que l'interlocuteur a du mal à la comprendre (Balle, 1990 : 27). Des facteurs indépendants de la classe (dans l'exemple du dialecte, mais aussi le jargon technique, ou de la sphère privée comme le sport) sont également capables de créer un déséquilibre de pouvoir.

L'utilisation habile de moyens rhétoriques pour faire face à un tabou peut accroître le pouvoir.

Der Sprecher legt sich durch Benutzung von Euphemismen nicht fest und schafft sich dadurch Macht. Dies ermöglicht ihm, den Hörer zu manipulieren, indem er bestimmte Informationen verhüllt oder eine bestimmte Auffassung als richtig/falsch hinstellt, wenn er sich seiner Rolle bewußt ist (Balle 1990: 178).

[Le locuteur, en utilisant des euphémismes, ne s'engage pas et crée ainsi du pouvoir. Cela lui permet de manipuler l'auditeur en masquant certaines informations ou en présentant un certain point de vue comme étant juste/mauvais lorsqu'il est conscient de son rôle.] (Traduction de l'auteure).

Quelquefois, un locuteur adoptera une forme d'expression choquante, voire inconvenante par sentiment d'impuissance, étant dépassé par la situation, mais d'autres fois il optera volontairement pour des propos choquants afin de déstabiliser son interlocuteur. Ce dernier n'étant pas en mesure, pour une raison ou pour une autre (positionnement hiérarchique, insécurité linguistique, . . .) d'adopter le même registre, éprouvera une gêne qui le mettra en position d'infériorité.

D'ailleurs, le pouvoir en soi est un sujet tabou. À ce sujet (Harder (2013 : 11) écrit :

Macht, wer keine hat, redet darüber, wer hat, redet nicht darüber. [. . .] Wer Macht hat, erlebt Wirksamkeit und Kompetenz und glaubt häufig, es sei seine persönliche Eigenheit [. . .] Allenfalls wird Macht noch wie Geld (das mit Macht viel zu tun hat) mit "Energie„ umschrieben.

[Le pouvoir, celui qui ne l'a pas, en parle, celui qui l'a n'en parle pas. [. . .] Celui qui a le pouvoir fait l'expérience de l'efficacité et de la compétence et croit souvent qu'il s'agit là de ses qualités personnelles [. . .] Tout au plus, le pouvoir est encore décrit comme « énergie », comme l'argent (qui a beaucoup à voir avec le pouvoir)]. (Traduction de l'auteure).

Là où il y a du pouvoir, il y a aussi des déséquilibres de pouvoir qui sont source de difficultés pour toutes les personnes impliquées. L'interlocuteur le plus élevé dans la hiérarchie peut ne pas déclarer explicitement qu'il a plus de pouvoir. Parce que dès que cela serait ouvertement abordé, il pourrait être exposé. L'accusation subliminale d'utiliser la position de pouvoir pour soi est dangereusement évidente pour le supérieur hiérarchique. La partie qui échoue peut en éprouver des sentiments de colère envers la partie la plus puissante et souffrir de sa propre impuissance. L'inverse est également possible : le supérieur hiérarchique affiche ouvertement son pouvoir et rend ainsi tabous les contradictions ou opinions divergentes de son interlocuteur.

Sur la base de ces connaissances fondamentales, revenons à notre question initiale : les gens préfèrent-ils se taire quand ils parlent mal la langue de l'autre ou la lingua franca par peur de la honte ?

Afin d'approfondir la question et d'envisager des alternatives, voici deux observations issues de situations réelles : « La panne de voiture » et « La réunion de travail ».

4. Dans la vie privée ou professionnelle

Les deux exemples présentés ici : « la panne » et « la réunion de travail » sont des situations qui relèvent de la vie quotidienne. Le premier cas se déroule dans un contexte privé : il s'agit d'appeler à l'aide une personne dont on ne parle pas la langue. Le second se situe dans un contexte professionnel : il s'agit d'une confrontation d'une séquence d'interprétariat et d'un dialogue direct recourant à l'anglais comme *lingua franca*.

4.1. La panne de voiture

Une Allemande est au volant de sa voiture, en France, avec ses enfants. Un pneu éclate. Elle parvient à se garer sur le bord de la route. Elle reste là. Elle ne sort pas de sa voiture. Une autre automobiliste, également allemande, remarque la voiture à l'arrêt, mais poursuit sa route. Reprenant le même chemin en sens inverse. Elle remarque que la voiture est toujours là et se rend compte que quelqu'un est assis dans la voiture. Elle sort pour voir si tout va bien. La femme assise dans la voiture semble tétanisée. Lorsqu'on lui demande si elle a déjà appelé un garage ou si elle a essayé d'arrêter quelqu'un, elle répond que tout cela aurait été inutile parce qu'elle ne parle pas français et qu'elle ne pense pas que les Français parlent allemand, ni anglais d'ailleurs. Elle-même se sent un peu honteuse de ne pas être capable de se débrouiller en français. Elle se sent bête de ne pas savoir comment faire.

La conductrice allemande qui s'est arrêtée appelle alors à l'aide et reste jusqu'à ce que le pneu soit changé. La mère des enfants est à quelques mètres. Évidemment, sa position est embarrassante devant la conductrice allemande. Une fois la panne réparée, elle la remercie pour son engagement et poursuit sa route avec ses enfants.

Que s'est-il passé ?

Ne pas maîtriser la langue étrangère a été tabouisé par la conductrice. D'un côté, le motif semble irrationnel. Elle craint d'échouer, de se rendre ridicule ou agaçante. D'un autre côté elle a honte d'elle-même, de ne pas être capable de parler français. Peut-être que la présence des enfants accroît le sentiment de désarroi. Il semble en effet très exagéré, vu de l'extérieur, n'étant pas concerné, de dramatiser une situation somme toute commune. En revanche, une personne qui s'est trouvée dans une situation comparable pourra très bien imaginer les sentiments vécus par la conductrice et l'impact du caractère inavouable d'une faiblesse.

4.2. La réunion de travail

Une réunion d'affaires rassemblant des cadres de différents pays se tient en Allemagne. L'objectif de la réunion est de planifier le redéploiement des employés. Il s'agit de l'assemblage de systèmes techniques dans des conditions potentiellement dangereuses. Les participants viennent d'Allemagne, de Grande-Bretagne (la réunion a eu lieu avant le Brexit), de France, d'Italie, d'Espagne, du Portugal, du Danemark et des États-Unis. La conférence doit être interprétée professionnellement selon le système suivant : la langue de base de tous les interprètes est l'allemand, la langue cible est la langue nationale respective. Tout ce qui est dit dans toutes les langues est interprété en allemand et de là dans les langues cibles respectives. En conséquence, il y a parfois des retards très brefs dans l'interprétation, surtout dans les situations où la discussion est un peu confuse. Survient une situation où un participant venant d'Allemagne suggère de ne plus utiliser le système d'interprétariat. Il se met à parler anglais et invite tous les participants à s'exprimer directement en anglais également. Étant donné que toute la correspondance par courrier électronique se fait en anglais, il peut supposer que tout le monde le parle. D'ailleurs, personne ne s'y oppose. À partir de ce moment, cependant, la participation des Français, des Italiens, des Espagnols et des Portugais à la discussion diminue sensiblement, voire se tarit complètement. Ils restent là, passifs. Leur activité consiste en grande partie à prendre des notes, tandis que les autres participants poursuivent gaiement la conversation, se sentant manifestement très à l'aise avec cette solution.

Les interprètes étaient libres de rester ou de partir. Le tarif convenu pour la journée n'était pas remis en cause puisque c'était la décision spontanée du client de ne plus utiliser leurs services. Un grand nombre d'interprètes est cependant resté présent jusqu'à la fin.

Les implications du choix du dirigeant

Le dirigeant qui décide d'utiliser l'anglais comme *lingua franca*, se sent sans doute légitime, en qualité d'hôte et partant du principe que l'anglais est déjà établi comme langue de communication dans l'entreprise. Sait-il que tous les participants sont capables de rédiger et de comprendre des courriers électroniques en anglais, comme il le fait lui-même ? Il est aussi possible que d'autres motivations soient en jeu. Il peut rechercher une connivence avec les partenaires « du Nord ». Il peut savourer, même inconsciemment, la supériorité que lui confère la maîtrise de la langue – en termes de communication et d'image de soi. Il est bien difficile d'y échapper ! Il se peut aussi que l'anglais soit reconnu comme un *must* et tant pis pour ceux qui ne le maîtrisent pas bien. Que ce soit alors pour lui le moyen d'exprimer une attente.

Comme on le voit les motivations pour opter pour l'anglais comme *lingua franca*, sont nombreuses et plus ou moins avouables. Il en résulte probablement un déficit au niveau des contenus des échanges et de la légitimité des décisions prises par une seule partie des participants à la réunion.

Le tabou réside dans le fait que les participants qui auraient préféré continuer à utiliser le service d'interprétation ne l'ont pas dit. Là aussi, les motivations peuvent être multiples mais les hypothèses suivantes semblent permises : il leur est interdit d'admettre qu'ils ne se sentent pas compétents dans l'usage oral de l'anglais. Il leur est interdit de remettre en cause, voire de rejeter la proposition de l'hôte sur la base de sa qualité et/ou de sa position. Cependant, il leur est également interdit de parler un anglais approximatif. Cela se voit dans le fait que leur participation active à la parole se tarit.

Dans tous les cas, le choix de l'anglais *lingua franca* ne restera pas sans conséquences. Qu'il se soit agi d'une stratégie pour disqualifier des partenaires potentiellement opposés aux préférences du dirigeant allemand et parvenir plus rapidement aux options décisionnelles souhaitées, qu'il se soit agi d'une forme de condescendance étourdie, ou d'une maladresse réellement involontaire, une partie importante du groupe a perdu la face. C'est ce qui permet d'identifier le caractère tabou de la non-maîtrise de l'anglais. Il peut en résulter du désintérêt, une forme de boycott, de nouvelles tensions Nord-Sud, etc.... Toutes choses peu propices à un management efficace.

Tout particulièrement en contexte de risque, il importe qu'à un niveau ou à un autre, un mécanisme soit prévu pour détabouiser la question. On comprend aisément les dysfonctionnements qui pourraient en résulter.

4.3. La langue de confort, la langue de l'autre, une autre langue ?

Les exemples décrits plus haut révèlent trois constellations. Les langues utilisées en contexte plurilingue peuvent être

– la propre langue, ou langue de confort,
– la langue de l'autre que vous parlez ou ne parlez pas vous-même,
– une langue qui n'est ni la vôtre ni celle de l'autre (lingua franca)

On peut remarquer que personne, dans les exemples cités, et dans la plupart de ceux qui nous sont connus, n'a eu recours à des éléments non verbaux. Même s'ils tiennent une part non négligeable dans des formes de communication familière, ils ne se prêtent pas à des situations « spécialisées » où une grande précision de vocabulaire est nécessaire.

Le principe de l'interprétation simultanée est généralement bien accepté dans les contextes bilingues. Lorsque plus de trois langues sont présentes et que la traduction ne peut plus être directe, le processus devient vite lourd. C'est ce qui explique la préférence pour la *lingua franca*. Il arrive aussi qu'un groupe plurilingue mais dont tous les membres maîtrisent partiellement deux langues partagées, optent pour le principe de l'intercompréhension.

A part le principe de l'interprétariat, toutes les formes de communication en contexte plurilingue peuvent facilement révéler des tabous susceptibles d'entraver la communication. Ils proviennent tous de la crainte de perdre la face, de se faire honte, soit du fait du regard des autres, soit de la confrontation avec la propre image de soi.

Il arrive aussi que le recours à l'interprétariat simultané ne soit pas aussi simple à gérer qu'il apparaît à première vue. En effet, la présence d'éléments tabous dans l'une des cultures en présence peut mettre l'interprète en difficulté puisqu'il devra opter en l'espace de quelques secondes pour la non-traduction, la traduction au risque de bloquer les échanges, ou une traduction édulcorée.

Dans le contexte de la gestion des risques dans un espace transfrontalier, on mesure aisément les inconvénients posés par la présence et la non prise en compte des tabous. Comme nous l'avons évoqué en première partie, une bonne connaissance du phénomène où interviennent des tabous, peut permettre de développer des compétences à même de pallier les effets néfastes. L'une des perspectives porteuses est l'approche centrée sur la personne.

Il n'est bien sûr pas possible « d'apprendre » une liste de tabous exhaustive à laquelle se référer pour se préparer à une prise en compte adaptée. En revanche, il peut se révéler utile, d'une part, de maîtriser les connaissances théoriques évoquées dans la première partie de la contribution, d'autre part, de s'entraîner à percevoir la présence de tabous afin de développer une sensibilité adéquate et ce, en développant une attention à la personne davantage qu'au contenu des messages exprimés ou, justement, ici, dans la plupart des cas, non exprimés.

Afin d'en formaliser le fonctionnement, nous avons tenté de le modéliser en nous reposant sur les principes de l'approche centrée sur la personne. Une connaissance des principes sur lesquels reposent les tabous est utile pour toute personne amenée à communiquer en contexte pluriculturel. D'autant plus lorsque la communication comporte un enjeu majeur pour prévenir ou traiter les risques dans une région transfrontalière où les sensibilités sont souvent exacerbées et où la conviction de connaître la culture de l'autre peut mener à des dénis.

Ainsi la première phase présentée dans le modèle est de s'approprier des connaissances. Il s'agit de prendre conscience qu'il existe une partie externe et une partie interne à la personne concernée par un tabou. Ceci permet de ne pas considérer les valeurs d'une autre personne à travers le filtre des propres valeurs et de ne pas projeter d'attentes de « normalité ».

Les deux exemples évoqués plus haut témoignent de la difficulté à ne pas projeter ses propres représentations et de la probable inconscience de ce que l'univers des autres n'est pas structuré selon les mêmes principes. Ainsi, rien ne fonde réellement la certitude de la conductrice allemande qu'il est impossible de s'adresser à un Français dans une autre langue que le français. Le manager qui propose le recours à l'anglais *lingua franca* – s'il ne s'agit pas d'une manipulation ou d'une stratégie – projette sa représentation d'une langue anglaise parlée couramment par tout le monde.

Ici s'opère le passage à la seconde phase, qui se caractérise par une ouverture vers l'autre avec la question : « Comment rencontrer l'autre ? » Pour ce faire, il est souhaitable de mettre un peu en retrait les connaissances théoriques assimilées au préalable pour mieux se centrer sur l'écoute, la perception de ce qui se passe. Si l'on parvient à se décentrer de soi-même, il devient plus facile d'adopter une autre perspective : pour la conductrice allemande, d'interroger l'enjeu d'appeler ou d'arrêter une personne qu'elle ne connaît pas et qu'elle ne reverra jamais, de la possibilité que la personne interpellée parle anglais ou même allemand, de l'intérêt de donner l'exemple à ses enfants, de la fonction de l'assistance routière d'aider toute personne en difficulté...

Le manager aurait pu percevoir le silence des collègues sans postuler que, bien sûr, de nos jours, tout le monde parle anglais. Accepter la réalité sans porter de jugement de valeur et juste chercher la solution adéquate sans faire perdre la face à la moitié du groupe. Il aurait pu choisir de rompre le tabou par une remarque d'autodérision « comme vous le savez, les Allemands sont très doués pour les langues... »

La présence de tabous est fréquente dans la communication en contexte pluriculturel. L'enjeu est de taille car les dysfonctionnements qu'une mauvaise gestion peut engendrer ne sont pas facile à réparer. Une blessure narcissique liée à un manque de verbalisation, puisque c'est justement l'interdit de parole qui fait la force du tabou, peut entraîner un rejet de l'autre et réduire à néant un projet de coopération pourtant reconnu indispensable par ailleurs.

Dans le contexte qui nous concerne, c'est-à-dire la question du choix d'une langue *lingua franca*, lorsque celle-ci n'est pas *franca* dans la réalité, celle-ci devrait être traitée systématiquement par les personnes responsables hiérarchiquement. Ils sont les seuls à pouvoir briser le tabou sans risque. Cela revient à décider que le contenu prime sur la forme et que tout jugement reposant sur les compétences linguistiques des uns ou des autres est déplacé.

Bibliographie

Balle, C. (1990). *Tabus in der Sprache*. Frankfurt/Main: Peter Lang.

Braem, H. M. (1966). Berufsbild des Übersetzers literarischer und wissenschaftlicher Werke. Unter: *Europäisches Übersetzer-Kollegium Nordrhein-Westfalen in Straelen e.V.* http://euk-straelen.de/deut sch/das-kollegium/benutzerkreis/helmut-m-braem-berufsbild.

Budde, A. (2013). *Der Umgang mit Machtgefällen*. Kursnummer 71064 (Stand 2004). Hagen: FernUniversität Hagen.

Fabricius, D. (2003). Der Begriff des Tabus. Funktion, Entstehung und Auflösung individueller und kollektiver Tabus. In: Depenheuer, Otto (ed.). *Recht und Tabu*. Wiesbaden: Westdeutscher Verlag/ GWV Fachverlage GmbH. 27–59.

Grundmann, M. (2010). *Dandy und Tabu. Transgressionen bei Stendhal, Théophile Gautier und George Moore*. Dissertation. Frankfurt/Oder: Europa-Universität Viadrina.

Harder, C. (2013). Macht. Im Bereich der blinden Flecken. In: *Berufsverband für Coaching, Supervision und Organisationsberatung*, 4/ 2013. Tabus. 11–14.

Heinrichs, J. (2008c). *Sprache* Band 3: Die Handlungsdimension. München–Moskau–Warschau–Varna–Wien–London– New York: Steno.

Kohlmayer, R. (2018). *Rhetorik und Translation. Germanistische Grundlagen des guten Übersetzens*. Berlin: Peter Lang.

Jeandillou, J.-F. (1994). *Esthétique de la mystification. Tactique et stratégie littéraire*. Paris : Minuit.

Kraft, H. (2015). *Die Lust am Tabubruch*. Göttingen: Vandenhoeck & Ruprecht.

Lebedewa, J. (ed.) (2016). *Tabu und Übersetzung*. Berlin: Frank & Timme.

Martens, D. (2011). Invocations de l'autre. Éléments pour une poétique de la fausse traduction. In : Manzari, Francesca/Rinner Fridun (dir.). *Traduire le même, l'autre et le soi*. Aix-en-Provence : Presses Universitaires de Provence.

Nord, C. (2011). *Funktionsgerechtigkeit und Loyalität. Die Übersetzung literarischer und religiöser Texte aus funktionaler Sicht.* Berlin: Frank & Timme.

Sauer, F. (2019). *Das große Buch der Werte. Enzyklopädie der Wert-
vorstellungen.* Köln/Hürth: Intuistik-Verlag.

Schröder, H. (2003). Tabu. In: Wierlacher, Alois/Bogner, Andrea (ed.).
Handbuch interkulturelle Germanistik. Stuttgart: J. B. Metzlersche
Verlagsbuchhandlung und Carl Ernst Poeschel Verlag. 307–315.

Florence RUDOLF

La réception du changement climatique à l'échelle du Rhin supérieur

Résumé: L'étude de la réception du changement climatique à l'échelle du Rhin supérieur met en perspective un certain nombre d'enjeux tant du point de vue des théories sociales que d'un point de vue pratique. On commencera par rappeler que le changement climatique prend place dans une série de faits et de causes qui structure l'essor de l'environnement comme nouvelle préoccupation sociale depuis la fin des années 1960. Cet enjeu à la fois global et local, se différencie en causes diverses, s'enrichit des analyses qui leur sont consacrées et des politiques qui leur sont réservées. Sans prétendre rendre compte de cette filiation dans toute sa complexité, nous optons pour une rétrospective qui témoigne de l'importance du cadrage des enjeux environnementaux par les risques comme préalable à l'exploration de nouvelles alliances entre humains et non humains. Nous illustrons cette proposition par la filière forêt-bois et la navigation sur le Rhin à différentes échelles territoriales. La comparaison transfrontalière permet la mise en exergue des enjeux d'entre-capture[1] dans la recherche de formes de résilience et de chemins d'adaptation au dérèglement climatique. Contrairement aux idées reçues, l'Allemagne n'est pas toujours mieux placée sur cette voie en raison d'investissements passés. Cette observation met en avant les coûts du désengagement dans des voies peu soutenables dans les politiques d'adaptation.

Mots clés: Changement climatique, réception, régions frontalières.

---

[1] Isabelle Stengers emprunte cette expression à propos du couple Deleuze-Gattari (Stengers Isabelle. Felix Guattari, « non philosophe » ? Lettre à Chimeres. In : Chimeres. Revue des schizoanalyses, N° 43, 2001. Printemps sauvages. 121–130) mais également à propos de ce qu'elle désigne de témoins fiables Cosmopolitiques. Les témoins fiables selon la philosophe procèdent de situations exceptionnelles entre un dispositif et un phénomène à l'instar du plan incliné sur lequel glissent des sphères ou des graves qui attestent de la gravitation universelle (Cosmopolitiques, 1997). Par extension, l'entre-capture se pose en idéal de la représentation politique. De quel dispositif s'équiper et comment faire pour garantir une représentation qui ne soit pas biaisée.

Abstract: The reception of climate change at the Upper Rhine level puts into perspective number of challenges from the point of view of both social theory and practice. We will first recall that climate change is part of a series of facts and causes that structure the rise of the environment as a new social concern since the late sixties. This stake, which is global as well as local, is characterized by a variety of causes, and is enhanced by the analyses that are devoted to them and the policies that are reserved for them. Without claiming to give an account of this relationship in all its complexity, we have opted for a retrospective that shows the importance of framing environmental issues through risks as a prerequisite for exploring new alliances between humans and non-humans. We illustrate this proposal with the forestry-wood sector and navigation on the Rhine at different territorial scales. The cross-border comparison highlights the challenges of inter-capture in the quest for forms of resilience and ways of adapting to climate change. Contrary to popular belief, Germany is not always better placed on this path due to past investments. This observation highlights the costs of disengaging from unsustainable paths in adaptation policies.

Keywords: Global warming, reception, border regions.

Ce texte repose sur les enquêtes et la production de données réalisées au cours des six dernières années dans le cadre des projets Clim'Ability (2016–2019) et Clim'Ability Design (2019–2022), Interreg V. Ces projets transfrontaliers ont associé et associent les partenaires suivants : Universität Freiburg – Sozialwissenschaften und Geographie und für Umweltmeteorologie, Hochschule für Technik, Wirtschaft und Medien Offenburg, Deutscher Wetterdienst, Chambre du Commerce et d'Industrie d'Alsace, Météo France, Université de Strasbourg, Parc Naturel des Vosges du Nord, Port Autonome de Strasbourg, Université de Haute Alsace, ATMO Grand-Est, Université de Bâle, Fachhochschule Nordwestschweiz, Canton Bâle-Ville, Canton Bâle-Campagne, Pôle de Compétitivité de la filière Eau Hydreos, Université de Lucerne, Confédération Suisse (NPR/CTE) et Université de Landau.

Concernant les enquêtes consacrées à la filière forêt bois et à la logistique sur le Rhin, je remercie plus spécialement Julie Gobert, Murielle Ory et Amadou Coulibaly pour leur engagement sans oublier les gestionnaires du Parc Naturel Régional des Vosges du Nord et le

Port Autonome de Strasbourg. Les propos développés dans ce texte n'engagent pour autant que ma personne et je porte toute la responsabilité des associations que je fais des données que nous avons construites ensemble, jour après jour, pour dépasser les frontières et grandir ensemble...

Introduction

Les observations relatives aux registres communicationnels mobilisés dans ce chapitre relèvent d'un aller-retour constant entre l'état de l'art scientifique et les terrains d'étude dans lesquels nous nous sommes engagés sur la longue durée de l'écologie politique, en Allemagne et en France. Que ce soit sur le plan des figures mobilisées – modernisation écologique et développement durable, que du point de vue de la dialectique communicationnelle – entre registre de l'alerte *versus* registre de l'intervention ; approche de la complexité *versus* logique de réduction de la complexité, stratégie de mitigation (prévention) *versus* stratégie d'adaptation (résilience, crise, etc.) –, on ne peut que constater des convergences de part et d'autre de la frontière. Globalement, la société civile, les responsables publics, les acteurs économiques manifestent à la fois un intérêt croissant, voire une inquiétude non dissimulée, à l'égard du changement climatique. Cette tendance se confirme très clairement sur la première décennie 2000. Face à cette disposition similaire et commune, les distinctions qui s'affirment relèvent davantage des héritages psycho-sociaux, institutionnels et politiques que de l'environnement proprement dit. Un des avantages de la comparaison à l'échelle du Rhin supérieur tient à la possibilité de vérifier la part de l'imprégnation culturelle face à des enjeux climatiques partagés/communs.

1. Écologie politique et la généralisation de la figure du risque

Notre analyse de la percée de l'environnement depuis la fin des Trente Glorieuses s'adosse à l'essor du conseil en environnement en Europe (Rudolf, 1998) couplée à une analyse comparée des théories de la dynamique des sociétés et du changement sociétal, que ce soit sous l'action des innovations sociotechniques (Rudolf, 2003) ou des mobilisations sociales (Rudolf, 1991, 1992). Projets après projets (ARAN : Neudorf Zone Climatest ; ANR : SECIF ; INTERREG V : Clim'Ability, Clim'Ability Design), nous constatons le retour de certains leviers d'activation de la société en dépit de la variété et diversité des contenus mobilisés. Qu'il soit question de pollutions, de déchets, de limites à la croissance, de destruction de paysages, d'écosystèmes ou d'urbanités, d'artefacts aux effets inconnus et menaçants, etc., l'écologie politique se construit autour de messages qui recourent au registre de l'alerte et de la peur d'une part, et des incitations à l'expérimentation de nouveaux agencements et articulations entre humains et non humains d'autre part. Cette dialectique procède de deux paradigmes sociologiques : la société comme entrelacs de sens et la société comme matérialité. Selon ces approches, l'écologisation de la société se joue et se gagne autant par la construction et la diffusion de discours (agir communicationnel[2] ou système de communication) que par des épreuves matérielles (sociologie pragmatique).

Du côté des discours, les figures de la modernisation écologique et du développement durable (Brundtland, 1987) qui s'imposent dans la

---

2   L'agir communicationnel fait référence à l'ouvrage de Jürgen Habermas (Habermas, 1987) qui porte le même nom et qui fait retour sur l'émergence de la quête de rationalité dans l'histoire humaine. Cette dernière serait à l'œuvre dès les premiers obstacles à l'accomplissement d'une tâche ou à l'occasion d'un désaccord au sein d'une communauté. L'agir communicationnel renvoie au processus diabolique déclenché par ce type de situation qui permet de considérer le problème sous différents angles (monde objectif, monde moral-pratique et monde subjectif).

décennie 1980 s'affirment comme des méta-valeurs ou principes qui se cristallisent comme « idées régulatrices » de la société. Ces dernières s'apparentent à des boussoles susceptibles d'infléchir les pratiques quotidiennes, institutionnelles et techniques et la culture matérielle.

Leur percée, en réponse à plusieurs années de communications écologiques structurées autour de la peur et de l'alerte, annonce une inflexion pragmatique de l'écologie. Aux alertes écologiques, qui s'intensifient dès la fin des années 1960, succèdent des réponses qui s'organisent autour de programmes politiques environnementaux. Ces engagements témoignent de la reconnaissance de la cause écologique par les sociétés industrialisées européennes vers la fin des années 1970. Les « petits pas », les « bonnes pratiques », les mécanismes types « pollueur-payeur », les politiques incitatives (« Nudge ») etc., témoignent de l'*agentivité* des communications écologiques structurées autour de l'alerte, mais aussi de ses limites. L'alerte, qui joue sur le tableau de la menace et de la peur en agitant généralement des risques, se transforme en engagements, même modestes, mais qui finissent par s'essouffler ainsi qu'en témoigne rétrospectivement l'enlisement des politiques des « petits pas ». Aux décennies consacrées à la politique des « petits pas » encouragée par la modernisation écologique et le développement durable, qui font plutôt office d'utopies concrètes optimistes et positives, succède avec l'essor du changement climatique une nouvelle sémantique davantage centrée autour des risques.

Selon la littérature scientifique, les risques sont définis comme un aléa auquel on peut associer une probabilité. On parle de risque « si l'incertitude relative à ces évènements est définie par une distribution de probabilités objectives » (Godard et al., 2012, 12) Cette définition va permettre de distinguer un risque connu d'un risque non connu. Un risque peut être qualifié de « connu » en raison d'une inscription dans la mémoire collective et/ou de l'existence de mécanismes institutionnels. À ce titre, la formation d'une culture du risque est tributaire de l'entretien des mémoires collectives d'une part, et de l'existence d'organisations politiques comme des États et leurs administrations qui accompagnent l'activité de ces institutions d'autre part. Un risque non connu procède davantage d'une construction imaginaire. À cet égard, les risques relèvent davantage du paradigme communicationnel que d'un matérialisme social en raison de leur portée prospective. À la croisée de la science et de la fiction, les risques « non connus » ou nouveaux risques (Godard, Henry, Lagadec, Michel-Kerjan, 2002) sont d'emblée destinés à passer de multiples épreuves communication-nelles pour faire sens dans la société et gagner en *agentivité*. Ils sont les candidats idéaux aux controverses, polémiques, *fake news*, etc. À cet égard, risques connus ou non confortent ainsi la thèse selon laquelle la reconnaissance sociale d'un risque demeure toujours un pari, *a fortiori* à mesure que les sociétés sont embarquées dans des configurations complexes, adossées à des humains à la démographie galopante, d'arte-facts non humains au nombre croissant, de non humains en souffrance, etc. Pour autant l'ultime épreuve de réalité de cette profusion de sens demeure tributaire de l'aptitude à faire-monde.

Entre condensé de sciences et de fictions, le changement climatique relève bien de la catégorie du risque ainsi qu'en témoigne sa réception contrariée par le travail de ses détracteurs et marchands de doute orga-nisés (McCrigt AM., Dunlap RE., 2011 ; Oreske, Conway, 2012) d'une part, et sa lente inscription à l'agenda des sociétés d'autre part. Ces obs-tacles bien réels ne parviennent pas à freiner sa marche inexorable, tant à titre de récit menaçant qui s'ancre dans les consciences et institutions sociales que de réalité de plus en plus tangible qui revient comme un effet boomerang et contrarie nos établissements et nos projets. Longue-ment discuté, mis en cause et objet de déni, il est peu à peu devenu une réalité incontestable.

Cette évolution est attestée par la percée des politiques d'adapta-tion qui ont peu à peu pris le relais des politiques de mitigation. La distinction entre mitigation et adaptation s'inscrit à la fois dans une carrière historique socio-politique et répond à des cadrages épistémolo-giques et organisationnels précis. Les enjeux pratiques de cette distinc-tion procèdent de la différence entre prévention et protection, voire de réparation en situation de crise ou consécutivement à des traumatismes.

2. Écologisation de la société

De ce qui précède, nous pouvons déduire qu'aucune transformation sociale, et par conséquent l'écologisation de la société, ne saurait s'affranchir des enseignements de la « tradition sociologique » qui s'organisent autour du « faire société ». Selon cette dernière, toutes les sociétés sont confrontées à la production et la reproduction de leurs institutions, de leurs cultures... et de leur environnement (états de natures associés à des états de développement). À mesure que les sociétés prennent conscience d'elles-mêmes, c'est-à-dire se représentent comme des entités pouvant se doter d'une certaine souveraineté et autonomie, la question de leur pilotage se pose avec d'autant plus d'acuité.

La portée de ce méta-récit tient à son caractère fédérateur entre les écoles sociologiques. Cette matrice partagée va connaître un tournant intéressant avec la discussion qui s'organise entre Jürgen Habermas et Niklas Luhmann à propos de la société comme intersubjectivité ou comme système de communication (Habermas, Luhmann, 1971). L'intersubjectivité renvoyant à la figure d'un méta-sujet, résultant de l'entente entre tous les membres de la société, ou de la représentation de ces derniers, par opposition à la figure d'un super organisme évoluant selon ses propres lois autopoïétiques en un système de communication. Ce dernier réalisant l'interconnexion des humains par inclusion plutôt qu'en raison d'une entente entre eux. Par-delà ce désaccord, la polémique à laquelle les deux sociologues se livrent conforte la pertinence du paradigme communicationnel. Sans se défaire totalement de la vision héritée de la tradition de la société comme organisme ou méta-organisme, dans laquelle la biologie et la psychologie sont des sciences sœurs et des alliées, le paradigme communicationnel inscrit la sociologie sur le terrain du sens et ouvre la voie à l'exploration de nouvelles figures (textes, récits, sémantiques, etc.) et leurs imaginaires scientifiques associés (sémiologie, sciences du langage, du sens, etc.). Selon cette approche, tout événement social se confond à un énoncé soumis à une exigence de traductions en cascade s'il veut s'imposer socialement.

Le paradigme pragmatique annonce à sa manière une certaine lassitude à l'égard du tournant communicationnel en raison de l'éclipse qu'il commet à l'égard de la matérialité des sociétés et réhabilite cette dernière à travers des épreuves d'*agentivité* du sens (Rudolf, 2012 ; Rudolf, Grino, 2012). « Faire sens » ne peut suffire en soi à l'ancrage d'une culture qui dépend de la transposition des idées en associations entre humains et non humains. Il s'ensuit des épreuves (Nachi, 2006) ou de « passages obligés » (Boutaud, 2006) qui consistent en des opérations d'entre-capture qui confèrent une pertinence aux concepts de réseaux, d'enchevêtrements et d'hybridations. Ces nouvelles sémantiques permettent de renouer avec la société comme matérialité, c'est-à-dire comme entité consommant de l'espace et des ressources naturelles et premières, etc. Ce faisant, le tournant pragmatique réhabilite les communications sociales structurées autour de l'intervention sociale. « Faire société » relève de l'art de dire et de faire.

En combinant les enseignements du paradigme communicationnel et de la sociologie pragmatique, la focale communicationnelle rencontre les enjeux écologiques : la perspective d'une sociologie hors sol est écartée. Selon cette proposition, aucune société ne saurait se passer d'une activité communicationnelle et de médiations. Elle invite à préciser le travail croisé du sens et des agencements entre humains et non humains et enrichit la question des risques dont l'actualité s'impose dans les années 1990 (Beck, 1986, 2001).

Ces précisions sur la dynamique des sociétés étant acquises, nous pouvons nous intéresser aux particularités des communications écologiques structurées autour du changement climatique (à l'échelle du Rhin supérieur).

3. Les politiques climatiques entre prise en compte de la complexité et réduction de la complexité

Un aspect non négligeable du changement climatique, qui viendra préciser la différence paradigmatique entre mitigation et adaptation, tient à l'extrême complexité et sophistication des théories et modèles qui appuient la thèse du dérèglement climatique d'une part, et à l'étonnante simplification des indicateurs, outils de suivi et de diagnostic du phénomène d'autre part.

La concentration de gaz à effet de serre (GES) dans l'atmosphère comme indicateur du dérèglement climatique procède d'un réductionnisme impressionnant au regard de la complexité et de l'imbrication des phénomènes et échelles engagés dans la modélisation de ce dernier. Ce réductionnisme est extrêmement intéressant du point de vue du suivi du changement climatique, mais également de l'évaluation des politiques publiques. Il s'avère très instructif pour les politiques de mitigation, mais l'est nettement moins du point de vue de l'adaptation au dérèglement climatique. Ce contraste procède de la distinction entre l'attitude à adopter face à une probabilité (un risque) et en situation de crise. Les compétences cognitives et sociales requises ne sont pas les mêmes.

L'approche par la complexité présente, de son côté, de forts potentiels d'action dans l'ordre de la sensibilisation et de l'enrôlement de différents acteurs et domaines de la vie dans les politiques publiques. Elle permet une différenciation sociale et sectorielle du changement climatique et témoigne d'un pouvoir transversal intéressant entre ces différents domaines et par conséquent d'une propension aux associations. À titre d'exemple, l'avancée des connaissances qui met en relation l'accumulation de gaz à effet de serre dans l'atmosphère avec l'acidification des océans permet d'engager des acteurs concernés par ces derniers avec des populations qui n'ont aucune relation consciente à la vie marine. Les illustrations de cet ordre ne manquent pas, bien au contraire ; elles témoignent de l'interdépendance de notre monde.

Cette conscience est relayée de manière plus abstraite et moins imagée et pratique par l'indicateur qui rapporte l'ensemble des activités humaines à la production des gaz à effet de serre qu'elles engendrent. Ainsi la concentration de carbone (CO_2) dans l'atmosphère permet à l'inverse de disposer d'un repère extrêmement simple et efficace, servant tant de boussole pour l'action que pour l'évaluation des politiques publiques et privées, notamment du point de vue des stratégies de mitigation (réduction des gaz à effet de serre). Les bilans carbone – bien que complexes à réaliser, en raison des nombreux biais possibles –, demeurent des alliés précieux en matière de réduction de l'empreinte carbone à l'échelle de la planète.

Le changement climatique tire potentiellement sa performativité du croisement des deux approches : par la complexité et par sa réduction. Les retours d'expérience valident ce point. Que ce soit d'initiative citoyenne et publique, à l'échelle de quartiers, ou d'initiatives publiques et économiques, à l'échelle de branches ou de filières, le calcul de l'empreinte carbone demeure un atout puissant des politiques climatiques, que ce soit à titre de diagnostic ou d'évaluation. Cet atout présente des limites dès lors qu'il s'agit d'identifier les voies susceptibles de concourir à la réduction des gaz à effet de serre, en raison de leur nombre potentiel et des multiples registres non exclusivement climatiques qu'elles mobilisent. Le recours à une boussole (indicateur concentration gaz à effet de serre) demeure certes consistant, mais il ne peut se substituer à l'engagement dans des politiques, au sens d'un rapport aux valeurs. À titre d'exemple, les choix en matière énergétique, pris en considération de la réduction de la production des gaz à effet de serre, peuvent suivre des orientations très différentes selon qu'ils reposent sur le développement de la filière nucléaire et/ou le développement du photovoltaïque ou de l'éolien, par exemple.

Enfin, l'énonciation d'un objectif même clair et mesurable ne règle pas la question du chemin qu'il reste à défricher et à tracer. Cette transposition demeure un des enjeux majeurs de la transformation sociale, qu'il s'agisse de l'écologie politique et des rapports sociaux en général. Si ces derniers nous enjoignent, comme nous le pensons, à inventer un autre rapport au monde, ce travail d'ancrage demeure à faire, à vivre symboliquement et concrètement, par de nouveaux agencements humains, institutionnels, techniques et selon des jeux d'échelles et de pouvoirs multiples. C'est là que la complexité retrouve sa place ; fait force de loi.

Le retour de la complexité se traduit par l'accroissement de considérations à prendre en compte, tant à l'échelle des connaissances que des territoires à convoquer de manière générale. Cette exigence requiert du temps pour établir à la fois de la confiance et l'engagement de différents acteurs et confirme l'interdépendance entre complexité et démocratie (Callon, Lascoumes, Barthe, 2001).

À cette exigence sociale de haute voltige vient s'ajouter un défi supplémentaire en matière d'adaptation dû à la méconnaissance des effets concrets et différenciés du dérèglement climatique sur les territoires et les activités. En matière de politique d'adaptation, il ne « suffit » pas de procéder à la réduction de la production de gaz à effet de serre en misant sur le développement de stratégies plutôt que d'autres, il faut de plus envisager quelles menaces, urgences, etc., sont susceptibles d'impacter en premier un territoire, une activité, des populations. Il convient d'identifier et de prioriser les secteurs et formes de vulnérabilités avant d'envisager des possibles chemins d'adaptation. Ici encore on retrouve en substance les enjeux tant cognitifs que politiques associés à l'action dans un monde incertain (Callon et al., 2001). Toutes ces considérations nous engagent sur le terrain de la construction d'une culture du risque. L'expression faisant écho à ce que Marcel Mauss avait qualifié de « fait social total » en référence au caractère différencié et intégré des ensembles culturels. Il s'ensuit une tension potentiellement créatrice entre quête d'autonomie et intégration/interdépendance que nous nous proposons d'illustrer à travers nos retours d'expérience de l'adaptation au changement climatique à l'échelle du Rhin supérieur.

4. Quels chemins d'adaptation au changement climatique à l'échelle du Rhin supérieur ?

L'espace du Rhin Supérieur s'étend sur une superficie de 21.500 km2 et compte 6,2 millions d'habitants. 40 % du territoire est couvert par des forêts et des surfaces agricoles. 1/5 de la population est concentrée dans les 5 villes de plus de 100 000 habitants : Karlsruhe, Strasbourg, Fribourg, Mulhouse et Bâle. Les coopérations trinationales s'y sont développées assez rapidement après 1945. Une des caractéristiques symboliques et non des moindres de cette région tient à la présence du Rhin qui la traverse. Ce grand fleuve qui était connu pour son cours impétueux, son régime glaciaire en train de changer, ses forêts primaires et sa plaine alluviale qui constitue une des plus importantes nappes phréatiques d'Europe, est soumis à une artificialisation de longue date. De part et d'autre de cette plaine rhénane s'élèvent les massifs de la Forêt noire à l'Est et les massifs vosgiens à l'Ouest. Cet ensemble définit les contours d'une économie d'extraction, voire de valorisation des ressources naturelles et des écosystèmes, mais pas uniquement : l'économie régionale étant très diversifiée. Les terrains auxquels nous nous référons pour illustrer notre propos procèdent des enquêtes menées dans le cadre des projets Clim'Ability & Clim'Ability Design (Interreg V). Pour rappel, ces deux projets se proposent d'accompagner les PME/PMI au changement climatique à l'échelle du Rhin supérieur (www.clim-ability.eu). Depuis 2016, nous avons investigué différents secteurs et branches d'activités. Les domaines qui retiendront notre attention ici relèvent de l'économie forestière et de moyenne montagne et la logistique sur le Rhin (Gobert, Rudolf, Kudriavtsev, Averbeck, 2017).

4.1. *L'économie forestière et de moyenne montagne*

L'économie de moyenne montagne, dans laquelle l'économie forestière occupe une place importante en raison de ses retombées importantes en termes d'emplois, se décline également comme secteur récréatif et touristique dont l'importance est loin d'être négligeable. Nous revenons sur deux terrains d'investigation de part et d'autre du Rhin : la filière forêt-bois et l'économie des sports d'hiver et des activités récréatives.

L'économie forestière s'organise autour de la gestion des massifs forestiers et d'un ensemble d'acteurs engagés dans l'extraction du bois et la transformation de ce dernier selon les enjeux du marché des BTP, notamment. L'organisation de la filière est donc tributaire des doctrines en matière de gestion forestière, dont les linéaments remontent à plusieurs siècles en Europe. Le code forestier figure en Allemagne ainsi qu'en France comme une des premières législations de gestion des ressources naturelles. Dans la filiation de *La Richesse des nations* d'A. Smith, les États prennent progressivement conscience des enjeux économiques des ressources naturelles et de la nécessité de réguler les pratiques et les usages des propriétaires et gestionnaires des massifs forestiers. Le développement d'un corps public, destiné à engranger des connaissances théoriques et pratiques sur les forêts, se met en place en parallèle d'une définition dynamique des forêts. Un des tournants importants de cette histoire consiste en la reconnaissance de la multifonctionnalité des forêts. Ces dernières ne sont plus exclusivement associées à une valeur marchande, mais également à d'autres grandeurs, dont la grandeur écologique. Les forêts se voient identifiées à des habitats et réservoirs de biodiversité, ainsi qu'à des espaces de récréation importants. Ces attentes multiples contribuent à la complexité de la gestion forestière (Rudolf, 2021). Par ailleurs, l'internationalisation du marché du bois exerce une pression sur l'exploitation des massifs forestiers. Des grumes issues de l'extraction du bois dans le Rhin supérieur voyagent à travers le monde pour revenir sur leur territoire de production de manière transformée. Ces circulations participent de la création de la valeur. Il s'ensuit la prise de conscience progressive qu'il est plus rentable de transformer la ressource sur place que de la laisser fuir à l'international. Cette conscience participe de l'essor de l'économie locale fondée sur le développement de compétences et d'emplois sur place. Cette évolution, esquissée ici de manière schématique, procède de manière comparable entre l'Allemagne et la France, selon des inflexions, avancées et régressions en fonction des crises propres à l'histoire nationale de ces pays.

La question climatique s'installe également de manière comparable dans ces deux pays à mesure que les aléas climatiques affectent les propriétaires et gestionnaires des massifs vosgiens et du Palatinat. Parmi les facteurs déclenchants de cette prise de conscience des acteurs de la forêt figurent la résilience des essences d'arbres à la température, la pluviométrie, les parasites et le gibier. Ces stress climatiques rencontrent des demandes sociales en évolution, en fonction des débouchés du bois et de la demande internationale. Il s'ensuit l'entrecroisement de logiques écologiques et sociales et de logiques marchandes. À cette configuration s'ajoute, enfin, l'enjeu énergétique qui soumet les forêts à une pression supplémentaire au nom de la transition énergétique. Cette dernière vient un peu brouiller les cartes en matière de fonctionnalité écologique puisqu'elle introduit un débouché supplémentaire, soit une nouvelle niche marchande aux autres déjà existantes. L'écologie se différencie selon différentes rationalités qui ne font pas forcément bon ménage !

Si les acteurs de la filière forêt-bois prennent progressivement conscience des enjeux du changement climatique, ils ne disposent pas d'une vision globale articulée pour se positionner comme acteurs d'une part, et des relations et interactions indispensables pour agir de concert d'autre part. Cette double cécité participe de la vulnérabilité de la filière forêt-bois. Cet état de fait, qui vaut ici encore pour l'Allemagne comme la France, met en exergue l'importance de l'émergence et de l'organisation d'autorités de gouvernance dans lesquelles les acteurs de la filière peuvent prendre conscience de leur interdépendance, s'informer et partager des enjeux communs, s'organiser pour faire exister des marchés locaux destinés à protéger les ressources et les compétences territoriales.

C'est à cet endroit précisément que des différences culturelles se manifestent le plus clairement. Ainsi, si les acteurs allemands disposent d'une longueur d'avance en matière de marchés locaux, à travers leur antériorité en matière d'architecture et d'habitat écologique, notamment, ils présentent une certaine vulnérabilité liée à leur insertion sur les marchés internationaux. L'association d'une demande internationale

et locale a façonné la filière au profit de certaines essences, dont le dou-
glas, et d'une rationalisation de leur extraction et de la première transformation par les scieries. Ces dernières ont connu une concentration
qui a procédé de la disparition des petites scieries et d'une mutation
technologique. Des équipements importants ont accompagné cette évolution, de sorte que les acteurs actuels de la première transformation
sont engagés durablement dans une logique de globalisation. L'existence de marchés locaux bien établis confère *a contrario* un débouché
important au retour de bois issus de la deuxième transformation destinés au BTP. Cette structuration conditionne les stratégies de mitigation et d'adaptation de la filière forêt bois : les acteurs de la transition
écologique et climatique ne peuvent faire fi de la situation dont ils ont
hérité, soit des formes d'entre-capture dont résultent à la fois leurs
forces et leurs faiblesses. Ils devront inventer des chemins de désengagement en vue de nouvelles alliances pour réinvestir les « chaînons »
manquants pour une filière forêt bois plus durable (Averbeck, Rudolf,
Gobert, 2021).

De l'autre côté de la frontière, soit à l'échelle du Parc Naturel des
Vosges du Nord, les acteurs de la filière forêt bois héritent d'une situation moins intégrée en raison à la fois de la faiblesse relative des marchés de la deuxième transformation, architecture et habitat écologique,
mais aussi d'une moindre concentration de la première transformation.
En conséquence, la filière est encore adossée à la survivance de petites
scieries qui n'ont pas entamé leur mutation technologique, même si des
entités plus grosses ouvertes aux marchés internationaux sont par ailleurs bien implantées sur le territoire. Par ailleurs, l'existence du PNR
offre un cadre de gouvernance et d'organisation de la filière qui permet
à des acteurs aux contraintes et intérêts très contrastés de se rencontrer
et de prendre conscience de la nécessité de se structurer collectivement
pour faire face aux multiples défis qui s'imposent à eux (Rudolf, 2021 ;
Gobert et al., 2017).

Le travail réalisé autour du renouvellement de la charte forestière territoriale, ainsi que les projets autour de la ressource forestière
témoignent de tels efforts. La recherche de niches locales favorables
à l'épanouissement de la multifonctionnalité des massifs forestiers
passe nécessairement par un investissement humain motivé par la

seule réelle dépendance, celle à la ressource et aux écosystèmes qui
font vivre le territoire (Rudolf, Gobert, 2019). L'enjeu étant paradoxalement de renforcer cette dépendance pour gagner en autonomie et en
confiance. Mais le défi n'est pas uniquement humain et social, il est
également sociotechnique, toute nouvelle alliance avec le vivant et les
non humains[3] étant conditionnée par l'exploration de nouvelles compétences et de nouvelles habiletés (Moscovici, 1974). Ces défis à peine
relevés laissent place à de nouveaux enjeux, dont celui de la pérennisa-
tion de nouvelles alliances pour faire exister une « filière » autour du
bois de hêtre notamment. Comment assurer que les productions des
un.es deviennent les matières premières des autres sans se laisser dicter
par des choix d'innovation imposés par d'autres, mais en suivant une
véritable exigence territoriale ? Toutes ces démarches, si elles abou-
tissent, participent d'un processus d'autonomie, dont les acteurs qui
participent de la démarche ressortent grandis.

Ce retour d'expérience à la petite échelle du parc naturel et de la
biosphère Rhin Palatinat témoigne de ce que contrairement à toute
attente, les acteurs d'une filière forêt bois peu intégrée dans les marchés globaux disposent peut-être de plus de marges de manœuvre que
leurs homologues, en raison notamment des investissements qu'ils ont
fait par le passé et qui les engagent dans certaines logiques dont il n'est
pas aisé de s'extraire. Par ailleurs, la longue tradition d'encadrement
des acteurs par des autorités de gouvernance prédisposent davantage
les acteurs privés à entrer dans une logique de gestion publique plus ou

---

3   Ici encore c'est l'ouvrage l'Écologie des Pratiques d'Isabelle Stengers qui est
    en arrière-plan de cette expression, même si par extension cette dernière peut
    référer à de nombreuses autres contributions et inspirations, dont les travaux aux
    de Philippe Descola. Il s'agit de s'interroger sur les formes d'alliances entre les
    humains et les non humains, soit toutes ces situations d'associations qui relèvent
    de la spécificité d'une pratique, d'un groupe et d'une culture. Certaines formes
    sont plus vertueuses que d'autres ou sont plus vertueuses que d'autres sous
    l'angle du respect réciproque des partenaires engagés dans la relation. De ces
    manières d'entrer en relation et de cultiver des formes d'associations découlent
    des ethos particuliers.

moins concertée, disposition qui ne trouve peut-être pas son équivalent côté allemand.

Apparemment « en retard » sur leurs voisins, selon des normes en désuétude progressive, des acteurs en transition peuvent se révéler des « porteurs d'innovation » à fort/haut potentiel. La résilience peut résulter de ce type d'alchimie improbable ou *a minima* à prévisibilité faible.

Cette rétrospective extrêmement ramassée témoigne de l'importance d'un héritage à partir duquel des stratégies d'*empowerment* peuvent se décliner. L'engagement dans la transition écologique et climatique est fonction des formes d'entre-capture et de leur robustesse auxquelles il convient d'ajouter la puissance des imaginaires de la société civile susceptibles de relayer des prises de risques, notamment en matière de relocalisation économique. Le repérage de logiques d'acteurs en fonction de leur positionnement dans la filière permet de rendre compte des possibles leviers de transformation de cette dernière.

L'étude de la filière forêt bois de part et d'autre de la frontière a notamment permis de repérer des logiques d'acteurs en fonction de leur proximité à la ressource. Ainsi les acteurs au plus proche de la gestion forestière, dont les entrepreneurs de travaux forestiers et les acteurs de la première transformation (les scieurs) sont davantage confrontés aux impacts climatiques sur leur activité, notamment du point de vue des conditions d'exploitation de la ressource. Bien que concernés, ils apparaissent comme des acteurs à faible agentivité. Leurs marges de manœuvre sont maigres en dehors d'un enrôlement dans des logiques territoriales, portées par des donneurs d'ordre ou entités organisatrices des territoires. Ces derniers, Parcs régionaux, collectivités territoriales, promoteurs immobiliers, architectes, etc. disposent de leviers de transformation pour une gestion durable de la filière, à condition d'être engagés dans cette volonté et perspective. C'est ici que les imaginaires politiques sont importants. Les expérimentations de valorisation de la « ressource » hêtre autour de la construction bois portées par le PNR ainsi que l'ENSTIB d'Épinal, relayées depuis peu par l'EMS en témoignent. Soit qu'il s'agit de mettre en exergue une ressource locale, soit qu'il s'agit de préparer la filière bois à une adaptation majeure à des changements encore difficiles à cerner.

À l'inverse, les acteurs situés à l'autre bout de filière (les menuisiers, les ébénistes, les charpentiers, constructeurs bois), qui ne sont pas directement confrontés aux dégâts occasionnés par le changement climatique sur la ressource, peuvent sous-estimer les enjeux des aléas climatiques et autres sur les massifs forestiers. Leur aptitude à travailler différentes essences pourrait même les doter d'un capital symbolique accru en raison de leur plus grande aptitude à s'adapter que les acteurs de la première transformation, ces derniers étant perçus comme plus récalcitrants... Ces jeux de reconnaissance décalés attirent l'attention sur les enjeux des chemins d'adaptation qui ne profitent pas toujours à la conservation des écosystèmes et des compétences techniques et sociales territoriales.

L'économie de moyenne montagne organisée autour des sports d'hiver et des pratiques récréatives est également impactée par le changement climatique en raison des menaces sur l'enneigement des massifs. Ici, encore l'engagement des acteurs dans des stratégies d'adaptation est tributaire des investissements et aménagements réalisés par le passé, mais aussi des imaginaires de la société civile et majoritairement des urbains, forts consommateurs de ces territoires et de leurs aménités. Contre toute attente et stéréotypes, si l'on s'en tient à la réputation de l'avance écologique des Allemands sur les Français, la Forêt noire est davantage menacée par des aménagements et équipements qui participent d'une certaine artificialisation du territoire que le massif vosgien qui demeure plus préservé. Cette situation peut se profiler en avance relative à condition que les consommateurs fassent preuve de cohérence et de consistance dans leurs pratiques. La transition des territoires de moyenne montagne par la diversification de l'offre et donc des « marchés » dépend en partie de la reconnaissance sociétale de la valeur de la conservation des écosystèmes.

4.2. La logistique sur le Rhin

Le dernier terrain d'étude mobilisé s'adosse à la réception économique, écologique et sociale des basses eaux sur le transport fluvial et la logistique à l'échelle du Rhin supérieur.

Dans l'économie des transports, le transport fluvial est reconnu comme un mode écologique par rapport aux autres modes, en particulier en comparaison de la route. Outre cet atout du fleuve, il présente d'autres avantages comme le fait de nécessiter d'un moindre investissement en termes d'infrastructures que le transport ferroviaire. Or dans ce domaine comme dans bien d'autres, les retombées du dérèglement climatique viennent perturber ces équilibres par l'imprévisibilité accrue de certains évènements « normaux » comme les périodes d'étiages (hautes et basses eaux). La crise dite des basses eaux de 2018 a mis en mouvement l'ensemble des acteurs de la chaîne logistique sur le Rhin de manière assez brutale. Si l'ensemble de ces acteurs, en particulier la CCNR, ne semblait pas très préoccupé par les impacts climatiques avant 2050, la paralysie du transport fluvial et ses conséquences en termes de logistique à l'international a changé la donne. Sans entrer dans le détail des monographies complexes dont nous tirons les enseignements relatés ici, il convient de préciser l'emboîtement et imbrication tant des acteurs, des branches que des échelles dans les réponses des opérateurs en situation de crise.

Contrairement à précédemment, la comparaison entre l'Allemagne et la France diffère en raison de la dépendance accrue de l'économie allemande par rapport à l'économie française à l'égard de la navigation sur le Rhin d'une part, mais également en raison de sa situation géographique d'autre part. Alors que l'économie nationale française est peu tributaire de la circulation sur le Rhin, l'économie régionale à hauteur du Rhin supérieur en est fortement dépendante. Il s'ensuit que bien que tributaires des aléas climatiques, les opérateurs allemands sont davantage soutenus par l'État dans les instances internationales que les opérateurs français, alors qu'ils sont potentiellement moins impactés que ces derniers en raison de leur position sur le Rhin d'une part, et de la structuration des autres secteurs du transport, en particulier le ferroviaire, d'autre part.

En revanche, comme précédemment à propos de la filière forêt bois, on observe l'importance des autorités publiques de gouvernance sur la filière relativement à la part des acteurs privés côté allemand. Cette différence joue sur l'affirmation d'une culture concertée, voire centralisée côté français, versus une culture plus libérale, côté allemand ou suisse dont les conséquences en termes d'adaptation au changement climatique demeurent ambivalentes. Ici comme précédemment, les réponses inventées ne profitent pas toujours à des formes de désengagement par rapport à des logiques qui ont conduit à l'enlisement dans le changement climatique. Pour le dire en d'autres termes, dans leur engagement en faveur d'une meilleure adaptation aux aléas, les opérateurs n'hésitent pas à aller dans le sens d'un forçage écologique plutôt que de tenter un découplage des logiques des marchés globaux. Cette tendance procède de la dépendance des opérateurs au marché et à la globalisation, dans le secteur du transport et de la logistique plus nettement, peut-être, qu'ailleurs.

Cette dernière observation nous invite à considérer la question de l'autonomie dans un monde globalisé pour conclure sur la question de la place de l'imprégnation culturelle dans la transition écologique et climatique.

5. L'autonomie dans la transition écologique et climatique

Cette question a été concrètement abordée à l'occasion d'une journée intitulée « Le Parc naturel régional des Vosges du Nord : un territoire autonome ? », organisée par le PNR en 2018. Le but de ce séminaire était de lister des questions concrètes et pratiques pour les acteurs qui pourraient avoir un prolongement en termes de recherche. Les thématiques abordées étaient les suivantes : l'autonomie environnementale, l'autonomie culturelle et l'autonomie en termes de gouvernance.

Cette invitation a conduit à s'interroger pour commencer sur le sens de l'autonomie. L'autonomie, à la fois valeur et fin en soi ? Quels peuvent être les arguments en faveur de cette dernière dans un monde globalisé, très interdépendant, comme nous l'avons déjà évoqué et précisé plus haut ?

La question de l'autonomie est une vaste question de sociologie et philosophie sociale qui gagne en importance à mesure que les sociétés modernes s'avèrent multipolaires en raison de référentiels qui à l'instar du droit, de la science, de l'économie, mais aussi de la morale et de l'éthique ou de la religion organisent différents domaines d'existence sans être inféodés les uns aux autres. Nous vivons en d'autres termes dans des sociétés qui sont tiraillées entre des référentiels qui suivent des logiques propres sans égard parfois les uns pour les autres. Cette situation explique l'importance qu'ont pris tous ces mots qui à l'instar de la communication, de la gouvernance, de la régulation, etc. renvoient aux liens, aux articulations nécessaires entre des entités qui opèrent en boucle, selon leurs propres référentiels. Cette observation rappelle qu'il n'existe pas une position dans la société qui serait d'office qualifiée pour l'harmonisation de l'ensemble des postures sociales. L'intégration de ces dernières résulte toujours de négociations. Ce constat peut également se décliner comme la perte d'un centre ou d'un sommet organisateur.

Selon ce raisonnement, l'autonomie dont il est question en matière d'adaptation au changement climatique est tributaire de l'aptitude à la coordination et à la coopération. Cette proposition qui peut paraître paradoxale à première lecture tient du raisonnement selon lequel faire preuve d'autonomie ne signifie pas « faire cavalier seul », mais plutôt esquisser des chemins singuliers, spécifiques, voire innovants et susceptibles de produire des émulations dans un monde nécessairement interdépendant, ne serait-ce que du point de vue du dérèglement climatique.

Selon cette lecture, l'autonomie se gagnerait bien davantage par la capacité à esquisser des plans transversaux à partir desquels le positionnement des unes et des autres soit non seulement possible, mais souhaitable. Que l'on raisonne en termes d'acteurs humains qui suivent des intentions et montent des projets ou que l'on appréhende les choses du point de vue de systèmes et d'organisations qui négocient leurs frontières, la question de l'autonomie passe par la capacité à coopérer sans perdre son « âme ». Il en va de la négociation de figures communes ou d'idées régulatrices de la modernité comme la modernisation écologique, le développement durable ou la transition écologique et climatique à partir desquelles s'impliquer selon ses propres modes d'existence et de pratiques. Il en va d'une forme d'unité complexe par la reconnaissance réciproque des différences engagées dans une trajectoire partagée.

L'autonomie ne signifie donc pas l'autarcie, mais la capacité à structurer de (nouveaux) liens en fonction d'un commun global, défini en fonction d'interdépendances et contraintes écologiques et sociales, et de caractéristiques locales. La démarche passe irrémédiablement par des formes de désengagement : désengagement des anciennes formes d'entre-capture pour dégager de nouvelles solidarités possibles. Ce passage obligé est plus ou moins aisé et ou douloureux selon les investissements qui ont été réalisés dans des voies mortifères et sans issues. C'est le sens notamment des réflexions auxquelles nous nous sommes livrées à propos d'avancées qui peuvent s'inverser et se révéler être des impasses. Chaque territoire doit de ce fait entreprendre un travail introspectif d'enquêtes et de diagnostics pour prendre la mesure de ses forces et faiblesses.

Conclusion

La perspective de la société se menaçant elle-même par les entre-captures qu'elle génère convient tout à fait à rendre compte des nouveaux risques qui défient l'humanité et de l'alternance entre des communications sociales structurées autour de menaces alternant avec des messages engagés dans des actions et des réformes. Le changement climatique illustre parfaitement cette dynamique. Face à cette menace, la résilience passe-t-elle par des pratiques de désengagement comme préalable à de nouvelles manières de faire monde ? Si tel est le cas, il n'est pas certain que le développement et l'avancement technologique soient des atouts forcément gagnants.

Si de façon ramassée il n'est pas faux d'avancer que l'écologie politique et pratique est à la fois plus continue et moins soumise à des variations en Allemagne qu'en France, cette différence ne permet pas de préfigurer l'aptitude des Allemands à s'engager dans la transition écologique et climatique par rapport aux Français. Par ailleurs, s'il est également avéré que les Allemands bénéficient d'une relative indépendance territoriale à l'égard de l'État par rapport aux Français, on ne peut en déduire pour autant que ces derniers seraient plus « autonomes » que les Français face à la globalisation et par conséquent plus enclins à faire face à la crise climatique.

Bibliographie

Averbeck, P., Rudolf, F., Gobert, J. (2017). *Natürlich natürlich?! Wie natürlich sollten die Wälder der Biosphäre Reservat Pfälzerwald-Vosges du Nord in Zeiten des Klimawandels sein.*

Choné, A., Hamman, P. (dir., ed.) (2021). *Humanités environnementales en France et en Allemagne : Circulations et renouvellement des savoirs sur la forêt, le jardin et le végétal/Environmental Humanities in Frankreich und Deutschland: Wälder, Gärten, Pflanzen: Wissenstransfer und Wissenserneuerung.* Frankfurt/Main: Peter Lang, Reihe Studien zu Literatur, Kultur und Umwelt.

Becerra, S., Peltier, A. (dir) (2009). *Risques et environnement : recherches interdisciplinaires sur la vulnérabilité des sociétés.* Paris : L'Harmattan, Collection Sociologies et Environnement.

Beck, U. (2001). *Risikogesellschaft. Auf dem Weg in eine andere Moderne.* Frankfurt/Main: Suhrkamp, 1986. [Trad. La société du risque. Sur la voie d'une autre modernité. Paris : Aubier].

Bernstein, L. P. (1998). *Plus forts que les dieux. La remarquable histoire du risque.* Paris : Flammarion.

Boutaud, A. (2006). L'évaluation du développement durable, du global au local : penser le changement ou changer le pansement ?
Lazzeri, Y. (dir.). *Les indicateurs territoriaux de développement
durable. Questionnements et expériences.* Paris : L'Harmattan. 29–44.

Callon, M., Lascoumes, P., Barthe, Y. (2001). *Agir dans un monde
incertain.* Paris : Seuil.

Castoriadis, C. (1978/1999). *Les carrefours du labyrinthe.* Paris : Seuil.

Charles, L., Lange, H., Kalaora, B., Rudolf, F. (2014). *Environnement et
sciences sociales en France et en Allemagne.* Paris : L'Harmattan.

Chateauraynaud, F., Torny, D. (1999*). Les sombres précurseurs. Une
sociologie pragmatique de l'alerte et du risque.* Paris : Éditions de
l'École des Hautes Études en Sciences Sociales.

Clam, J. (2006). *Sciences du sens. Perspectives théoriques.* Strasbourg : Presses Universitaires de Strasbourg.

McCrigt, A. M., Dunlap, R. E. (2011). *The politization of climate
change and polarization in the American public's views of global
warming, 2001–2010.* The Sociological Quartely.

Fabiani, J.-L., Theys, J. (1987). *La société vulnérable. Évaluer et maîtriser les risques.* Paris : Presse de l'École Normale Supérieure.

Gobert, J., Rudolf, F., Kudriavtsev, A., Averbeck, P. (2017). *L'adaptation des entreprises au changement climatique – Questionnements
théoriques et opérationnels.* Revue d'Allemagne et des pays de
langue allemande. *49* (49–2). 491–504.

Godard, O., Henry, C., Lagadec, P., Michel-Kerjan, E. (2002). *Traité
des nouveaux risques.* Paris : Gallimard.

Habermas, J., Luhmann, N. (1971). *Theorie der Gesellschaft oder Sozial-
technologie, Theorie-Diskussion.* Frankfurt/Main: Suhrkamp
Verlag.

Lagadec, P. (1981). *La civilisation du risque. Catastrophes technologiques et responsabilités sociales.* Paris : Seuil.

Nachi, M. (2006). *Introduction à la sociologie pragmatique.*
Paris : Armand Colin, collection Cursus.

Oreske, N., Conway, E. (2012). *Les marchands de doute. Comment
une poignée de scientifiques ont masqué la vérité sur des enjeux*

de société tel que le tabagisme ou le réchauffement climatique. Paris : Le Pommier.

Roux, J. (dir.) (2006). *Être vigilant. L'opérativité discrète de la société du risque.* Saint Étienne : Publications de l'Université de Saint Étienne.

Rudolf, F. (1998). *L'environnement, une construction sociale. Pratiques et discours sur l'environnement en Allemagne et en France.* Strasbourg : Presses Universitaires de Strasbourg.

Rudolf, F. (1991). Les éco-conseillers dans les communes ou la définition d'une action en environnement. *La Revue des Sciences Sociales de la France de l'Est*, n° 19. 150–156.

Rudolf, F. (2003). Deux conceptions divergentes de l'expertise dans l'école de la modernité réflexive. *Cahiers Internationaux de Sociologie* 2003/1 (n° 114). 35–54.

Rudolf, F. (2009). Société du risque, société vulnérable. In : Becerra, S., Peltier, A. (dir), *Risques et environnement : recherches interdisciplinaires sur la vulnérabilité des sociétés.* Paris : L'Harmattan. 41–51.

Rudolf, F. (2021). Compte-rendu de la table ronde : résistances, participations et contestations. *Cahiers du GHFF Forêt, Environnement et Société*, n° 31. 97–104.

Rudolf, F., Gobert, J. (2019). Les espaces ruraux : entre dépendance et autonomie des métropoles – Le cas du PNR des Vosges du Nord. In : Ricard D., Woessner R. *Les espaces ruraux en France.* Neuilly : Atlande.

Rudolf, F., Grino, C. (2012). *The Nature-Society Controversy in France: Epistemological and Political Implications. Sociological Landscape-Theories, Realities and Trends*, hal 01685915.

Thaler, R. H., Sunstein, C. R. (2008). *Nudge: Improving decisions about health, wealth, and happiness.* New Haven: Yale University Press.

Deuxième partie
Les risques à fréquence faible

Brice MARTIN, Gaël BOHNERT, Laurent ZIMMERMANN

Inondations dans le Fossé rhénan : risque oublié ou risque maîtrisé ? Les enjeux de l'information et de la communication dans un contexte de risques de fréquence faible.

Résumé: Dans un contexte d'augmentation de la fréquence et de l'intensité des catastrophes naturelles du fait du changement climatique, il est important de travailler à la réduction de la vulnérabilité de biens et des personnes face, notamment, aux risques d'inondation. Chaque catastrophe montre en effet que des comportements inadéquats ont contribué à en aggraver le bilan et celui-ci aurait pu être atténué par une meilleure culture du risque. Cet article propose d'analyser ce concept mal défini dans le Fossé rhénan, afin d'identifier et d'interroger les différences pouvant exister sur ce territoire transfrontalier (France, Suisse, Allemagne). On s'appuie pour cela sur une approche géohistorique des inondations et sur des enquêtes de terrain, réalisées dans le cadre des programmes ANR-DFG TRANSRISK et Interreg Clim'ability, pour interroger, en particulier, la dimension mémorielle de la culture du risque, ainsi que le rôle des repères de crue et de la cartographie réglementaire, en analysant et transposant dans le Fossé rhénan, la catastrophe qui a frappé l'Allemagne en juillet 2021.

Mots clés: Inondations, risques, cartographie, culture du risque, approche transfrontalière, géohistoire.

Abstract: In a context of increasing frequency and intensity of natural disasters due to climate change, it is important to work to reduce human vulnerability, in particular, to flood risks. Each disaster shows that inadequate behavior has contributed to worsening the consequences and this could have been mitigated with a better risk culture. This article proposes to analyze this concept in the Rhine Ditch, in order to identify and question the differences that may exist in this cross-border territory (France, Switzerland, Germany). For this, we rely on a geohistorical approach to floods and on field surveys, carried out within the framework of the ANR-DFG TRANSRISK and Interreg Clim'ability programs, to question, in particular, the memorial dimension of risk culture, as well as the role of flood marks and mapping, by analyzing and transposing into the Rhine Graben, the disaster that struck Germany in July 2021.

Keywords: Floods, risks, mapping, risk culture, transboundary approach, geohistory.

Introduction : Pour les inondations aussi, le Rhin est une frontière

Le Fossé rhénan est un espace géographique homogène : la large vallée du Rhin, plate et de pente très douce, est encadrée par deux massifs de moyennes montagnes culminant à un peu plus 1 400 mètres d'altitude : les Vosges à l'ouest et la Forêt-Noire à l'est. Mais cet espace est aussi partagé entre trois pays : France, Allemagne et Suisse, et les frontières sont loin d'être neutres en ce qui concerne, par exemple, les inondations et leur gestion. Dans cette zone très peuplée, les travaux modifiant la trajectoire des cours d'eau et de protection contre les inondations ont été très importants. La rectification du Rhin au XIXème siècle en constitue la réalisation la plus spectaculaire au point que l'Alsace côté français et le Pays de Bade côté allemand sont désormais considérés comme protégés même contre des crues millénales[1], de fréquence très faible et, donc, d'intensité extrême. Les terribles inondations de 1802, 1852, 1876, 1882[2] semblent appartenir à l'histoire ancienne, compte tenu des aménagements réalisés dans le bassin-versant du fleuve depuis le XIXème siècle. Mais, les inondations du 15 juillet en Allemagne ont montré qu'il fallait rester mesuré face au sentiment de protection, les niveaux théoriques de la crue extrême de l'Ahr, par exemple, ayant été largement dépassés. D'autant plus que, de part et d'autre du Rhin, la situation face aux risques d'inondation est très contrastée. En effet, en Pays de Bade, les cours d'eau ont été massivement canalisés et endigués au XIXème siècle. Par contre, côté alsacien, les travaux ont été plus diffus et retardés par l'annexion allemande en 1870. Si bien qu'au début du XXème, seules quelques communes étaient protégées,

---

1   La crue millénale désigne un événement dont la probabilité d'occurrence est de 1/1000 tous les ans, et non pas une crue se produisant tous les mille ans.

2   Voir le site www.orrion.fr base de données en ligne sur les inondations en Alsace. Site réalisé dans le cadre des programmes ANR-DFG TRANSRISK (2008–2017) et Interreg Clim'ability (2016–2018).

notamment Strasbourg et Mulhouse. Cette situation va être mise en évidence lors des inondations de janvier 1910 : malgré des conditions climatiques comparables, les inondations vont surtout toucher le côté alsacien, sauf Strasbourg et Mulhouse, protégées par des canaux de décharge des eaux de crue de l'Ill (Martin et al., 2018, 2011).

À l'heure actuelle, ce différentiel entre rive alsacienne et badoise du Rhin existe toujours et impacte la culture du risque locale, mais d'une manière complexe. Globalement, les communes allemandes ne sont menacées qu'en cas de crues graves. Les inondations sont devenues rares. En Alsace, les risques existent même en cas de crues moyennes et les inondations sont donc plus fréquentes. Mais, de manière paradoxale, c'est en Alsace que la mémoire des inondations est la plus déficiente (Martin et al., 2019b). Cette situation interroge quant à l'efficacité de l'information préventive et de la communication en matière de prévention des risques alors qu'on se situe, pour le Haut-Rhin et le Bas-Rhin, parmi les 20 départements les plus à risque en matière d'inondation. De plus, le Fossé rhénan constitue un espace où l'impact du changement climatique pourrait être particulièrement marqué (Riach et al. 2019), notamment en termes d'aggravation des catastrophes naturelles (Scholze et al. 2018), comme cela a pu être montré dans le cadre du programme Interreg Clim'ability[3] (2015–2019). Dans ce cadre, il convient donc de réfléchir aux meilleurs moyens de réduire la vulnérabilité des territoires et de leurs acteurs, particulièrement en confrontant les expériences. Le contexte transfrontalier du Fossé rhénan offre la possibilité de procéder à une approche critique et comparative en mobilisant les concepts et méthodes de la géohistoire des risques (Martin et al., 2019a). Il s'agira ainsi de s'interroger, dans le temps et dans l'espace, sur les causes d'une différence de culture du risque entre Alsace et Pays de Bade et sur le rôle de l'information et de la communication en matière de prévention des inondations, notamment en ce qui concerne la mémoire des événements historiques remarquables et, surtout, les différences significatives de prise en compte des risques

---

3 www.climability.eu

d'inondation par la cartographie réglementaire. Deux thématiques dont l'importance a d'ailleurs été mise en évidence par la catastrophe qui a touché l'Allemagne et la Belgique en juillet 2021.

1. La culture du risque d'inondation dans le Fossé rhénan au prisme de la géohistoire critique des risques

1.1. Qu'entend-on par « culture du risque » ?

Le 22 décembre 2020, Barbara Pompili, ministre de la Transition Écologique annonçait « le lancement d'une campagne de modernisation de la culture du risque », afin de réduire le nombre de victimes lors des catastrophes : « Trop de décès sont encore constatés à chaque catastrophe, décès qui auraient parfois pu être évités en adoptant les bons gestes ». Cette déclaration souligne à la fois l'importance de la culture du risque en ce qui concerne la réduction de l'impact des catastrophes et l'échec relatif des politiques publiques françaises sur cette question. Il est particulièrement intéressant de noter que les inondations catastrophiques de juillet 2021 dans le nord-ouest de l'Allemagne ont amené la presse allemande et internationale à interroger l'absence de culture du risque dans leur propre pays, pour comprendre le bilan effroyable de cet événement. Mais qu'entend-on exactement par « culture du risque » ? C'est un concept assez flou, polysémique et discuté (Blesius 2013), beaucoup utilisé en France par les gestionnaires des risques pour lesquels il faut plutôt comprendre « culture technique du risque » (Coanus 2008), c'est-à-dire une forme d'apprentissage de type top-down plus qu'une co-construction avec les acteurs de territoires. D'où l'échec relatif des politiques publiques en la matière, puisque, comme le dit Coanus (2008) « cette culture technique, qui prend souvent une tournure scolaire lorsqu'elle s'adresse aux riverains, est d'un rendement très faible ». Des auteurs préfèrent utiliser les termes de « connaissance des risques » ou « état de préparation aux risques » (Blesius 2013), qui sous-entendent d'ailleurs mieux cette idée d'une attitude passive vis-à-vis des risques. Or une culture des risques efficace ne semble pouvoir se construire, s'entretenir et s'enrichir sans appropriation, partage et co-construction. Cela implique que le risque soit perçu comme ancré dans le territoire (Peretti-Watel, 2010), comme un élément qui participe de l'identité d'un territoire et de ses acteurs, jusqu'à envisager une dimension patrimoniale du risque (Martin et al., 2018, Metzger et al., 2019). Il s'agirait donc davantage d'envisager la culture du risque comme le résultat d'un processus dynamique et évolutif, co-construit, de mise en commun des cultures techniques, des savoirs vernaculaires, des mémoires et des expériences, où normes et modèles théoriques dialoguent avec le vécu des acteurs locaux et la géohistoire des territoires. La culture du risque combat la déresponsabilisation des acteurs locaux et la déterritorialisation de risques pouvant apparaître comme des phénomènes exogènes. Bien entendu, cela repose d'abord sur la connaissance par tous les acteurs (élus, techniciens, citoyens, etc.) des phénomènes naturels auxquels ils sont exposés, dans le temps et dans l'espace, et des vulnérabilités qui y sont associées pour les personnes et les biens. De cette connaissance découlent l'adoption et la reproduction de comportements aptes à réduire leur vulnérabilité et leur exposition, avant, pendant, après l'occurrence d'un événement. Ces comportements individuels nécessitent, pour être efficaces, d'être pensés, organisés et coordonnés collectivement. La culture du risque peut donc s'entendre comme un ensemble de savoirs et de savoir-faire, répartis en fonction de la place de chacun dans la société. Comment s'acquiert cette culture du risque ? À travers un processus interne et externe : l'apprentissage et l'expérience directe et/ou indirecte (vécue ou perçue), mais aussi l'information et la communication dont le message est d'autant plus compréhensible et accessible qu'il est construit sur une réalité territoriale, spatiale et temporelle. L'efficacité et la réussite des actions en faveur de la culture du risque dépendent de l'accessibilité de l'information, du partage de la connaissance et de l'expérience mais aussi de l'entretien de cette culture. De plus en plus, on insiste sur la responsabilisation des acteurs dans un processus de co-construction des savoirs, apte à garantir, au-delà, l'acceptation et l'appropriation des procédures de prévention des risques. Le cas du Fossé rhénan est en cela particulièrement pertinent et intéressant :

- Il offre la possibilité d'une comparaison transnationale, mettant en évidence le rôle de la frontière.
- Il pose la question de l'exemplarité des cas alsacien ou badois dans leurs contextes nationaux respectifs.
- Il interroge sur les processus géohistoriques d'une construction différenciée de la culture du risque.
- Il amène à questionner les temporalités et la mémoire dans la construction des cultures du risque d'inondation, tout particulièrement lorsque que l'on est confronté à des événements très dommageables de fréquence faible, en Alsace comme dans le Pays de Bade.
- Il conduit à se demander si les territoires et leurs acteurs sont préparés à faire face à un événement extrême, un questionnement qui prend tout son sens à la lumière des conséquences des inondations catastrophiques de juillet 2021.

1.2. Étudier la culture du risque dans le Fossé rhénan : quels enjeux, quelles méthodes ?

En Alsace, nombreuses sont les publications récentes qui ont souligné le déficit en matière de culture du risque d'inondation (Martin et al., 2010, 2015a, 2016, 2018) : mémoire défaillante, connaissances mal partagées, pertes de liens avec le territoire, méconnaissances des phénomènes, des procédures et des lois, déni, déresponsabilisation, etc. Ce qui entraîne une sous-évaluation des phénomènes extrêmes et des vulnérabilités, ainsi qu'une vulnérabilité additionnelle liée à cette absence de culture du risque. Les projets franco-allemand ANR-DFG TRANS-RISK[2] (2014–2018), et Interreg Clim'ability (2015–2019) et Clim'ability Design (2019–2023), portés par les Universités de Mulhouse et Freiburg se sont donc fixé pour objectif de répondre à ces questionnements et aux attentes des acteurs des scènes locales du risque (DDT, DREAL, etc.), en réalisant, notamment, pour le Rhin Supérieur, la Sarre et la Moselle :

- Une base de données transnationale sur les inondations historiques depuis 1480, permettant une analyse géohistorique critique et comparée de leur évolution et leur gestion.
- Une évaluation comparée de la culture du risque, basée sur une approche géohistorique et une enquête auprès des acteurs (élus, entreprises, public).

Pour entretenir et partager la connaissance et la mémoire des inondations, la base de données transnationale a été mise à disposition du public sous la forme du site internet participatif ORRION (www.orrion. fr) (Observatoire Régional des Risques d'Inondation), où chacun peut consulter les informations historiques mais aussi contribuer à la constitution d'une mémoire collective en partageant ses propres documents (Martin et al., 2016). Pour étudier conjointement la culture du risque et la géohistoire du risque d'inondation dans le Fossé rhénan, leurs évolutions et différences spatiales et temporelles, on peut donc s'appuyer sur une confrontation des événements, de la gestion des risques d'inondations, des perceptions et des représentations des acteurs dans le temps et dans l'espace, typique de l'approche géohistorique (Martin et al., 2019a, Giacona et al., 2019).

1.3. Principes et méthodes de géohistoire des inondations dans le Fossé rhénan

L'analyse appliquée au Fossé rhénan se revendique de la « géohistoire ». Il ne s'agit pas seulement d'une étude historique axée sur les temporalités, ni géographique autour des spatialités, mais d'une combinaison des deux, dans le but de décrire l'évolution d'un espace ou d'un territoire sur le temps long, et de fournir aux acteurs (décideurs, élus, public) des clés de compréhension de la dynamique homme - milieu (localement et/ou globalement).

La géohistoire correspond actuellement à un courant qui connaît un réel succès scientifique dans la recherche académique et appliquée, surtout en géographie mais le concept est également utilisé par les archéologues, les écologues, les aménageurs et, parfois, par les historiens. En effet, la géohistoire (ou géo-histoire), néologisme créé par Fernand Braudel après la Seconde Guerre Mondiale, peut constituer un pont entre la géographie et l'histoire, en s'intéressant « aux interactions entre les dimensions géographique et historique pour proposer une analyse des sociétés sur le temps long et à différentes échelles » (Grataloup, 2015), en privilégiant l'approche systémique (interactions nature-société, dans le temps et dans l'espace). En d'autres termes, l'analyse géohistorique va étudier « les rapports dialectiques entre l'évolution des milieux naturels et l'évolution des sociétés humaines en permettant de confronter les échelles spatiales et temporelles » (Franchomme et al., 2014), pour aider à la compréhension des dynamiques actuelles et orienter les choix en matière d'aménagement et de gestion environnementale.

Comme souvent en géographie, il s'agit d'une méthode d'analyse ayant de fortes finalités opérationnelles et qui s'appuie sur le principe d'un recours critique au passé pour comprendre le présent et éclairer l'avenir, notamment en termes de culture des risques d'inondation. Cette approche s'applique particulièrement à l'analyse des risques naturels et notamment des inondations (Martin et al., 2019a). En effet, les crues correspondent à des phénomènes naturels récurrents et leur étude sur le temps long nous renseigne sur leur typologie, leur intensité, leur fréquence[4], leur extension spatiale, leur saisonnalité, leurs causes, mais aussi sur leurs conséquences et leur gestion. Car les crues peuvent provoquer des dommages du fait de l'inondation qu'elles sont susceptibles de générer et nécessitent de ce fait une « gestion » (prévention, protection, prévision, réparation, etc.). Pour que l'on ait des dommages, il faut donc que des enjeux vulnérables soient exposés à la crue. Cela veut dire que la compréhension de l'évolution du risque d'inondation sur le temps

---

4   Globalement, l'intensité est inversement proportionnelle à la fréquence : plus une crue est forte, moins elle est fréquente.

long nécessite d'étudier conjointement l'évolution de l'aléa (la crue), source de dommages potentiels, et l'évolution des enjeux potentiellement dommageables (humains, matériels, immatériels, structurels, fonctionnels, etc.) qui vont être à la fois victimes et causes résiduelles de l'aléa. Cette donnée est essentielle car l'analyse sur le temps long va s'appuyer sur les archives pour reconstituer la chronologie des faits, or la production d'archives relatives aux crues est directement liée à l'endommagement (inondation) vécu et/ou perçu comme tel, ce qui veut dire que :

–   Sans enjeux vulnérables exposés à la crue, l'événement le plus extraordinaire pourra ne laisser aucune trace dans les archives.
–   L'intensité d'une inondation dépend autant de l'aléa (la crue) que de la vulnérabilité des enjeux.
–   L'aggravation ou l'atténuation des inondations dans une chronologie établie à partir des archives peut être le résultat d'une variation naturelle (climat) ou provoquée (aménagement hydraulique, endiguement, etc.) de la dynamique des crues et/ou d'une modification de la vulnérabilité des enjeux.
–   Le report de l'information relative aux inondations dans les archives va dépendre de la perception et de l'acceptation du risque, qui vont varier dans le temps et dans l'espace : un phénomène courant, habituel, ou perçu positivement, ne va pas forcément laisser des traces dans les archives.
–   La chronologie des crues et inondations sur le temps long va fortement dépendre de la qualité et de la quantité d'archives disponibles : plus on remonte dans le temps, plus les informations deviennent rares, localisées et sujettes à caution quant à l'exactitude des faits. Se rajoute à cela le fait que l'Alsace ait été une terre de conflits entre 1870 et 1945, situation qui pèse sur la qualité et la quantité d'informations, plus que nulle part ailleurs en France.

L'analyse géohistorique va nous permettre de reconstituer une évolution critique, dans le temps et dans l'espace, des crues et des inondations, en apportant deux informations importantes en termes de culture des risques et de gestion préventive. Tout d'abord, on va pouvoir établir et renseigner la chronologie et les caractéristiques des inondations sur un territoire, à des fins de (re)constitution de mémoire(s)[5], d'un souvenir collectif, et d'une culture partagée du risque d'inondation entre tous les acteurs, indispensables à l'acceptation des procédures de prévention, à la responsabilisation et à la réduction de la vulnérabilité individuelle et collective (public, élus, entrepreneurs, gestionnaires). Cette mémoire collective et partagée est un enjeu fondamental, et pas simplement une obligation légale[6] car, pour des raisons variées, elle tend à fortement se réduire et augmente la vulnérabilité des personnes par méconnaissance, oubli ou déni du risque. La chronologie sur le temps long permet de mettre en évidence l'existence et la récurrence de phénomènes extrêmes, donc rares, et ainsi de lutter contre un argument que les locaux (qui connaîtraient mieux le territoire et son histoire) opposent fréquemment aux gestionnaires du risque (qui eux ne le connaîtraient pas) : « de mémoire d'homme, on n'a jamais vu ça ».

5   Le site Géoconfluence précise que « La mémoire du risque désigne à la fois le souvenir collectif qu'une population garde des aléas et des catastrophes survenus dans le passé, et la dimension mémorielle attachée à ce souvenir (les commémorations, célébrations d'anniversaires, marronniers médiatiques, etc.). Elle est une dimension importante de la culture du risque. Comme toute mémoire, la mémoire du risque est imparfaite, inexacte, et sujette à une reconstruction postérieure ; elle n'est donc pas suffisante à la constitution d'une culture du risque qui implique aussi une politique de prévention et une éducation à la connaissance rationnelle du risque » (http://geoconfluences.ens-lyon.fr/glossaire/memoire-du-risque).

6   *La loi n° 2003-699 du 30 juillet 2003, dite Loi Bachelot,* insiste sur l'information préventive, la cogestion du risque et la responsabilisation des décideurs et des citoyens. Cela passe, notamment, par l'obligation d'information de la population de la part des communes (art. 40), la pose obligatoire de repères de crue pour perpétuer la mémoire des inondations (art. 42), dans les communes dotées d'un Plan de Prévention des Risques. Par ailleurs, *la Directive Européenne 2007/60/ CE du 23 octobre 2007 relative à l'évaluation et à la gestion des risques d'inondations, (Directive Inondation),* exige que les pays de l'UE évaluent les risques d'inondation dans les territoires en récoltant des informations, notamment l'historique des inondations passées, l'évolution de l'occupation des sols, etc., pour la détermination de la probabilité de futures inondations significatives et leurs conséquences.

Mieux, la chronologie permet aussi aux acteurs locaux de se réapproprier l'histoire du territoire et de sa dynamique (Martin et al., 2019b). Ensuite, compte tenu de la discontinuité de l'information relative aux inondations dans le temps et dans l'espace, la chronologie que l'on vient d'évoquer doit être analysée de manière critique : pour pouvoir être confrontées et comparées, les inondations nécessitent obligatoirement d'être contextualisées, c'est-à-dire replacées dans les conditions du moment de leur occurrence, tant en ce qui concerne l'aléa que la vulnérabilité des enjeux. En fonction de l'évolution de ces facteurs contextuels, on pourra proposer la transposition des inondations historiques dans la période actuelle, afin d'en évaluer les conséquences (Martin et al., 2019a).

Ces démarches nécessitent une parfaite connaissance de la méthodologie de recherche dans les archives et des limites de l'information qu'on peut en retirer. Or, trop souvent les approches historiques associées aux procédures réglementaires de prévention des risques d'inondation proposent des chronologies qui, d'abord, ignorent l'importance du facteur « sources » sur la qualité et la quantité des informations et ensuite oublient l'impossibilité de comparer les événements entre eux (fig. 1) sans contextualisation et transposition préalables, donc sans étude conjointe des événements et des facteurs qui pèsent sur leur dynamique (facteurs climatiques, facteurs anthropiques).

En dehors des événements s'étant produits dans une période homogène, c'est-à-dire dans une quintuple continuité (facteurs de production de sources constants dans le temps), la comparaison des inondations nécessite une contextualisation, que l'on ait des informations qualitatives ou quantitatives. En effet, comme on peut le voir sur la figure, les inondations 2 et 3 se sont produites durant des périodes caractérisées par une continuité des critères générant l'information. Elles peuvent donc être comparées directement. Au contraire des inondations 1 et 2, qui, du fait de leur occurrence durant des périodes caractérisées par une discontinuité des facteurs de production de sources dans le temps, nécessitent d'être contextualisées pour pouvoir être comparées (Martin et al., 2015b).

Une des clefs de la méthode d'analyse géohistorique est la contextualisation, qui, notamment pour la géohistoire des risques, offre donc

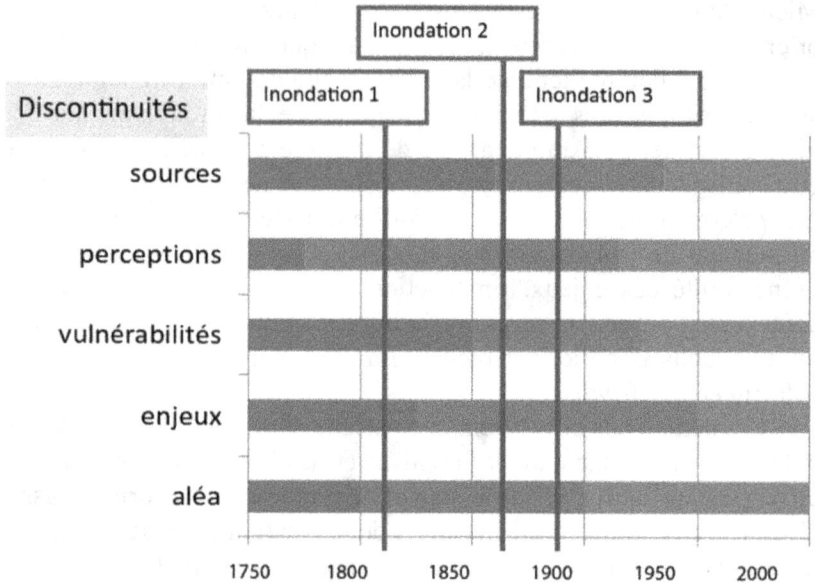

Fig. 1: Règles de comparaison des inondations dans le temps, selon la continuité/ discontinuité des critères générant l'information.

des opportunités de comparaison diachronique, de hiérarchisation des phénomènes (Himmelsbach, 2013, Giacona, 2014), de « réflexion sur les récurrences » (Grataloup, 2015) et les fréquences (Macdonald, Black, 2010). Trois possibilités d'analyse qui se révèlent particulièrement intéressantes et pertinentes en ce qui concerne plus spécifiquement la géohistoire des risques, dès lors que l'on s'inscrit dans une logique opérationnelle. En effet, en matière de recherche fondamentale et appliquée, l'étude de l'objet géographique que constituent les risques d'inondation et leur gestion nécessitent de répondre, notamment, à cinq enjeux essentiels :

- Connaître et reconstituer les phénomènes extrêmes et/ou de référence,
- Prendre en compte le rôle des facteurs naturels et anthropiques qui conditionnent l'occurrence et l'évolution des aléas (Martin, 1996),

- Comprendre le rôle respectif de l'aléa et de la vulnérabilité dans l'évolution des risques et des catastrophes,
- Transposer les événements antérieurs dans la situation actuelle, pour les confronter, par exemple, au zonage réglementaire des risques (Martin et al., 2016),
- Porter un regard critique sur la gouvernance et la gestion des risques.

Ces enjeux peuvent être éclairés à travers une approche régressive et l'analyse de l'évolution diachronique d'un territoire, démarche à dimension potentiellement prospective. En effet, Braudel déjà, fixait comme objectif à la géohistoire d'« associer le passé le plus lointain au présent et même au futur » (Da Silva Ribeiro, 2012). Comprendre l'évolution diachronique des risques sur un territoire renvoie nécessairement à une étude conjointe des phénomènes et de leur gestion. Cela implique de s'intéresser, à travers une approche multiscalaire et systémique (Combe, 2007), aux jeux d'acteurs, aux politiques publiques (Fournier, 2010) et aux conflits sur/pour un territoire, autour de l'acceptation des risques, de l'inégalité territoriale, de la déresponsabilisation des acteurs, de la déterritorialisation (les risques et leur gestion semblant s'affranchir de toute logique territoriale), etc. La géohistoire des risques (et de l'environnement en général) offre donc d'importantes opportunités de développement en termes de géopolitique des risques (Meschinet de Richemond, 2003 ; Duchêne, 2008 ; Thomi, 2010 ; Niget, Petitclerc, 2012), domaine encore peu exploré par les chercheurs.

En Alsace, les administrations compétentes actuelles ont été d'autant plus vivement intéressées par l'analyse géohistorique et la réflexion sur la culture du risque, que l'amélioration de la connaissance des événements historiques s'inscrivait dans les objectifs de la Directive européenne « Inondations »[7]. De nombreuses collaborations ont été développées autour de la gestion des risques d'inondation avec les collectivités territoriales et les services de l'État. Dix années de recherches appliquées se sont concrétisées en 2019–2020 à travers la

---

7   Directive 2007/60/CE du Parlement Européen et du Conseil du 23 octobre 2007 relative à l'évaluation et à la gestion des risques d'inondation.

co-organisation avec les acteurs des territoires, des commémorations régionales et transnationales du centenaire des grandes inondations de décembre 1919 et janvier 1920, événements oubliés ou méconnus. Il s'agit pourtant des inondations les plus graves des 200 dernières années, avec celles de 1876, 1882, 1910 et 1947. Ce sont également les dernières à avoir eu des conséquences majeures en Alsace comme dans le Pays de Bade, car, par la suite, les inondations dommageables ont été plus fréquentes et plus destructrices du côté alsacien. Mais, il ne s'est plus produit d'inondations majeures à caractère régional depuis plus de 30 ans en Alsace, et même depuis un siècle du côté badois (décembre 1919) comme pour les deux principales villes alsaciennes, Strasbourg et Mulhouse[8]. Ce contexte de raréfaction des événements dommageables influence considérablement la mémoire et la culture du risque, compte-tenu de l'importance du vécu et de l'expérience (Nicolas et al., 2018). Mais la situation est-elle la même de part et d'autre du Rhin ?

1.4. Enquête autour de la culture du risque

Pour étudier la culture du risque et, notamment, le rôle des aménagements dans le sentiment de sécurité, on a procédé à une enquête sur la perception et la mémoire du risque d'inondation. Nous sommes partis du postulat que, du fait de l'histoire et d'une politique d'aménagement et de gestion différenciée, la situation n'était pas identique de part et d'autre du Rhin. L'enquête a donc été effectuée dans des villages et villes de tailles comparables en Alsace et en Pays de Bade, pour comprendre l'influence de la frontière. Des interviews ont été réalisées le long de la Kinzig dans la Forêt Noire et le long de la Thur dans les Vosges, ainsi que dans les villes de Mulhouse, Schirmeck, Molsheim (France), Achern et Rastatt (Allemagne). On a utilisé un questionnaire

---

8   Du fait, notamment, des travaux de canalisation et de dérivation de l'Ill, le centre-ville de Strasbourg n'a plus été inondé depuis 1882, et celui de Mulhouse depuis 1860 (Martin et al., 2017).

standardisé comprenant 38 questions, dont 10 étaient ouvertes et 28 fermées. Au total, 916 questionnaires ont été réalisés et témoignent d'une grande homogénéité à l'échelle locale. Cela nous permet de tester les hypothèses concernant les liens entre la connaissance du risque et l'expérience, la mémoire et la culture des inondations.

1.5. Deux pays, deux cultures du risque ?

Voici quelques-uns des résultats les plus significatifs : à la question « est-ce que le risque d'inondation a augmenté au niveau national au cours des dix dernières années ? », plus de 75 % des enquêtés en Alsace et dans le Pays de Bade ont répondu que c'était vrai, mais avec des pourcentages beaucoup plus élevés en zones rurales alsaciennes, où la proximité avec les éléments naturels, la vision régulière des inondations, peut rendre la population plus sensible. Cette différence est moins nette côté allemand du fait d'une correction plus systématique des cours d'eau dans les zones rurales. Autre différence notable, pour les Alsaciens cette augmentation des risques d'inondation concerne surtout le reste de la France et pas uniquement leur propre région. Un résultat à mettre en relation avec une faible connaissance des événements historiques et des repères de crues, et une mémoire à court terme : en effet, la dernière grande inondation régionale (1990) est déjà globalement oubliée, surtout en zone urbaine. Une enquête réalisée 20 ans après les inondations de 1990 dans la vallée de Guebwiller, la plus touchée par ces inondations, a montré que plus de la moitié de la population locale avait oublié l'événement, malgré les morts, les routes et maisons détruites. Paradoxalement, les Allemands sont plus conscients du risque (meilleure connaissance des repères de crue), mais se considèrent efficacement protégés et ne sont pas préparés à subir un événement destructeur ; le discours des gestionnaires du risque est d'ailleurs très (trop ?) rassurant et leur communication s'appuie beaucoup sur la maîtrise technique des inondations. On constate donc une vulnérabilité additionnelle liée à un déficit de culture du risque des deux côtés du Rhin. Mais, si en Alsace cette situation semble être liée à une méconnaissance du risque

	France	Allemagne
Changement du risque d'inondation à l'échelle nationale au cours des 10 dernières années ?	Oui (76%)	Oui (78%)
Changement du risque d'inondation dans votre commune au cours des 10 dernières années ?	Non (71%)	Non (65%)
Connaissance des repères de crue ?	Non (73%)	Oui (65%)
Connaissance des inondations historiques ?	Non (78%)	Oui (93%)
Causes principales des changements du risque	Modifications cours d'eau	Changement climatique
Êtes-vous bien informés sur les risques d'inondation ?	Non (81%)	Oui (78%)
Quelle mode d'information faut-il privilégier?	Administration	Démarche personnelle

Fig. 2: Différences de perception du risque d'inondation dans le Fossé rhénan, de part et d'autre de la frontière, entre l'Alsace et le Pays de Bade (résultats obtenus à l'issue d'une enquête réalisée auprès de 916 personnes en 2015, dans le cadre du programme ANR-DFG TRANSRISK[2]).

et une absence de mémoire, elle repose en Allemagne sur un excès de confiance dans les protections mises en place.

Allemands et Français s'opposent par contre sur les principaux facteurs responsables de l'augmentation des risques : les premiers évoquent d'abord le réchauffement climatique, les seconds mettent davantage en cause les changements dans l'occupation des sols (fig. 2). Un sentiment à rapprocher de la vision plutôt positive et de la confiance que les Allemands accordent aux travaux de correction et de protection, dont l'efficacité ne semble pouvoir être remise en cause que par des facteurs extraterritoriaux (le réchauffement). Une situation qui, forcément, interpelle quant au bilan effroyable des inondations de juillet 2021 en Rhénanie.

En ce qui concerne la connaissance et la mémoire des inondations, on remarque en France et en Allemagne l'importance de l'ancrage territorial sur le temps long. Les plus anciens, les personnes vivant depuis longtemps dans leur habitation, les ruraux, ont une meilleure culture du risque. Les mobilités, qui concernent particulièrement les jeunes actifs et les urbains, pèsent fortement sur la perte ou l'absence de culture du

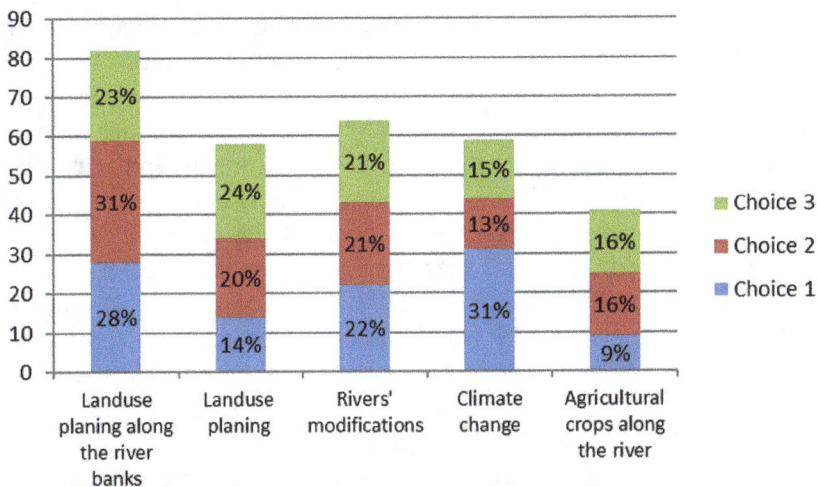

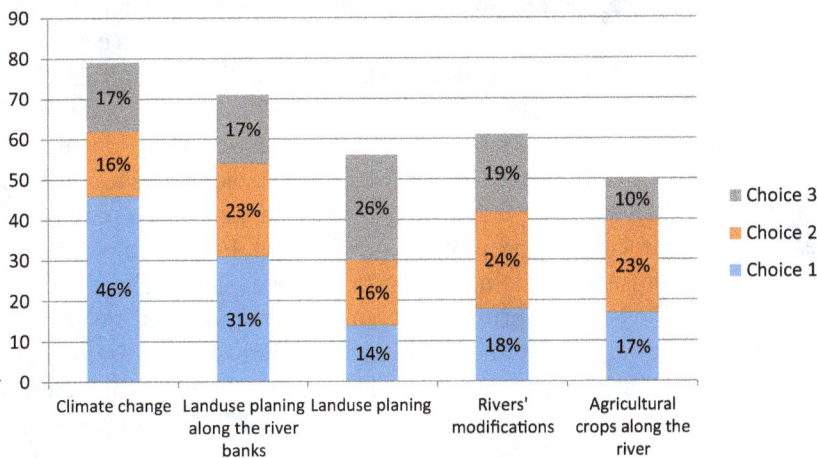

Fig. 3: Principaux facteurs considérés comme responsables d'une augmentation des inondations, en Alsace (à gauche) et dans le Pays de Bade (à droite).

risque. Mais, bien entendu, l'expérience reste le facteur prépondérant (Nicolas et al., 2018) puisque la culture du risque est la plus forte chez les enquêtés ayant vécu directement (ou indirectement via leurs proches) une inondation, ou connaissant les marqueurs territoriaux des inondations du passé (repères de crue). On remarque ici une différence notable entre Alsaciens et Badois. Seuls 27 % des premiers ont connaissance de repères de crue sur leur territoire, contre 65 % des seconds. Si ce sont logiquement les ruraux plutôt âgés qui en ont connaissance, cette situation résulte d'abord de l'existence d'un nombre beaucoup plus important de repères de crue côté badois. Mais, même dans les communes alsaciennes où ils demeurent visibles, ils sont très mal connus et cette méconnaissance repose donc également sur une insuffisance de culture du risque. Malgré les obligations réglementaires (depuis 2007) pour les communes dotées d'un Plan de Prévention des Risques d'inondation (PPRI), de recenser, entretenir et poser des repères de crue sur leur territoire, cela n'a jamais été fait dans le Haut-Rhin, où plusieurs centaines de communes sont pourtant concernées. Et dans le Bas-Rhin, cela vient à peine de débuter, en 2018, à l'instigation du SDEA (Service de Eaux et de l'Assainissement d'Alsace-Moselle), nouveau venu dans la gestion préventive des inondations, qui a élargi ses compétences dans le contexte de la loi MAPTAM du 27 janvier 2014[9]. On peut sans doute pointer ici les ratés de l'information préventive côté français. En effet, alors que la population badoise a une démarche volontariste dans la recherche d'information, les Alsaciens privilégient une information fournie par les pouvoirs publics, illustrant une forme de réelle déresponsabilisation. De plus, à une information régalienne sur les risques d'inondation, déterritorialisée et uniformisée à l'échelle nationale en Alsace, s'oppose l'information plus territorialisée en Pays de Bade, illustrée, notamment, par l'organisation tous les 2 ans des « Hochwassertag », grandes manifestations d'information du public, à l'échelle du Land. À noter que le SDEA,

---

9   La loi MAPTAM, loi de « modernisation de l'action publique territoriale et d'affirmation des métropoles » du 27 janvier 2014, rationalise la gestion des rivières en créant la compétence GEMAPI (Gestion des Milieux Aquatiques et Prévention des Inondations) qui permet d'avoir un acteur unique pour la gestion qualitative et quantitative des cours d'eau.

s'est lancé dans une démarche comparable, en y associant les chercheurs de l'équipe TRANSRISK[2] et Clim'ability (Salon inondation de Schwindratzheim en 2016, de Brumath en 2018 ; Commémoration binationale des 25 ans des inondations de la Sarre de 1993 à Sarreguemines). C'est d'ailleurs l'occasion pour les chercheurs de poursuivre les enquêtes, en tant qu'élément d'évaluation des politiques de renforcement de la culture du risque. À la différence entre France et Allemagne se rajoute donc celle entre le Haut-Rhin et le Bas-Rhin. Dans ce dernier département, le SDEA est bien plus sensibilisé à la nécessité de développer la culture du risque, alors que dans le Haut-Rhin, l'héritage allemand se ressent à travers une approche très ingénieriale, technicienne, plutôt paternaliste, et, in fine, très déresponsabilisante.

2. Le déficit de culture du risque d'inondation dans le Fossé rhénan, un facteur de sur-vulnérabilité ?

Même si le SDEA affiche une démarche volontariste, voire innovante en Alsace, on part de très loin et, notamment du côté des élus, la question des inondations ne semble guère constituer une préoccupation prioritaire à l'échelle locale. Les réactions négatives des élus strasbourgeois (et alsaciens en général) face aux préconisations du récent Plan de Gestion des Risques d'Inondation (PGRI)[10] en est la parfaite illustration. D'ailleurs, la capitale européenne était aussi, jusqu'à une époque récente, la préfecture d'un des départements les plus en retard en termes de Plan de Prévention des Risques (PPRI)[11] (Martin et al., 2017), et la mise en place d'une gestion intégrée des inondations à l'échelle de tout le bassin de l'Ill, dans le cadre de la GEMAPI, se heurte pour l'instant à une invraisemblable

---

10   La Directive Inondation oblige les États de l'Union européenne à mettre en place des PGRI afin de réduire les risques et de diminuer le coût des inondations, de l'échelle locale à l'échelle nationale.
11   Plan de Prévention des Risques d'Inondation.

rivalité entre le Haut-Rhin et le Bas-Rhin[12], qui montre que la prévention des risques est aussi une question éminemment géopolitique. Mais, au-delà de la responsabilité des pouvoirs publics, le déficit de culture du risque est aussi lié à un contexte local défavorable. La méconnaissance du risque d'inondation est due à de nombreux facteurs, comme la relative rareté des phénomènes de grande ampleur, l'individualisme, les mobilités, le manque de transmission intergénérationnelle, l'excès d'informations sur la crise environnementale, etc. Mais, il y a en Alsace une seconde explication liée à l'histoire locale très particulière. En effet, entre 1870 et 1945, la région a connu 3 conflits avec l'Allemagne et 4 changements de nationalité, de langue et d'administration. En y ajoutant les pertes et les destructions liées à la guerre, la culture du risque[13] est donc profondément altérée par cette situation.

Les enjeux, en termes de reconstruction de la culture du risque sont donc immenses, et urgents car, côté alsacien, les procédures actuelles de PGRI[14],

---

12   « Dans le bassin Rhin-Meuse, il a ainsi été identifié la nécessité de créer un nouvel EPTB dans le bassin de l'Ill. Deux propositions sont aujourd'hui en concurrence : l'une est portée par le département du Haut-Rhin qui vise à faire évoluer le syndicat mixte du bassin de l'Ill (SYMBI), créé en 2017, auquel il a transféré les moyens de son service « rivières et barrages » ; l'autre, soutenue par la région Grand-Est, consiste à créer un syndicat mixte ouvert sur la base du syndicat des eaux et assainissement Alsace Moselle (SDEA). L'Eurométropole de Strasbourg est positionnée en arbitre » (Rapport du Gouvernement au Parlement d'évaluation des conséquences de la prise de compétence Gemapi par les établissements publics de coopération intercommunale à fiscalité propre, février 2019)

13   La culture du risque étant considérée comme un « ensemble de modèles comportementaux intégrés par une population exposée pour faire face à une menace » (Rode, 2009), et construit, notamment sur l'expérience acquise lors d'événements antérieurs, la mémoire de ces événements, sa conservation et sa transmission.

14   « Ensisheim. Syndicat de la Thur aval : non au PGRI » (L'Alsace, 2 juillet 2021) ; « Opposé au plan de gestion des risques inondation ! Lors de la réunion du conseil municipal de Saint-Amarin, les élus ont désapprouvé le plan de gestion des risques d'inondation (PGRI), estimant qu'il rend impossible le développement de la commune ». (DNA, 30 juin 2021) ; « Région de Molsheim-Mutzig : On connaissait le PPRI, voilà le PGRI : plan de gestion des risques

de PAPI[15] ou de PPRI se heurtent à une forte défiance (Martin et al., 2019b) au prétexte d'une exagération du risque d'inondation. Et nombreux sont les élus locaux à considérer que la seule alternative passe par l'endiguement et la rectification des cours d'eau. Une mesure qui peut avoir des effets bénéfiques à l'échelle locale mais qui, lorsqu'elle n'est pas pensée à l'échelle du bassin-versant, peut avoir pour résultat une aggravation et un déplacement du risque vers l'aval. D'ailleurs, les habitants du sud du Bas-Rhin continuent, à l'heure actuelle, de considérer qu'ils subissent des inondations plus fortes à cause de la politique unilatérale du Haut-Rhin en termes d'endiguement de l'Ill. Et d'exiger eux aussi leurs digues, sans se préoccuper ni avoir réellement conscience des conséquences que cela aurait en aval, pour l'agglomération strasbourgeoise. Du coté badois, la mainmise de l'Administration, associée à une culture d'ingénierie très marquée par les Ponts et Chaussées (où s'est d'ailleurs formé l'ingénieur Tulla, grand artisan de la correction du Rhin), a conduit pendant près de 200 ans, à une intervention à dominante technique dans la protection contre les inondations. Cela s'est traduit par la correction et la rectification des tracés, la construction des barrages et des digues, et le développement simultané et (presque) incontrôlé des zones d'activités (résidentielles, industrielles, agricoles, etc.) derrière les ouvrages. Ces actions ont conduit à la disparition des inondations lors de crues fréquentes, faibles ou moyennes, tout en augmentant les dommages lors des crues fortes, rares, de type centennal. Au point que le Pays de Bade est engagé dans une réflexion de réouverture des digues pour redonner de la place à la rivière et anticiper l'occurrence de crues extrêmes, notamment dans le contexte du réchauffement climatique. La réflexion dépasse, ici, l'échelle locale et vise à anticiper

---

d'inondation Rhin-Meuse. Ce document (...) fait l'objet de nombreuses critiques des élus locaux rebutés par son lot de contraintes en termes d'aménagement du territoire ». (DNA, 8 juillet 2021) ; « Marlenheim : Avis défavorable pour le plan de gestion des risques d'inondation. (...) Le conseil municipal de Marlenheim s'est prononcé contre (...) le PGRI (...) les mesures prévues par ces documents, qui doivent permettre de prévenir les risques d'inondation, sont jugées trop strictes ». (DNA, 22 juillet 2021), etc.

15 Programme d'Action de Prévention des Inondations.

l'occurrence d'une crue majeure et catastrophique du Rhin qui, en dehors des événements relativement modérés de 1993,1995 et 1999, ne s'est plus produite depuis 1882. Avec la construction de vastes bassins de rétention, on s'inscrit d'ailleurs davantage dans une logique de solidarité amont-aval, et de solidarité franco-allemande, car si les communes du Fossé Rhénan sont a priori protégées d'une crue millénale du Rhin, celles situées en aval (Mayence, Coblence, Bonn, Cologne, etc.) restent très vulnérables et constituent une partie du cœur économique de l'Allemagne (CIPR, 2016). Or, à l'échelle locale, ces mesures restent souvent très mal acceptées : les enjeux sont mal perçus et selon une logique très individualiste, les processus sont mal compris, les événements historiques dommageables sont oubliés, méconnus voire niés, les outils et les procédures réglementaires de gestion des risques ne sont pas maîtrisés et l'information et la communication, de type top-down, donnent aux acteurs locaux l'impression d'un risque déterritorialisé, « imposé » voire « inventé » par l'État, plus que reflétant les caractéristiques et les dynamiques du territoire. Les contributions lors de l'enquête publique relative au polder de Breisach (rive allemande du Rhin), réalisée en 2017, en sont la parfaite illustration, tout comme la création de l'association « Bürgerinitiative für eine verträgliche Retention » qui ajoute encore une dimension plus environnementale à la défiance vis-à-vis du polder et de l'action publique. Ces réactions négatives ne sont en rien surprenantes : la destruction de repères de crue par les riverains craignant la dévalorisation de leurs biens a tendance à se multiplier ces dernières années en Pays de Bade, et les Plans de Prévention des Risques d'Inondation (PPRI) du Haut-Rhin, mis en place entre 2003 et 2008, ont souvent fait l'objet de réactions violentes de la part des acteurs locaux (élus et riverains), faute d'une information et d'une communication à la hauteur des enjeux. Il est d'ailleurs très intéressant de noter que la mise en place des PPRI du Bas-Rhin, beaucoup plus tardive, s'est accompagnée d'une vraie réflexion destinée à corriger ces insuffisances en matière d'information et de communication. Et la procédure, novatrice en France, associant la DDT, le bureau d'étude MAYANE et les chercheurs ayant travaillé sur la géohistoire des inondations dans le cadre des programmes TRANSRISK, a été un remarquable succès, pour quatre raisons principales : communication claire, standardisée et professionnelle, multiplication des réunions d'information, écoute et disponibilité des services instructeurs de l'État et, surtout, reterritorialisation de la procédure (Martin et al., 2019b). En effet, la base de données sur les inondations historiques a permis, illustrations à l'appui, d'expliquer pourquoi les territoires faisaient l'objet d'un PPRI et, ainsi de légitimer la procédure, en s'appuyant sur les événements locaux destructeurs, pour la plupart inconnus ou oubliés du public comme des élus. Cela montre qu'avec une information et une communication adaptée au territoire, il est possible de renforcer la culture du risque. Mais il faut néanmoins rester mesuré :

– Les cartes de zonage des PPRI « disent » le risque, le règlement associé aux PPRI préconisent des mesures de réduction de la vulnérabilité[16], mais ne sont en aucun cas des outils de gestion de crise. Cet aspect relève de la responsabilité des maires, à travers les Plans Communaux de Sauvegarde (PCS) et l'organisation obligatoire, au minimum tous les 2 ans, d'une réunion publique d'information. Or, peu de maires le savent et encore moins respectent cette obligation ni celle de poser des repères de crue. Les événements historiques catastrophiques restent donc méconnus, même si de nombreuses communes honorent le culte de Saint-Népomucène, protecteur contre les inondations. La plupart des habitants de l'Alsace sousestime ou ignore le risque auquel ils sont potentiellement exposés.

– Les cartes de zonage des PPRI sont construites sur la modélisation d'une crue de récurrence centennale (probabilité de 1/100 chaque année), basée sur un traitement statistique des mesures de débits qui, d'une part ne couvrent qu'une période relativement courte, excluant parfois les événements rares et graves, d'autre part ne sont peut – être pas adaptées à l'aggravation de la fréquence et de l'intensité des événements extrêmes qui vont accompagner le changement climatique (et dépassent la fréquence centennale). De plus, le terme « centennal » est souvent mal interprété par les élus et le

---

16 Bien qu'obligatoires, ces mesures ne sont que rarement réalisées, faute d'accompagnement, d'information de contrôle et de lisibilité de la gouvernance et le suivi.

public et compris comme un événement se produisant une fois tous les 100 ans.

- Toutes les communes alsaciennes ne sont pas couvertes par un PPRI et, dans certains cas, le zonage est franchement sujet à caution (Martin et al., 2017). Dans le Pays de Bade, toutes les communes bénéficient d'un zonage du risque associé à une crue centennale, mais aussi à une crue extrême, plus rare et donc beaucoup plus destructrice (fig. 4).

- La rareté des événements dommageables, du fait de la relative efficacité des travaux de corrections qui ont fait disparaître les inondations lors des crues faibles et moyennes, font que les acteurs des territoires manquent d'un vécu relatif aux inondations et à la gestion de crise et, de ce fait, ont beaucoup de difficultés à se représenter concrètement le risque cartographié.

- La procédure d'information accompagnant la mise en place des PPRI du Bas-Rhin a été un succès (Martin et al., 2019b), notamment parce que la participation du public aux réunions a été forte, surtout en zone rurale. Mais cela n'a pas été le cas dans les villes et tout particulièrement dans la plus grande d'entre-elles, à Strasbourg. De plus, c'est surtout le public âgé qui s'est déplacé pour assister aux réunions. On se retrouve donc face à une population de 18 à 50 ans plutôt mal informée, avec, pour l'Alsace, un déficit de culture du risque plus marqué dans le Haut-Rhin que dans le Bas-Rhin. Quant à la population allemande, mieux informée a priori, sa vulnérabilité additionnelle reste forte du fait d'un excès de confiance en ce qui concerne l'efficacité de la protection contre les inondations.

En Suisse et en Allemagne (Bade-Wurtemberg et Rhénanie), le risque est cartographié même pour une crue extrême, pour tous les cours d'eau. En France, ce niveau de risque n'est cartographié que pour les communes riveraines du Rhin et les agglomérations de Mulhouse et Strasbourg. Ailleurs, on ne propose que la cartographie d'un risque d'inondation de récurrence centennale pour les Plans de Prévention des Risques, voire aucune cartographie du risque dans certains bassins versants (d'après Martin et Furst, 2019, modifié).

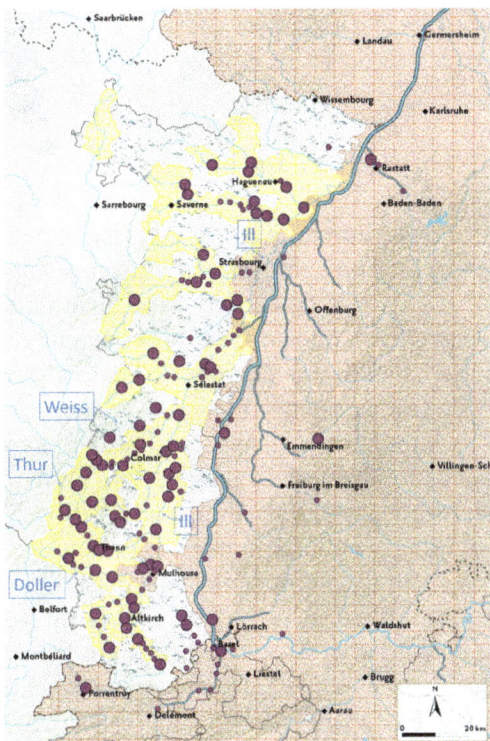

Dommages des événements de 1910

- ● Dommages importants
- · Dommages modérés

Cartographie des risques

- de tous les niveaux de risque (faible à extrême)
- des risques courants
- des risques courants sauf pour le Rhin (tous niveaux)
- Absence de cartographie des risques

Aménagements

- —— Cours d'eau rectifiés
- ══ Rhin supérieur rectifié

Fig. 4: Dommages des inondations de janvier 1910 et niveaux de risque d'inondation pris en compte dans la cartographie réglementaire et informative dans le Fossé rhénan.

3. Les leçons de la catastrophe du 15 juillet 2021 en Rhénanie

3.1. Une catastrophe et des questions

Il y a donc urgence à renforcer la culture du risque dans le Fossé rhénan car les inondations extraordinaires qui ont frappé l'Allemagne (et la Belgique) en juillet 2021 soulignent la forte vulnérabilité de la région et il est regrettable que l'on n'ait pas davantage tiré les enseignements de cette catastrophe. La presse locale alsacienne, comme la presse nationale française en sont restées, d'une part, à la description factuelle des inondations, d'autre part à une analyse des causes déterritorialisée et conforme aux modèles du moment, c'est-à-dire focalisée sur la responsabilité de l'imperméabilisation des sols, du changement climatique, etc. Le premier argument n'a guère de sens dans les bassins-versants plutôt boisés du massif de l'Eifel. Quant au changement climatique, il est certes acquis qu'il a joué un rôle dans cette crue brutale et destructrice : on a été confronté à un phénomène météorologique d'une intensité rare (probabilité de 1/400 chaque année), jamais encore mesurée dans ce secteur, pour lequel le changement climatique a fait augmenter la quantité de pluie tombée pendant une journée de 3 % à 19 %, selon les scientifiques du World Weather Attribution (WWA) et a rendu sa probabilité d'occurrence neuf fois plus importante[17]. Les sols étant complètement saturés du fait d'un début d'été frais et arrosé, il était inévitable que la réponse des cours d'eau soit catastrophique[18], que des routes, des ponts, des maisons soient détruits et emportés compte-tenu de la topographie favorable à des crues rapides. Est-ce que cela suffit néanmoins à expliquer ce bilan effroyable de près de 200 morts et disparus, un

---

17 WWA : https://www.worldweatherattribution.org/heavy-rainfall-which-led-to-severe-flooding-in-western-europe-made-more-likely-by-climate-change/.
18 Crue de probabilité d'occurrence de 1/500 chaque année, selon le WWA, *op. cité.*

chiffre de « pays en voie de développement[19] », dans une des régions les plus riches d'Allemagne ? Les services météorologiques locaux et même européens avaient prévu et alerté sur l'intensité des précipitations (dès le 8 juillet), mais l'information semble avoir été mal transmise et mal comprise sur le terrain, notamment au niveau des communes où l'on a pu constater, par exemple, que les sirènes étaient défectueuses. Une situation d'autant plus regrettable que cette catastrophe a montré toutes les limites d'une information préventive « modernisée » utilisant smartphones et réseaux sociaux, lorsqu'une catastrophe se produit la nuit, qu'il n'y a plus d'électricité et que les réseaux sont coupés. Mais en attendant que l'enquête statue sur les responsabilités et les dysfonctionnements de la chaîne d'alerte et d'information, il est évident que les acteurs locaux ont été totalement dépassés par l'ampleur d'un phénomène exceptionnel mais pas inédit. En effet, la vallée de l'Ahr avait déjà été ravagée en juin 1910 par une crue destructrice pour laquelle il subsiste de nombreuses photographies et des repères de crue (fig. 7) témoignant de fortes hauteurs d'eau en cas de crue. Un autre événement encore plus spectaculaire et destructeur a même ravagé la vallée en 1804, avec des débits peut-être plus importants qu'en 2021 (Roggenkamp et Hergett 2015 ; Frick 1954). Un repère de crue atteste d'ailleurs de la hauteur atteinte par l'Ahr dans les villages de Dernau et Walportzheim[20]. La connaissance et la mémoire de ces événements historiques aurait dû inciter les acteurs locaux (sur le plan individuel et collectif) à anticiper les conséquences de l'alerte météorologique, voire à effectuer des évacuations compte-tenu des ponts, des maisons détruites lors de ces 2 événements[21]. Cela suppose que non seulement les inondations historiques aient été connues, mais que les acteurs soient en capacité

19　Die Welt, 18 juillet 2021 « *Unfassbare Ignoranz ermöglichte erst die Katastrophe* » https://www.welt.de/debatte/kommentare/plus232592295/Hochwasser-Unfassbare-Ignoranz-ermoeglichte-erst-die-Katastrophe.html.

20　SEEl K-A. « Die Ahr und Ihre Hochwässer in alten Quellen » https://www.kreis-ahrweiler.de/kvar/VT/hjb1983/hjb1983.25.htm

21　Ibid.

d'utiliser ces informations pour prendre la mesure du danger associé à l'alerte. Cette culture du risque est d'autant plus indispensable (et difficile à maintenir) que les inondations sont devenues plus rares, de même que l'expérience des crises. Or, ne subsistent que les événements les plus destructeurs et dont la gestion est la plus complexe, d'où l'importance d'une information et d'une communication très efficaces, notamment pour combattre l'excès de confiance induit par la gestion maîtrisée des fortes crues de 2016[22] (dont le niveau était quand même bien inférieur à celui de 1910, fig. 7) et l'efficacité de la protection contre les événements les plus fréquents, voire par les discours des gestionnaires. La cartographie réglementaire, en particulier celle qui a été imposée par la Directive européenne inondation, joue un rôle important pour « dire » le risque. Contrairement à la France, l'Allemagne n'a pas jugé utile de consacrer de l'énergie à la première étape de la directive, à savoir l'EPRI (évaluation préliminaire des risques d'inondation) qui s'est traduite, en France, par un important travail de recensement des inondations historiques (Lang et al., 2013), et c'était peut-être une erreur, à la lumière de la catastrophe de l'Eifel. Par contre, et contrairement à la France là encore, l'Allemagne a été très efficace sur la seconde étape de la directive puisque tous les cours d'eau ont fait l'objet d'un zonage du risque d'inondation même pour les crues extrêmes et les plus rares (fig. 4). Ce qui pose deux questions :

> Cette cartographie était-elle connue et comprise par les acteurs locaux (gestionnaires, élus, public) pour pouvoir être mise en perspective avec les prévisions météorologiques et hydrographiques extrêmes ?

Cette cartographie n'a-t-elle pas été contreproductive ? La carte des risques d'inondation « courante » liée à un événement de fréquence

---

22   Les inondations de 2016, gérées par les mêmes équipes, ont provoqué des dégâts importants dans la vallée de l'Ahr. Cet événement n'a-t-il pas été finalement contre-productif en termes de culture du risque ?

centennale n'indiquait que peu de zones à risques dans la vallée de l'Ahr ou de l'Erft. Elle s'est révélée totalement dépassée par la violence de la crue du 15 juillet 2021 (fig. 5). La cartographie des risques d'inondation en cas de crue extrême était plus proche de la réalité mais, dans de nombreux secteurs, l'extension de la zone inondée, la hauteur d'eau, la vitesse du courant ont eux aussi été largement dépassés (fig. 6). Cela pose la question de la pertinence et des limites de la modélisation, mais explique aussi que, dans une approche très technicienne, les gestionnaires aient pu être totalement sidérés par l'importance de la crue et de ses conséquences.

3.2. *Quelles leçons peut-on en tirer pour le Fossé rhénan ?*

Ce sont ces questionnements qu'il faudrait transposer dans le cas du Fossé rhénan. En Pays de Bade, la cartographie est la même qu'en Rhénanie. La crue de référence reste, pour la Kinzig notamment, celle de décembre 1919, pour laquelle il demeure de nombreux repères de crue. Est-elle pour autant connue et intégrée en termes de culture du risque locale ? On peut s'interroger compte-tenu de l'excès de confiance des acteurs envers les protections contre les crues et le discours très sécurisant des pouvoirs publics lors des journées d'information des « Hochwassertag ». Or, les modélisations réalisées par Boesmeier et al. (2020) dans le cadre du programme TRANSRISK montrent que des conditions météorologiques comparables à celles de 1919, généreraient une crue plus intense, se propageant plus rapidement vers l'aval, dans le contexte d'occupation des sols actuel, malgré une couverture forestière plus importante qu'en 1919.

Mais c'est surtout en Alsace où la crue catastrophique du 15 juillet en Rhénanie devrait conduire à réfléchir sur la gestion et les conséquences de l'occurrence d'un événement extrême, de fréquence rare. En termes de rareté des événements catastrophiques, on se situe dans un contexte assez identique à celui de l'Eifel. Il est d'ailleurs curieux de

Fig. 5: localisation des dommages et des inondations dus à la crue de l'Erft à Bad Munstereifel sur la carte de zonage du risque lié à une crue de récurrence centennale.

remarquer qu'il s'est également produit une inondation destructrice en 1910 dans le Fossé rhénan (fig. 7).

Ses conséquences ont cependant été beaucoup plus graves en Alsace (fig. 4) qu'en Pays de Bade où les cours d'eau avaient déjà été largement et efficacement corrigés à cette époque (Martin et al., 2017). Globalement, les inondations historiques catastrophiques sont très mal connues en Alsace, les repères de crue y ont souvent disparu. De plus, le non-respect des obligations légales par les maires des communes à risques d'inondation (PPRI), en ce qui concerne l'organisation de

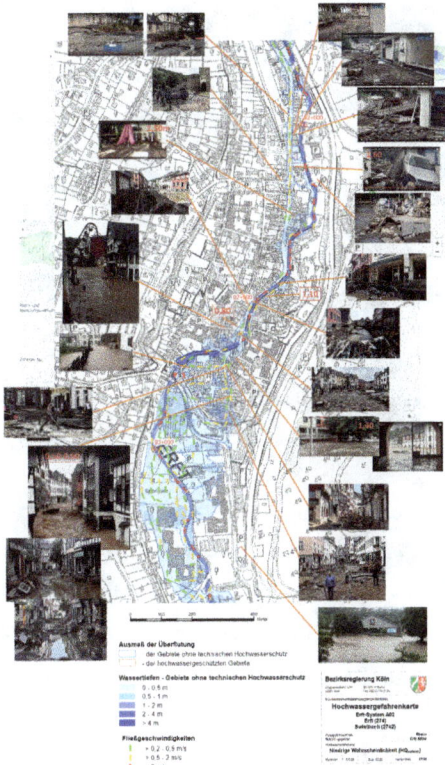

Fig. 6: localisation des dommages et des inondations dus à la crue de l'Erft à Bad Munstereifel sur la carte des inondations dues à une crue extrême.

réunions d'information au moins tous les deux ans, le recensement, l'entretien et la pause de repères de crue, font qu'il y a un réel déficit en matière de culture du risque : méconnaissance de la cartographie réglementaire, de la nature et des caractéristiques du risque auquel les acteurs sont exposés, incompréhension des alertes de Météofrance et de Vigicrue, ignorance des bons comportements à adopter avant, pendant, après la crise. Cette situation est d'ailleurs plus exacerbée dans le Haut-Rhin que dans le Bas-Rhin du fait d'une approche très technicienne, paternaliste et déresponsabilisante de la prévention. Malgré

Fig. 7: Repères de crue sur l'Ahr, à Altenahr en Allemagne et sur la Lauch à Colmar en France.

l'amélioration constante de la prévision et de l'alerte, on ne peut être certain que les acteurs locaux soient à même de s'en saisir et d'en anticiper les conséquences, par manque d'expérience et par méconnaissance des outils disponibles. Avant même la catastrophe allemande de 2021, celle qui avait frappé la vallée de la Vésubie et de la Roya en octobre 2020, illustrait déjà ce déficit de culture du risque qui ne concerne pas que l'Alsace : Météofrance avait placé le secteur en alerte rouge et, après les destructions provoquées par la crue, c'est la sidération et l'incompréhension qui dominait : « Jamais, jamais, je n'ai cru qu'il y avait un risque » : habitants et élus des vallées inondées tentent de comprendre la catastrophe » titrait Le Monde, citant un habitant de St-Martin de

Vésubie et mettant en avant que, désormais, « les territoires vulnérables doivent faire face à de nouvelles données climatiques »[23]. Une responsabilité du changement climatique évoquée de manière un peu facile et, à peine trois jours plus tard, le même journal rectifiait : « L'État savait ces zones inondables, les mairies aussi »[24]. Effectivement, à St-Martin de Vésubie, le PPRI a été approuvé il y a plus de 10 ans et, sur le zonage réglementaire, la zone rouge « inconstructible » correspond assez précisément à celle où la crue a tout détruit et tout emporté (fig. 8). Comme dans l'Eifel, le changement climatique est peut-être responsable d'une aggravation des précipitations qui ont généré la crue, mais quelle est la part de l'insuffisance d'information et de communication, de l'absence de culture du risque dans le bilan de cette catastrophe ?

L'exemple de l'Eifel pose aussi la question des limites de la cartographie réglementaire et qui, même si elle était connue par les acteurs locaux (ce qui reste à établir), peut s'avérer contreproductive et devrait amener les gestionnaires et l'ensemble des acteurs des territoires à réfléchir : en Allemagne, les zonages des inondations relatives à une crue centennale et même à une crue extrême se sont révélés largement dépassés par l'ampleur de l'évènement. D'autant plus qu'il y a eu des facteurs aggravants, difficiles à cartographier mais dont l'anticipation est fondamentale en termes de gestion de crise : d'abord l'élévation de l'eau en raison d'embâcles derrières les ponts, ensuite, l'arrivée de vagues destructrices dues aux brutales ruptures d'embâcles. Or, en Alsace, non seulement la cartographie d'une crue extrême ne concerne qu'un nombre restreint de territoires (les agglomérations de Mulhouse et de Strasbourg), mais la cartographie réglementaire correspondant à une crue centennale semble sous-estimer la réalité du risque dans certains territoires, et est même bloquée par des recours (Doller) ou carrément inexistante dans d'autres (vallées de la Weiss, affluents de la Thur, etc.). C'est encore une fois dans le Haut-Rhin que la situation est la plus préoccupante et cela devrait interpeller les gestionnaires et les élus, sachant qu'après une catastrophe, le principal reproche que les victimes

---

23   Le Monde, 6 octobre 2020
24   Le Monde 9 octobre 2020

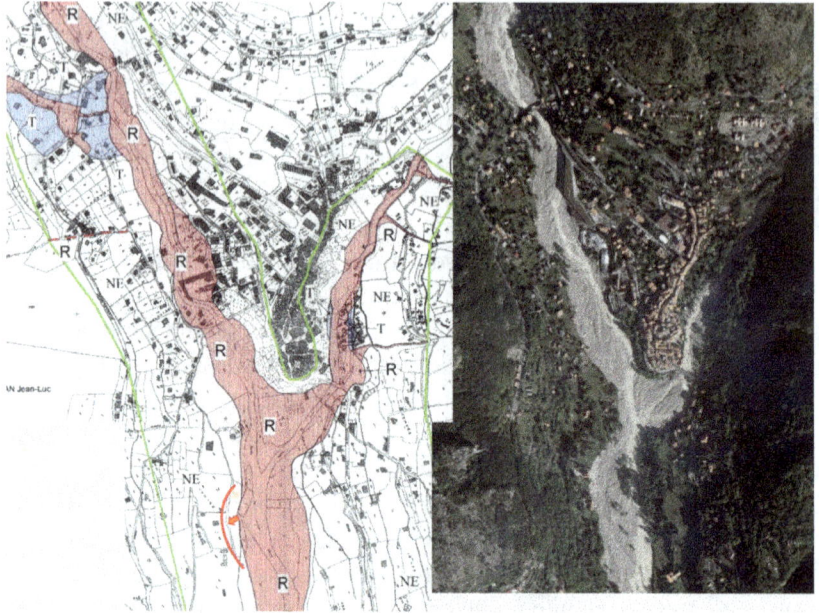

Fig. 8: comparaison de la carte du zonage PPRI (zone rouge inconstructible en raison des risques très forts) à St-Martin de Vésubie et de la zone ravagée par la crue de la Vésubie le 3 octobre 2020.

font aux gestionnaires et aux pouvoirs publics, c'est : « pourquoi ne nous avez-vous rien dit ? », avec cet éternel débat entre comportement passif et actif : faut-il attendre l'information ou chercher à s'informer ?

Conclusion

Dans un contexte de relative insouciance liée à l'absence d'inonda-tion majeure depuis plus de 30 ans, la catastrophe de l'Eifel devrait donc logiquement amener les pouvoirs publics badois et surtout alsaciens à s'interroger sur leur capacité à gérer, individuellement et collectivement, un événement majeur, exceptionnel mais pas inédit pour peu qu'on prenne la peine de se souvenir de ceux de 1852, 1876, 1882, 1896, 1910, 1919, 1920, 1947, 1955, 1970, 1983 et 1990. D'autant plus que le scénario catastrophe, inédit depuis le XIXème siècle, pourrait se traduire par la crue simultanée de tous les cours d'eau alsaciens, badois ainsi que du Rhin, dont la capacité théorique à évacuer sans débordement une crue extrême, ne doit en aucun cas être considérée comme une sécurité absolue, vu ce qui s'est passé en Allemagne. Une situation nécessitant une gestion transfrontalière[25], avant, pendant et après, notamment en ce qui concerne les conséquences en termes de flux de biens et de personnes, de gestion des déchets (14 000 tonnes de déchets ont été générées par les inondations du massif de l'Eifel) ou de coût de la reconstruction, évalué ainsi à plus de 30 Md€ pour les inondations allemandes[26], sachant que la pérennité du système CATNAT de remboursement anticipé des particuliers suite à une catastrophe naturelle en France, est garantie tant que le coût ne dépasse pas régulièrement 1,5 Md€/an. Dans un contexte où le changement climatique doit augmenter la fréquence et l'intensité des phénomènes destructeurs, l'action la moins coûteuse et sans doute la plus urgente consiste bien évidemment à améliorer la culture du risque, l'information et la communication afin de réduire la vulnérabilité additionnelle liée à la déresponsabilisation, l'ignorance, la méconnaissance, l'oubli ou le déni, consistant à considérer que cela n'arrive qu'aux autres ou que l'on maîtrise la situation. On part néanmoins de très loin en termes de responsabilisation : au courant des mois de juin et de juillet 2021, de très nombreux conseils

---

25   La création en 2019 par le SDIS67 d'une Académie Transfrontalière des Risques est une initiative très pertinente : il s'agit d'un « réseau de réflexion et d'études dont le but est d'établir un lien transversal entre les partenaires de manière à favoriser les échanges interdisciplinaires » dont une partie du travail est axée sur les risques liés aux inondations, avec, notamment, la création d'un plateau de simulation de situation de gestion de crise. https://www.sdis67.com/fr/cooperat ion-transfrontaliere.

26   Dont 88 M€ pour reconstituer le réseau de sirènes d'ici 2023 !

municipaux alsaciens ont été amenés à se prononcer sur le Plan de Gestion des Risques d'Inondation (PGRI) pour le Bassin Rhin – Meuse et les réactions de rejet ont été unanimes[27], la disponibilité du foncier ne pouvant être sacrifiée au profit de la lutte contre les inondations[28]. Il serait très intéressant d'interroger les élus après les terribles inondations qui ont touché l'Allemagne, et après un été marqué par une succession de catastrophes naturelles. On peut malheureusement douter que leur position ait changé, faute de connaissances des limites d'une prise en compte du risque construite sur le dogme de la crue de référence de récurrence centennale[29]. On peut effectivement considérer qu'il s'agit du niveau collectivement accepté de prise en compte maximale du risque, mais, dans le contexte de l'aggravation liée au changement climatique, on a intérêt à développer une culture du risque apte à limiter les conséquences d'un événement plus rare et plus destructeur, en d'autres termes, à responsabiliser les acteurs.

27   Essentiellement à cause du classement en zone d'aléa très fort (donc inconstructibles) de vastes secteurs situés en bande d'arrière-digue. À noter que lors des inondations de 1983, la commune de Logelheim, dans le Haut-Rhin, avait été inondée par plus d'un mètre d'eau en quelques minutes suite à une rupture de la digue de l'Ill. Depuis, cas unique en Alsace, la commune commémore tous les 10 ans le souvenir de cet événement dramatique, pour rappeler que les digues ne sont jamais infaillibles. C'est pourtant l'argument (digues dimensionnées pour résister à la crue centennale) qui, au contraire, est utilisé par les communes alsaciennes et les communautés de communes pour contester le PGRI.

28   « Illzach – Conseil municipal : Les élus disent non au PGRI qui ferait perdre du foncier disponible », DNA 25 juin 2015.

29   Dans le procès-verbal des délibérations du conseil de communauté de communes du Centre Haut-Rhin, le 3 juin 2021, il est écrit, à propos de l'opposition au PGRI : le Conseil communautaire « s'oppose au calcul pour la bande arrière digue proposé dans le décret PPRI et étendu dans le PGRI à tous les ouvrages car celui-ci est arbitraire, ne reflète pas le risque réel et est inapplicable. Il classerait en aléa très fort des milliers de constructions dans le Haut Rhin alors même que le risque pour ces dernières n'existe qu'au-delà d'une crue centennale qui est pourtant la crue de référence ». Que se passe-t-il si, comme en Allemagne, on se situe bien au-delà de la crue centennale ?

Bibliographie

Blesius, J.-C. (2013). Discours sur la culture du risque, entre approches négative et positive. Vers une éducation aux risques ? *Géographie et cultures*, 88. 249–265.

Boesmeier, A., Himmelsbach, I.et Glaser, R.. (2020). *A critical evaluation of present flood hazard maps in Southwest Germany using epigraphic marks and historical written data.* DOI : *10.5194/egusphere-egu2020–586.*

CIPR (2016). *Démonstration de l'efficacité des mesures de rétention des crues du Rhin Supérieur entre Bâle et Worms.* Rapport intermédiaire, automne.

Coanus, T. (2008). La prévention des risques industriels à l'épreuve de la démocratie locale (2) – De la concertation à la décision. In : actes du séminaire *Les enjeux d'une gestion territorialisée des risques technologiques*, PUCA, LATTS, ENTPE, séance n° 5, 20 juin 2008. 19.

Combe, C. (2007). *La ville endormie ? Le risque d'inondation à Lyon : approche géohistorique et systémique du risque de crue en milieu urbain et périurbain.* Thèse de doctorat de Géographie, Université de Lyon 2.

Da Silva Ribeiro, G. (2012). La genèse de la géohistoire chez Fernand Braudel : un chapitre de l'histoire de la pensée géographique. *Annales de Géographie*, 4 (686). 329–346.

Duchêne, F. (2008). Les affaissements miniers dans le bassin ferrifère lorrain : quand le territoire re-politise la gestion du risque. *Développement durable et territoires*, Dossier 11, 2008.

Fournier, M. (2010). *Le riverain introuvable ! La gestion du risque d'inondation au défi d'une mise en perspective diachronique. Une analyse menée à partir de l'exemple de la Loire.* Thèse de doctorat d'aménagement, Univ. Rabelais, Tours.

Frick, H. (1954). Das Hochwasser von 1804 im Kreise Ahrweiler. In: *Heimatjahrbuch Kreis Ahrweiler.*

Franchomme, M., Servain-Courant, S., Sajaloli, B. (2014). De l'approche géohistorique à l'élaboration de nouveaux outils de sensibilisation et de prévention du risque inondation. *Développement durable et territoires* [En ligne], vol. 5, n° 3.

Giacona, F. (2014). *Géohistoire des avalanches dans le Massif des Vosges. Réalités spatiotemporelles, culture et représentations d'un risque méconnu en moyenne montagne.* Thèse de doctorat d'histoire, Université de Mulhouse.

Giacona, F., Martin, B., Eckert, N., et Desarthe, J. (2019). Une méthodologie de la modélisation en géohistoire : de la chronologie (spatialisée) des événements au fonctionnement du système par la mise en correspondance spatiale et temporelle. *Physio-Géo*, Volume 14|-1. 171–199.

Grataloup, C. (2015). *Introduction à la géohistoire.* Paris : Armand Colin.

Himmelsbach, I. (2013). *Erfahrung – Mentalität – Management Hochwasser und Hochwasseschutz an den Nicht schiffbaren Flüssen im Ober – Elsass und am Oberrhein (1480 –2007).* Thèse de doctorat de géographie de l'Université de Freiburg. http://www. freidok.uni-freiburg.de/volltexte/8969/.

Lang, M., Cœur, C., Bard, A., Bacq, B., Becker, T. et al. (2013). Les inondations remarquables en France : premiers éléments issus de l'enquête EPRI 2011. *La Houille Blanche, revue internationale de l'eau.* Paris : Société hydrotechnique de France. 37–47.

Macdonald, N., Black, A. R. (2010). Reassessment of flood frequency using historical information for the River Ouse at York, UK (1200–2000). *Hydrol. Sci. Journal*, 55, 7. 1152–1162.

Martin, B. (1996). *Les aléas naturels à Vars (Hautes-Alpes, France). Rôle des facteurs naturels et des facteurs anthropiques dans leur occurrence et leur évolution de 1800 à nos jours.* Thèse de doctorat de géographie, Université de Strasbourg 1.

Martin, B., Guerrouah, O., Himmelsbach, I., Vitoux, M.-C., With, L. (2011). Géohistoire critique de la crue de janvier 1910 dans le Fossé Rhénan (Alsace/Pays de Bade). *La Houille Blanche*, n° 1, 2011. 62–68.

Martin, B., Holleville, N., Furst, B., Giacona, F., Glaser, R., Himmelsbach, I., Schönbein, J. (2015a). La géohistoire des inondations au service de l'évaluation critique du zonage du Plan de Prévention des Risques d'Inondation : l'exemple de Thann (Haut-Rhin, France). I *Belgeo,* n° 1, 2015.

Martin, B., Furst, B., Giacona, F., Glaser, R., Himmelsbach, I., Holleville, N., Schönbein, J., Fournier, M., Vitoux, M.-C., With, L. (2015b), Les évènements extrêmes dans le fossé rhénan entre 1480 et 2012. Quels apports pour la prévention des inondations ? *La Houille Blanche,* n° 2, 2015. 82–93.

Martin, B., Giacona, F., Furst, B., Edelblutte, C., Glaser, R., Himmelsbach, I., Holleville, N., Schönbein, J., Heitz, C., Wassmer, P., Haziza, E., Christiany, L. (2016). ORRION: a specific information sharing tool to rebuild a floodrisk culture in the Rhine Graben (France–Germany). *FLOODrisk,* 3rd European Conf. On Flood Risk Management. Lyon.

Martin, B., Glaser, G., Edelblutte, C., Furst, B., Giacona, F., Himmelsbach, I., Holleville, N., Schönbein, J., Vitoux, M.C. et Wassmer, P. (2018). La valeur patrimoniale des inondations : un enjeu pour la culture du risque dans le fossé rhénan. In : A. Metzger et J. Linton, *Quand les eaux montent. Mise en patrimoine des crues et des inondations.* Paris : L'Harmattan, collection « Géographie et cultures ». 117–142.

Martin, B., Furst, B. (2019). Gestion différenciée du risque d'inondation sur les deux rives du Rhin – Ein unterschiedliches Management des Hochwasserrisikos auf beiden Rheinseiten. In : *Atlas historique du Rhin supérieur – Der Oberrhein ein historischer Atlas* (dir. Kammerer o.). Strasbourg : PUS.

Martin, B., Giacona, F., Furst, B., Haziza, E., Glaser, R., Himmelsbach, I., et al. (2019b). Les PPR en Alsace : une analyse REX pour améliorer l'acceptation et l'appropriation des procédures actuelles. *Géorisques* 8, « Retours d'expérience post-catastrophe », Montpellier : GRED. 65–76.

Martin, B., Giacona, F., With, L., Edelblutte, C., Furst, B., Holleville, N., Glaser, R., Himmelsbach, I., Schonbeim, J., Bossmeier, A.,

Wassmer, P., Heitz, C. (2019a). Concepts, méthodes et opérationnalité en géohistoire des risques, à travers l'exemple de la géohistoire des inondations dans le Fossé Rhénan. *Géohistoire de l'environnement et des paysages.* éd. du CNRS.

Meschinet de Richemond, N. (2003). Statut et perception des catastrophes passées : vers une histoire géopolitique des risques naturels. In : Moriniaux, V, *Les risques.* Nantes : Éditions du Temps. 138–156.

Metzger, A., Gruet, B., Miyagou, G.-L., Valette, P. (2019). Les risques sont-ils des patrimoines ? Réflexions heuristiques, géohistoriques et opérationnelles. *Physio-Géo.,* 2019, Volume 14|-1. 201–225.

Nicolas, T., Pagney Bénito-Espinal, F., Lagahé, E. et Gobinddass, M-L. (2019). Les catastrophes cycloniques de septembre 2017 dans la Caraïbe insulaire au prisme de la pauvreté et des fragilités sociétales. *EchoGéo* [En ligne], 46|2018, mis en ligne le 31 décembre 2018.

Niget, D., Petitclerc, M. (2012). Le risque comme culture de la temporalité. In : Niget, D. Petitclerc, M. (dir.). *Pour une histoire du risque,* PUR 9–38.

Riach, N, Scholze, N., Glaser, R., Roy, S, Stern, B. (2019). *Klimawandel am Oberrhein: Ein zweisprachiges Dossier mit 24 Karten und 6 Begleittexten // Changement climatique dans le Rhin Supérieur : un dossier bilingue avec 24 cartes et 6 textes d'accompagnement.* http://www.georhena.eu/de/Kartensammlung.

Rode, S. (2009). *Au risque du fleuve. La territorialisation de la politique de prévention du risque d'inondation en Loire moyenne.* Thèse de géographie. Paris : Université de Nanterre–Paris X.

Roggenkamp, T., Herget, J. (2015). Historische Hochwasser der Ahr – Die Rekonstruktion von Scheitelabflüssen ausgewählter Ahr-Hochwasser. In: *Heimatjahrbuch Kreis Ahrweiler* 2015.

Scholze, N., Glaser, R., Roy, S. (2018). Klimavulnerabilität von Unternehmen in der Metropolregion Oberrhein und ihre Visualisierung anhand von Wirkpfaden. *Revue d'Allemagne et des pays de langue allemande*, 2018 ; *50* (2). 325–335.

Thomi, L. (2010). *Rôle des paramètres sociopolitiques et des connaissances dans la gestion des risques hydrologiques.* Lausanne : Thèse de l'Univ. Lausanne.

Christophe SIRA, Frédéric MASSON

Vers une communication sismologique transfrontalière dans l'espace rhénan.

Résumé: Lors d'un tremblement de terre, l'information sismologique revêt un caractère de premier intérêt en gestion de crise, mais aussi à plus long terme pour diminuer la vulnérabilité des populations. Si en zone transfrontalière la donnée instrumentale est depuis longtemps une information issue de stations partagées entre les pays par les scientifiques, l'intensité de la secousse produite par le séisme, appelée intensité macrosismique, se heurte fréquemment à des limites territoriales apportant une information spatialement limitée ou parfois discontinue des valeurs de la sévérité de la secousse au sol. Dans l'espace rhénan, l'intérêt d'une communication transfrontalière, du terrain à la carte, prend tout son sens mais doit encore surmonter certains obstacles. Les plus importants d'entre eux sont techniques, mais également linguistiques freinant les coopérations et les échanges. La mise en place de projets européens en gestion de crise, en prévention ou pour la formation peut aider à consolider nos partenariats et renforcer nos communications dans l'objectif d'une gestion plus géographique qu'administrative de cet aléa et du risque qui lui est associé.

Mots clés: Séisme, sismologie, transfrontalier, communication, prévention, risque naturel, gestion du risque.

Abstract: During an earthquake, seismological information is of primary interest for crisis management, but also in the longer term to reduce the vulnerability of populations. While in cross-border areas the instrumental data has long been information from stations shared between countries by scientists, the intensity of the tremor produced by the earthquake, known as the macroseismic intensity, frequently comes up against territorial boundaries that provide spatially limited or sometimes discontinuous information on ground shaking severity values.

In the Rhine area, the interest of cross-border communication, from the field to the map, makes sense but still has to overcome some obstacles. The most important of these are technical, but also linguistic, which slow down cooperation and exchanges. The implementation of European projects in crisis management, prevention or training can help to consolidate our partnerships and strengthen our communications with the aim of managing this hazard and the associated risk more geographically than administratively.

Keywords: Earthquake, seismology, cross-border, communication, prevention, natural risk, risk management.

Introduction

Le phénomène sismique est l'un des aléas les plus destructeurs et les plus imprévisibles pour l'homme. En France, cet aléa est fréquemment présent aux limites territoriales du pays, dans les Pyrénées, l'Arc Alpin ou encore le Fossé rhénan. À cause de cette localisation géographique souvent transfrontalière, les études sismologiques doivent nécessairement prendre en compte des données d'observatoires de plusieurs pays pour obtenir des informations de qualité à l'échelle de l'aléa.

La surveillance instrumentale de la sismicité est depuis très longtemps organisée par les scientifiques via des bases de données nationales partagées. Les données brutes (sismogrammes) ainsi diffusées par les observatoires permettent à chaque pays de réaliser des calculs paramétriques (magnitude, localisation, profondeur) grâce aux stations les mieux réparties autour des épicentres, qu'elles soient françaises ou étrangères, engendrant de fait la diffusion d'une information cohérente de part et d'autre de la frontière par les différents observatoires. Mais l'information sismologique ne s'arrête pas à la magnitude et à la localisation du séisme et s'intéresse à de très nombreux autres paramètres (Cornou et al., 2021), notamment celui de la sévérité de la secousse sismique, appelée intensité macrosismique, que produit le passage de l'onde sur les différents territoires.

Communiquer l'information sismologique de la magnitude à l'intensité de la secousse répond à plusieurs usages, de la gestion de crise jusqu'à la mise en place de stratégies pour la réduction des vulnérabilités des populations. Les études sismologiques réalisées à la suite des crises sismiques alimentent les connaissances scientifiques et permettent de fiabiliser les modélisations pour une meilleure gestion des crises sismiques, mais aussi pour diminuer la vulnérabilité des populations et améliorer leur résilience. Toutefois l'information sismologique et particulièrement l'intensité de la secousse se trouve souvent limitée à la frontière tout comme différents domaines usant de cette information.

1. Une information sismologique trop souvent limitée géographiquement

1.1. l'information sismologique dans la gestion de crise

Durant les premières heures après l'occurrence d'un tremblement de terre, les premières informations sismologiques représentent des outils d'aide à la décision, essentiels lors de la mise en place des secours. La magnitude, la localisation du séisme, mais aussi la connaissance des intensités de la secousse (modélisées ou issues des témoignages citoyens) éclairent sur le niveau maximal des effets possibles et donc des zones à privilégier pour les secours. Elles aident également à dimensionner les équipes et les moyens techniques en fonction de la nature des dommages probables. Pour envisager des moyens de secours partagés ou coordonnés en zone transfrontalière, il est donc indispensable d'avoir une vision d'ensemble des effets sismiques sur le territoire affecté, quelles que soient les frontières. Or ceci n'est pas toujours le cas pour la qualification de la sévérité de la secousse.

L'intensité macrosismique est calibrée de nos jours sur l'échelle européenne EMS98 à 12 degrés (de I à XII), de la faible secousse à une catastrophe généralisée (Grünthal, 1998). Elle est estimée à partir de l'analyse du comportement d'indicateurs communs lors de la secousse (personnes, objets, mobiliers, constructions), en tenant compte de leur vulnérabilité, de la nature et de la fréquence des effets à l'échelle de la commune. Si la commission sismologique européenne a permis d'établir cette échelle d'intensité macrosismique commune, les directives pour collecter l'information restent, quant à elles, encore assez peu définies, ce qui génère à la frontière des enquêtes parfois très variées (Van Noten et al., 2017), pouvant conduire à des résultats différents, quelquefois difficilement associables.

La collecte statistique des données macrosismiques, indispensable à l'estimation fiabilisée de l'intensité, est réalisée en France avec des formulaires communaux diffusés généralement dans les gendarmeries, les casernes de pompiers ou les mairies. La collecte et son analyse sont longues (1 à 2 mois de délai) et peu en adéquation avec les besoins d'information rapide d'une gestion de crise. Pour répondre à ce besoin et acquérir de l'information au plus près de l'évènement, les scientifiques ont mis en place, d'une part, des cartes automatiques modélisées des secousses (fig. 2), réalisées dans un premier temps à partir des données

Fig. 1. Fragmentation des études macrosismiques en Europe. Source : K. Van Noten et al., 2017.

instrumentales et d'autre part une collecte de témoignages citoyens sur Internet permettant d'établir des intensités communales préliminaires.

La première carte automatique modélisée des secousses appelée shakemap (Masson et al., 2021) a l'avantage de s'affranchir des frontières, mais reste toutefois de premier niveau et à une échelle plutôt régionale. Les intensités communales préliminaires, issues des témoignages citoyens, sont intégrées à la carte modélisée et viennent, par ces remontées directes du terrain, préciser les caractéristiques de la secousse, comme sa directivité ou des phénomènes d'amplification locale. Malheureusement, ces données d'intensités issues des témoignages citoyens sont généralement nationales et rarement associées à

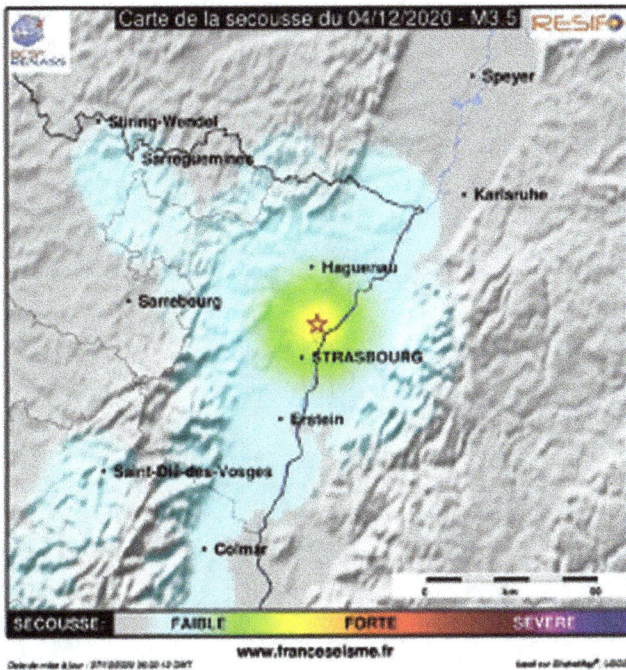

Fig. 2. Carte automatique de secousse réalisée à partir des paramètres instrumentaux et de lois d'atténuation de la secousse sismique. Source : BCSF-Rénass : www.franceseisme.fr.

la frontière malgré les dispositifs API (Application Programing Interface) mis en place. Seul le projet Sispyr (http://www.sispyr.eu/) dans les Pyrénées est actuellement fonctionnel et permet l'association des intensités en transfrontalier.

Les intensités communales préliminaires issues de témoignages citoyens servent également à la réalisation d'une carte préliminaire d'intensités (fig 3), mais restent, de la même façon, limitées à un territoire national. La récente crise sismique liée à la géothermie au nord de Strasbourg, localisée à des profondeurs superficielles et ayant généré en surface quelques dommages de degré 1 à 2 sur les bâtiments les plus vulnérables a encore illustré de façon très claire l'absence d'une vision transfrontalière des effets au cœur de l'Europe (fig. 3).

Lors de dommages plus significatifs aux bâtiments (fissures larges sur les murs porteurs), l'observation des effets sur les constructions selon leur vulnérabilité devient prépondérante dans l'estimation de l'intensité et des experts en macrosismique réalisent généralement en zone épicentrale des investigations précises notamment sur l'indicateur construction pour obtenir des intensités fiabilisées (Sira et al. 2020).

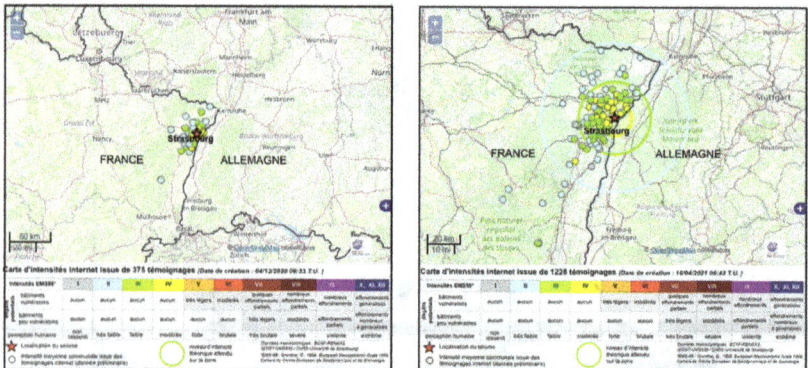

Fig. 3. Evolution temporelle des intensités issues des témoignages citoyens français pour le séisme induit de la Wantzenau du 4 décembre 2020, magnitude 3,6 ; carte de gauche à T+34 minutes, carte de droite : tous témoignages citoyens reçus. Source : BCSF-Rénass : www.franceseisme.fr.

Chaque pays travaille là encore indépendamment sur son territoire avec ses moyens humains et ses méthodes.

Hormis la première carte automatique modélisée de la secousse, l'information de la sévérité de la secousse est donc très fréquemment segmentée à la frontière pouvant amener jusqu'à un palier différentiel d'intensités entre les pays concernés par la même secousse sismique. Il faut généralement attendre plusieurs mois d'analyse pour obtenir une carte globale des effets sismiques couvrant l'ensemble des pays affectés, comme cela a été réalisé lors du séisme de Rambervillers en 2003 de magnitude 5,4 (fig. 4).

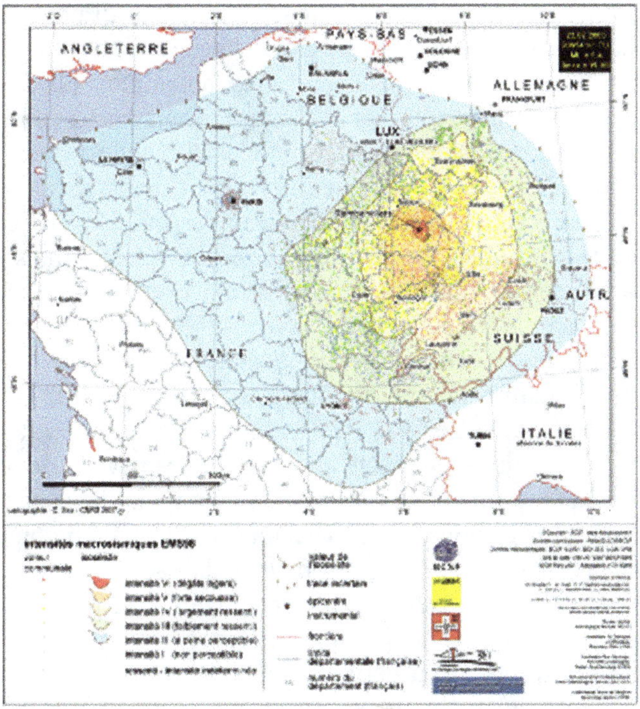

Fig. 4. Carte macrosismique transfrontalière de Rambervillers, 22 février 2003 (magnitude 5,4). Source : Cara et al, 2003.

En situation de crise, cette limitation et/ou incohérence spatiale de la donnée macrosismique induit généralement, au-delà de la frustration du lecteur ou du gestionnaire de crise, des critiques et des incompréhensions bien naturelles à l'heure européenne.

Pour améliorer les algorithmes des cartes d'intensités automatiques qui restent l'outil le plus rapidement accessible après un séisme et le moins soumis au découpage administratif, les sismologues saisissent l'opportunité des crises sismiques pour comparer les valeurs automatiques obtenues et les intensités réellement estimées sur le terrain. Mais ce travail de terrain demande pour les observatoires sismologiques des équipes dimensionnées et mobilisables toute l'année, ce qui reste une organisation difficile à mettre en place et à pérenniser. Ainsi certains observatoires préfèrent privilégier les formulaires internet citoyens, s'abstenant de toute intervention sur le terrain, ce qui peut induire là encore selon les méthodes d'investigations des résultats assez contrastés aux frontières sur les cartes d'intensités, notamment pour les intensités fortes (> VI) où les témoignages internet sont parfois absents.

Un groupe d'intervention transfrontalier à l'échelle du Fossé rhénan serait la seule clé possible pour une information macrosismique homogène et partagée permettant l'amélioration des modèles de prédiction des secousses sismiques, la détermination des vulnérabilités et l'estimation rapide des dommages sur cet espace. L'exemple du groupe d'intervention macrosismique pyrénéen (GIM-PYR) du projet POCRISC (https://pocrisc.eu/fr), montre la voie possible pour une mutualisation des moyens humains malgré les difficultés rencontrées de la pratique de langues différentes. Le GIM-PYR est composé de plusieurs binômes d'experts dont un du pays affecté et un du ou des pays partenaires. Le nombre de binômes mobilisés varie selon la magnitude, la zone à couvrir et les moyens disponibles. Les échanges au sein du binôme se font librement en espagnol, en français ou en anglais selon les compétences linguistiques. L'anglais reste la langue minimale exigée dans le groupe d'intervention, car elle seule permet une communication à l'échelle de l'ensemble du groupe. Elle permet des échanges plus internationaux notamment lors de colloques scientifiques, d'exercices de terrain ou de formations. L'activation du groupe est transnationale et réalisée par des coordinateurs de chaque pays selon la localisation du séisme. Le coordinateur et le chef de mission sont nécessairement des experts du pays affecté et les intensités estimées sous leur responsabilité. Le résultat de ce travail est une cartographie des intensités commune permettant d'accéder à une vision géographique globale du séisme quels que soient les pays affectés. Les moyens humains partagés permettent de densifier le vivier d'experts potentiellement disponibles lors d'une mission d'intervention.

1.2. l'information sismologique dans les formations

Si la France a, depuis quelques années, conçu des formations et composé lentement un vivier de 64 experts français en macrosismique, il est très rare en Europe que de tels dispositifs existent pour évaluer en zone épicentrale les intensités communales en quelques jours. La formation d'experts en macrosismique transfrontalier n'existe pas encore dans l'espace rhénan. Comme expliqué précédemment, il reste important pour les scientifiques travaillant de part et d'autre des frontières de confronter leurs méthodes d'expertise, d'améliorer leurs compétences et d'augmenter leurs échanges pour une communication globale, rapide et cohérente sur les résultats obtenus. C'est aussi par la formation transfrontalière que nous pourrions élargir le panel d'experts mobilisables lors d'un tremblement de terre. Dans le projet POCRISC des Pyrénées, le volet formation a permis de mettre en place des techniques communes d'intervention et d'expertise. Elles ont aussi révélé des améliorations possibles, ce qui a permis d'améliorer la compétence de tous.

Ces formations transfrontalières sont également l'occasion d'apporter des éléments scientifiques sur la nature du risque à d'autres professionnels chargés d'intervenir, notamment aux équipes USAR régionales (Urban search and rescue) et d'établir avec eux des échanges facilitant le travail sur le terrain. Les périodes de formation sont l'occasion unique de mettre en œuvre notre communication, de comprendre nos fonctionnements, nos cultures, nos contraintes politiques, administratives et de faciliter nos interventions de terrain lors d'un séisme majeur.

1.3. *l'information sismologique dans la prévention*

Un autre domaine souffre aussi de l'existence de frontières, c'est celui
de la prévention auprès des populations. Le séisme majeur est caracté-
risé par une occurrence faible à l'échelle du Fossé rhénan, ce qui rend
la sensibilisation des populations difficile. Cependant, l'aléa sismique
n'est pas négligeable. Il est d'ailleurs classé en niveau 4 sur 5 (zone
de sismicité moyenne) par la France pour le sud de l'Alsace. Depuis
1962, on comptabilise dans la région Nord-Est de la France environ 90
séismes par an de magnitude supérieure à 2 et 5 dépassant la magnitude
4. Cet espace a déjà connu sur la période historique plusieurs séismes
de fortes intensités (Bâle 1356, intensité IX, Remiremont 1682, intensité VIII).

Les politiques de prévention et de sensibilisation des populations
au risque sismique, coordonnées à l'échelle de l'espace transfrontalier,
n'existent pas aujourd'hui. Dans chaque pays, la récurrence faible des
événements conduit à n'octroyer que des moyens limités aux actions
de sensibilisation vers le public. Prendre en compte l'aléa à l'échelle du
Fossé rhénan permettrait une communication plus adaptée à la nature du
risque et une conception commune d'outils de communication, comme
on a pu le faire pour la protection de la nappe phréatique, aidant aussi
au rapprochement des acteurs impliqués et à l'avancement des projets
et à une meilleure résilience de la population. La prévention devrait être
développée via une politique de projets européens. L'exemple d'actions
menées dans les Pyrénées (maison du risque sismique, commémoration
d'événements sismiques, approche des risques sismiques induits...)
pourrait être inspirant. Ces actions seraient des leviers très efficaces
pour favoriser l'émergence de nouvelles collaborations.

Conclusion

En sismologie, le domaine instrumental, poussé dès le départ par la propagation des ondes sismiques à l'échelle du globe, a bénéficié naturellement d'un appui technique permettant le partage de l'information des stations de mesure et une vision internationale. En macrosismique, le partage international des estimations des sévérités des secousses sismiques, contraintes à un espace plus régional et basées sur des méthodes d'enquêtes issues des Sciences de l'homme et de la société, est moins avancé. Ce domaine a donc un effort à faire d'homogénéisation tant dans les collectes d'informations (formulaires, expertises de terrain) que dans la représentation spatiale de celle-ci (shakemap, cartographie transfrontalière) pour que les données ne soient pas biaisées par les frontières et qu'elles puissent être utilisées en gestion de crise comme dans le domaine de l'information et de la prévention des populations.

Les problèmes décrits précédemment sont très souvent techniques, mais ils relèvent aussi d'un manque de communications et d'échanges en premier lieu entre les acteurs scientifiques et techniques mais aussi avec le monde politique et administratif.

De nombreux facteurs ralentissent la collaboration transfrontalière, mais la difficulté de communication entre les hommes est sans doute un des freins les plus importants à l'avancement de nos projets. Ne pas comprendre, faute d'un niveau suffisant dans la langue d'échange, l'urgence d'un immeuble qui s'effondre lentement sur des victimes, revêt un caractère dramatique pour un secouriste. Mal interpréter un bilan de situation lors d'une gestion de crise ruine gravement l'efficacité des opérations. De la même façon, l'insuffisance de coopération scientifique transfrontalière n'aide pas à améliorer nos interfaces, les données mises à disposition et les outils d'aide à la décision en gestion de crise ou dans le domaine de la prévention. Il n'y a donc aucun autre moyen que la mise en place de projets communs qu'ils soient outils, plateformes d'informations, formations, projets de prévention, exercices de simulation avec la pratique d'une ou plusieurs langues de référence pour rapprocher tous les intervenants, du gestionnaire de crise à l'expert de terrain, de l'urgentiste au scientifique.

L'exemple du projet POCRISC entre la France, l'Espagne et l'Andorre a montré la force du développement de projets en commun pour progresser sur l'ensemble des sujets qui nous concernent. Les territoires d'interventions ainsi élargis, augmentent potentiellement le nombre des études et donc le niveau d'efficacité des experts.

Pour la cartographie transfrontalière préliminaire des intensités issues des témoignages citoyens (fig. 1), un groupe de travail européen en macrosismique travaille depuis 2017 sur un outil cartographique de partage d'informations transnationales en temps réel s'affranchissant des frontières (Van Noten et al., 2017, 2018). C'est un excellent début. La structure européenne est un outil permettant de développer des projets opérationnels et transfrontaliers, il est important pour l'espace rhénan de saisir cette opportunité pour tendre vers une information sismologique géographiquement continue pour une meilleure gestion du risque et l'amélioration des résiliences des populations.

Bibliographie

Cara, M., Schlupp, A., Sira, C (2007). *Observations sismologiques : sismicité du la Luxembourg en 2003, 2004, 2005.* Strasbourg : Bureau central sismologique français, ULP/EOST – CNRS/INSU. http://www.franceseisme.fr/donnees/publi/2003-2005/OBS_SISMO_2 003-05_W.pdf.

Cornou, C., Ampuero, J.-P., Aubert, C., Audin, L., Baize, S., Billant, J., Brenguier, F., Causse, M., Chlieh, M., Combey, A., De Michele, M., Delouis, B., Deschamps, A., Ferry, M., Foumelis, M., Froment, B., Gélis, C., Grandin, R., Grasso, J.-R., Hannouz, E., Hok, S., Jung, A., Jolivet, R., Langlais, M., Langlaude, P., Larroque, C., Leloup, P. H., Manchuel, K., Marconato, L., Maron, C., Mathot, E., Maufroy, E., Mercerat, D., Metois, M., Neyman, E., Pondaven, I., Provost, L.,

Régnier, J., Ritz, J.-F., Rivet, D., Schlupp, A., Sladen, A., Voisin, C., Walpersdorf, A., Wolyniec, D., Allemand, P., Beck, E., Bertrand, E., Bertrand, V., Briole, P., Brunel, D., Cavaillé, O., Chèze, J., Courboulex, F., Douste-Bacque, I., Dretzen, R., Giampietro, T., Godano, M., Grandjean, P., Grunberg, M., Guerin, G., Guillot, S., El Haber, E., Hernandez, A., Jomard, H., Lasserre, C., Liang, C., Lior, I., Martin, X., Mata, D., Menager, M., Mercier, A., Mordret, A., Oral, E., Paul, A., Peix, F., Pequegnat, C., Pernoud, M., Satriano, C., Sassi, R., Schaming, M., Sellier, V., Sira, C., Socquet, A., Sue, C., Trilla, A., Vallée, M., Van Den Ende, M., Vernant, P., Vial, B., and Weng, H. (2021). *Rapid response to the Mw 4.9 earthquake of November 11, 2019 in Le Teil, Lower Rhône Valley*, France, 2021. Comptes Rendus Geoscience. DOI : 10.5802/crgeos.30.

Grünthal,, G. (1998). European Macroseismic Scale 1998 (EMS-98). In : *Cahiers du Centre Europ. De Géodyn. Et de Séismologie*, 15, Luxembourg : Centre Europ. De Géodyn. Et de Séismologie.

Masson, F., Auclair, S., Bertil, D., Grunberg, M., Hernandez, B., Lambotte, S., Mazet-Roux, G., Provost, L., Saurel, J. M., Schlupp, A., Sira, C. (2021). *The transversal seismicity action RESIF: a tool to improve the distribution of the French seismicity products.* Seismological Research Letters, *92* (3): 1623–1641. https://doi.org/10.1785/0220200353.

Sira, C., Schlupp, A., Maufroy, E., Provost, L., Dretzen, R., Bertrand, E., Beck, E., Schaming, M. (2020). Rapport macrosismique n° 4, Séisme du Teil (Ardèche) 11 novembre 2019 à 11 h 52 locale, Magnitude 5,2 ML (RENASS), Intensité communale max VII–VIII (EMS98), BCSF-RENASS-2020-R2.

Van Noten, K., Lecocq, T., Sira, C., Hinzen, K.-G., Camelbeeck, T. (2017). Path and site effects deduced from merged transfrontier internet macroseismic data of two recent M4 earthquakes in northwest Europe using a grid cell approach. *Solid Earth 8* (2): 453–477. DOI : 10.5194/se-8-453-2017.

Van Noten, K., De Rubeis, V., Tosi, P., Sbarra, P., Lecocq, T. (2018). Challenges of the new ESC Working Group Macroseismology – Integrating corrective parameters to merge multiple-sourced online macroseismic data. Poster, 36th General assembly of the European seismological commission, Malta.

Frédérique GANSTER

De nouvelles formes de communication et de coopération dans les services de santé transfrontaliers lors de la crise suraiguë du COVID-19 dans le Haut-Rhin

Résumé: La région de Mulhouse a été le premier épicentre de l'épidémie de COVID en France. Les capacités d'accueil de réanimation ont été rapidement dépassées, nécessitant le transfert de patients dans le Grand-Est, puis dans toute la France et enfin à l'étranger, particulièrement en Allemagne. Les hôpitaux ont dû rapidement s'adapter en France, alors qu'en Allemagne l'anticipation a été plus importante. De nouveaux modes de communication et des relations franco-allemandes dans ce contexte de surtension se sont développés pour permettre de juguler cette pandémie. Un certain nombre d'enseignements ont pu être tirés de cette crise et de nouveaux projets communs voient maintenant le jour.

Mots clés: Communication, COVID-19, collaboration franco-allemande, réorganisation.

Abstract: The Mulhouse region was the first epicenter of the COVID epidemic in France. Admissions in intensive care units were quickly exceeded, necessitating the transfer of patients in the Grand Est, then throughout France and finally abroad, particularly in Germany. The French hospitals had to adapt quickly their organization, whereas the anticipation was earlier in Germany. New ways of communication and professional French-German relationships had emerged to try to stop this pandemic. Lots of lessons have been learned from this crisis and new joint projects are now emerging for regular activities.

Keywords: Communication, COVID-19, French-German collaboration, reorganization.

Introduction

La crise sans précédent du COVID-19 qui nous a touchés en France et particulièrement dans le Grand-Est en mars 2020 nous a mis face à des schémas de fonctionnement originaux dans la gestion d'afflux massifs de patients, patients qu'il a été nécessaire de garder hospitalisés, et, pour un certain nombre d'entre eux, dans des services de réanimation. La situation en Alsace du Sud est particulière dans la mesure où elle a été l'un des épicentres de l'épidémie de COVID-19, mais également car elle est au cœur de cette région des 3 Frontières avec l'Allemagne et la Suisse. La capacité d'accueil des lits de réanimation du Groupe Hospitalier de la Région Mulhouse Sud Alsace (GHRMSA) a été rapidement saturée, malgré la création massive de « nouveaux lits » de réanimation au sein même de la structure, imposant alors de trouver de nouvelles ressources qui se sont fort heureusement présentées à nous. Dans un premier temps, des malades ont été transférés dans les hôpitaux avoisinants, puis rapidement dans toute la Région Grand-Est. Mais, malheureusement, une fois encore, la capacité d'accueil a été dépassée. D'autres solutions ont alors été recherchées.

Il existait déjà, compte tenu de la localisation géographique, un certain nombre d'éléments de coopération entre certains services de santé dans les différents pays. Par exemple, les patients admis aux urgences dans un contexte de brûlures graves et justifiant de soins spécialisés n'étaient pas systématiquement envoyés dans les services de réanimation des brûlés de Metz ou Lyon mais parfois également à Ludwigshafen en Rhénanie-Palatinat. Ou encore l'hélicoptère de la REGA (*Schweizerische Rettungsflugwacht* ou Garde aérienne suisse de sauvetage) basé à l'EuroAirport Basel–Mulhouse–Freiburg pouvait intervenir sur les crêtes vosgiennes. Néanmoins, il s'agissait alors seulement de quelques accords préalables ponctuels, quelques relations de « bon voisinage » avec les hôpitaux allemands avoisinants, compte tenu de la proximité de la frontière d'une part et d'une certaine volonté des acteurs de la santé de nouer des liens transfrontaliers d'autre part. Un certain nombre de projets de coopération existaient déjà, notamment entre les services de SAMU-SMUR du Haut-Rhin et leurs homologues du Bade-Wurtemberg.

La crise du COVID-19 a modifié un certain nombre d'éléments à court terme mais également à moyen et long terme. Nous verrons successivement la mise en place de l'organisation à la fois en France et en Allemagne lors de cette crise, puis les différentes phases de collaboration entre des services franco-allemands transfrontaliers au cours de cette crise. Nous tâcherons d'analyser un certain nombre de facteurs dans cette crise sans précédent avant de nous tourner vers les constructions pérennes de la coopération franco-allemande dans le domaine de la santé, plus particulièrement à l'échelon local.

1. La crise du COVID-19

1.1. La situation dans le Haut-Rhin (68)

Les premiers malades sont arrivés aux urgences tout début mars 2020. Malgré les expériences des épidémies de SARS et de grippe H_1N_1, nous n'avions pas d'informations approfondies à propos de ce virus qui, au départ, a été pris, il faut l'avouer, par bon nombre de professionnels pour une pathologie avoisinant la grippe saisonnière. Mais un afflux massif de patients est arrivé aux urgences dès la 2ème semaine de mars 2020. Habituellement le GHRMSA compte 30 lits de réanimation. Ces lits ont rapidement été saturés, ce qui arrivait occasionnellement pendant les périodes hivernales avec la recrudescence des pathologies respiratoires, nécessitant alors le transfert d'un ou deux patients vers les services de réanimation avoisinant, principalement dans la région Alsace ou les hôpitaux limitrophes.

Le premier patient COVID positif a été transféré le vendredi 13 mars 2020 vers le CHU de Strasbourg. Dès le lendemain, les évènements s'accélèrent : 9 transferts le samedi, 14 mars et 10 le dimanche 15 mars. On comprend alors qu'il s'est agi d'un phénomène jamais vu malgré toutes les simulations de Plans blancs. Dans la semaine qui suit, les transferts se succèdent sur le territoire français, en Alsace puis dans tout le Grand-Est avec un renforcement des moyens héliportés – principalement les hélicoptères des SAMU 67, 54 et 51. Mais cet effort ne suffit toujours pas. Le 18 mars, a eu lieu la première opération « Morphée » avec la coopération des Services de Santé de l'Armée, dispositif jamais déployé préalablement sur le territoire national, permettant de transférer 6 patients par avion militaire médicalisé jusqu'à Toulon et Marseille. Au total, il y aura 6 opérations « Morphée » au départ de l'EuroAirport vers différentes destinations en France. À cela s'ajouteront les transferts par voie ferroviaire.

Il y a encore l'installation durant le week-end du 21/3/2020 de l'Élément Militaire de Réanimation du SSA (EMR-SSA). Il a été créé pour répondre à la pandémie, permettant d'ajouter 30 lits de réanimation supplémentaires, répartis en 3 unités distinctes, gérés par des équipes formées. Cette unité s'est appuyée sur la logistique hospitalière et a fonctionné comme un véritable service supplémentaire jusqu'à son transfert à Mayotte fin juin 2020, après une décroissance progressive d'activité à Mulhouse.

Le premier patient transféré à l'étranger depuis le Haut-Rhin l'a été le 21 mars 2020 à l'Uni-Klinikum de Fribourg-en-Brisgau. 18 patients seront transférés jusqu'au 30 mars 2020 dans les hôpitaux du Bade-Wurtemberg. Nous reviendrons plus loin sur les conditions de ces transferts. Puis les transferts se feront vers des destinations allemandes plus lointaines. Ainsi, 35 patients français du Haut-Rhin au total partiront en Allemagne.

*1.2. La situation en Allemagne et particulièrement dans le
Bade-Wurtemberg – l'exemple de la clinique de Constance*

Les pouvoirs publics allemands ont pris très au sérieux et très précocement l'arrivée de la pandémie : les ministères de la Santé ont porté un regard aigu sur l'évolution de la situation à l'international. Au démarrage de la crise, tous les directeurs et comités de direction d'hôpitaux en Allemagne ont reçu un courrier du Ministre Fédéral de la Santé, accompagné d'un autre provenant des Ministres de la Santé des Länder, ce qui est d'usage dans un État fédéral. Le courrier était particulièrement alarmant devant la situation de crise : « … À présent, annulez toutes les interventions auprès de tous les patients qui ne sont pas urgent… » ; « … Désormais, renvoyez tous les patients qui sont susceptibles de l'être… » ; « … créez des capacités de traitements de réanimation supplémentaires et des capacités additionnelles de ventilateurs ». Il est peu probable, voire invraisemblable, qu'un tel courrier ait déjà existé et été envoyé auparavant de la part d'un ministère allemand de la Santé.

Ensuite, ils ont formalisé la structure et les modes de fonctionnement d'une cellule de crise. Enfin, une mutualisation des ressources et des compétences a été opérée via la création de « clusters », qui se distinguent des foyers épidémiques relayés dans les médias et qui se définissent plutôt par un regroupement d'hôpitaux et de cliniques.

Contrairement à l'image très décentralisée du système fédéral allemand, celui-ci a répondu à la crise d'une façon coordonnée, avec des éléments de communication rapides et précis, s'appuyant à la fois sur des dispositifs imaginés et des préconisations développées à l'échelle nationale, et sur des initiatives prises au niveau local. La période qui précède le confinement a donc été marquée par un haut degré de préparation des hôpitaux allemands avec un degré de communication optimal pour adapter leur organisation à la situation épidémique.

La clinique de Constance comme la plupart des établissements a mis en place une cellule de crise. En complément de cet élément, quatre autres expériences majeures méritent d'être analysées au sein de cet établissement, comme l'explique le Dr Kiefer, chef du service de chirurgie thoracique : le déploiement d'un village de tentes, des dispositifs spécifiques de crise, le déploiement d'un système imaginé face à la crise, et, la résolution de problèmes logistiques.

Très tôt, la séparation des patients atteints du COVID et des patients non-COVID a été organisée à Constance. Pour pallier un potentiel déficit de capacité d'accueil face à l'ampleur de l'épidémie, la clinique a préconisé alors une utilisation de son extérieur et l'exploitation d'une extension, soupape de sécurité pour décharger les équipes au sein de l'établissement. Via les autorités de la protection civile, les secours techniques (THW) ont été sollicités afin d'installer un village de tentes, dédié aux patients alités du service d'urgence de la clinique. En seulement trois jours, le village de tentes a été monté, constitué par une tente de triage, une tente salle d'attente, une tente de « surcharge » comportant jusqu'à 10 lits, ainsi qu'un tunnel couvert, permettant de séparer les patients atteints du COVID des autres patients dans les services. L'ensemble du village est chauffé et équipé de systèmes informatiques. La tente de triage est entrée en service le 8 avril 2020 et tous les espoirs ont été portés pour ne jamais avoir recours à la tente de « surcharge », qui témoigne d'une saturation des capacités hospitalières.

Dans le cadre de la création de ce village, les équipes de Constance ont été accompagnées par une volontaire, qui s'est spontanément présentée pour venir en aide et qui disposait d'une grande expérience en matière d'organisation d'unités médicales mobiles dans de nombreux foyers de catastrophes, partout dans le monde.

Une impressionnante dynamique de communication au sein d'un même établissement, de différents établissements et des différents chaînons participant au secteur de soins s'est mise en place dans ce contexte exceptionnel afin de mutualiser les idées et les moyens.

Outre le village de tentes, d'autres dispositifs spécifiques ont été déployés. Comme dans tous les hôpitaux, la clinique de Constance a cessé progressivement son activité, pour finir par traiter uniquement, jusqu'au 17 avril 2020, les patients pour lesquels s'imposait une nécessité médicale impérative : urgence aiguë et traitement carcinologique.

Plusieurs services ont été fermés et le personnel de soins, toutes catégories confondues, a été renvoyé à domicile pour mieux revenir opérationnellement en cas d'afflux massif des patients. Parallèlement a été opéré un tri des visites au sein de la clinique. La salle de réveil a aussi été aménagée en service de soins intensifs non-COVID, deux salles d'opération ont été également préparées pour pouvoir être utilisées en cas de besoin comme service de soins intensifs. Les ascenseurs ont été explicitement identifiés et ne pouvaient plus être utilisés qu'avec des transpondeurs spéciaux. L'un d'entre eux menait à la piste d'atterrissage pour les hélicoptères. Depuis cet endroit, le « *Camino Corona* » conduisait au service des urgences et/ou aux services COVID, dont la signalétique avait été marquée par deux étudiants ayant travaillé du matin au soir pendant deux jours. À Constance encore, une grande attention a donc été portée et de nombreuses actions ont été concrètement opérées pour faciliter et sécuriser l'accessibilité et le parcours de tous les patients, COVID et non-COVID, durant la crise.

Une autre spécificité de la gestion de crise de Constance est d'avoir imaginé un protocole de prise en charge des patients COVID. Des *Équipes SWAT* sont constituées et un processus est établi en fonction des degrés de gravité de la prise en charge des patients. Pour ce qui est du traitement des patients COVID, le professeur Kabitz, interniste et pneumologue, a ainsi élaboré un concept global en un temps record. Il a tenu compte de tout ce qui était disponible en matière de littérature sur le sujet, de rapports de zones sinistrées comme à Bergame et a inclus ces connaissances dans un concept. Il s'est ensuite entretenu au téléphone avec de nombreux médecins en Italie du Nord et en France et a enregistré leurs expériences. Ce travail de chercheur au plus proche du terrain a permis le développement du concept et des équipes SWAT. Ce concept provient de la stratégie policière et militaire. Cette équipe de 4 personnes, comporte systématiquement un soignant de réanimation ainsi qu'un médecin de réanimation expérimentés et deux autres personnes du secteur des soins ou du domaine médical. Une équipe s'occupe de quatre à six patients selon l'intensité des soins et les degrés de gravité. En tout, au plus haut niveau de degré de gravité, le degré III, il y a plus de 170 collaborateurs répartis en équipes SWAT. Sur les 4 membres de l'équipe, seulement trois, au maximum, travaillent auprès du patient en équipement de protection totale. Le quatrième membre de l'équipe est la « main propre », il vient en aide en dehors de la chambre. Ainsi, les chaînes de contamination peuvent être évitées.

La clinique de Constance, sous l'impulsion d'un professeur et en fonction du retour d'expériences d'autres hôpitaux touchés par la pandémie a mis en place un protocole spécifique de prise en charge des patients, avec l'objectif de sécuriser au maximum les personnels soignants, dont on sait à présent qu'ils ont payé un très lourd tribut durant cette crise.

Evoquer le système allemand revient souvent à le concevoir comme un système sans faille ni difficultés majeures. Pour autant, comme pour

d'autres pays, les établissements allemands ont également fait face à des
pénuries, qu'il a bien fallu résoudre. Le pharmacien-chef, le Dr Buchal,
a pris très tôt conscience des difficultés d'approvisionnement. Avant
même la crise, des médicaments courants commençaient à manquer.
L'arrêt de la production en Chine a accéléré encore toutes les pénuries,
médicaments, masques respiratoires, vêtements de protection.

Avec son équipe, le Dr Buchal, a travaillé pendant des semaines
pour acheter du matériel de toutes les façons possibles et imaginables.
Ce « bricolage » parfaitement orchestré et cette anticipation du manque
ont placé la clinique dans une situation plutôt confortable en matière
d'équipement. Outre ses propres besoins, l'établissement a été capable
de fournir les équipes de sauvetage et d'intervention, les maisons de
retraites et les EHPAD ainsi que d'autres organismes de santé comme
les médecins résidents, qui se sont révélés souvent complètement
démunis.

Les aspects logistiques de cette crise ont été particulièrement mar-
quants. L'absence de stockage avant la crise, puis l'absence de solidarité
européenne, la dépendance à la production chinoise, la concurrence
accrue avec les États-Unis pendant la crise, des réponses à l'échelle
fédérale pas toujours appropriées ont conduit à un goulot d'étrangle-
ment en ce qui concerne l'approvisionnement en matériel.

A la clinique de Constance, le choix pour combattre ces difficultés
logistiques a consisté en un recours à l'agilité et à l'ingéniosité, tant
pour l'obtention de nouveaux ventilateurs que pour pallier la pénurie de
solutions hydro-alcooliques : les produits de base ont été achetés pour
concevoir une propre unité de production, et des flacons qui manquaient
également, ont été recyclés. Autre exemple, une cuve de 1 000 litres de
désinfectant a été transportée de Berlin à Constance, ce qui a demandé
de nombreux efforts en matière d'appuis administratifs et logistiques
pour acheminer ces produits, considérés comme dangereux.

L'ensemble de ces problèmes a été résolu par l'ingéniosité nécessaire à la multiplicité des sources d'approvisionnement, par une
réflexion nourrie sur ce qu'il est possible de réaliser avec les moyens du
bord et une communication entre les différents protagonistes extrêmement bien développée en un temps record.

Dans une même veine et sur le plan de la communication, la clinique de Constance a résolu, grâce au soutien du Pr Deussen et de son équipe, de nombreux problèmes dans le domaine de la technologie informatique et des communications, avec, pour exemple marquant, une communication sans contact établie via iPad avec les patients-COVID.

2. La collaboration franco-allemande pendant la crise du COVID entre le Haut-Rhin et le Bade-Wurtemberg

2.1. Les prémisses

Concomitamment au fait que l'épidémie de COVID-19 prenait une ampleur démesurée, les relations diplomatiques franco-allemandes se sont intensifiées à ce sujet. Durant le mois de mars 2020, via le Ministère des Affaires étrangères allemand, une demande a été formulée, pour savoir si des patients d'origine étrangère pouvaient être accueillis, demande à laquelle il a aussitôt été répondu massivement positivement à travers toute l'Allemagne.

Localement, quelques rares premiers transferts vers l'étranger ont été faits de manière informelle vers Fribourg-en-Brisgau et également vers le Kantonsspital de Bâle.

– Les transferts Outre-Rhin
– La phase initiale

Une coopération franco-allemande s'est donc mise progressivement en place au niveau national avec une répercussion descendante des informations.

Une liste d'hôpitaux prêts à accueillir des malades de la Région Grand-Est a été diffusée via l'ARS (Agence Régionale de la Santé) Grand-Est avec un nombre de lits disponibles. Il s'agissait de quelques lits par établissement allemand ou suisse à répartir principalement entre les hôpitaux limitrophes français de grande envergure qui centra-lisaient déjà les patients atteints du COVID-19 (Strasbourg, Metz, Col-mar et Mulhouse). A alors eu lieu une course téléphonique effrénée : une fois la liste obtenue par mail, le premier service français qui appelait obtenait le lit recensé. À lui d'engager ensuite les moyens nécessaires pour le transfert de ses propres malades. Le transfert des malades du Haut-Rhin était centralisé au niveau de Mulhouse, à la régulation du SAMU 68.

Ainsi étaient donc recensés dès le premier staff du matin à Mul-house les malades éventuellement stabilisés et transférables depuis les différents services de réanimation du Haut-Rhin ainsi que les patients arrivés récemment aux urgences qui étaient encore suffisam-ment stables pour supporter un transfert soit routier soit héliporté. Le traitement de l'information était relativement complexe, sans logiciel unique approprié et la nécessité d'avoir plusieurs personnes travaillant en même temps en cellule de crise. Afin d'être exhaustif et de gérer les flux de patients à transférer au plus vite, un grand tableau mural a été mis en place indiquant les données administratives des patients, leur service d'origine, leur destination et le vecteur qui serait utilisé pour ces transferts.

Ensuite il s'agissait de faire une veille active suite à l'arrivée d'un mail de l'ARS qui transmettait la liste du jour ou des 48 heures. Puis débutait la première phase de la course contre la montre pour obtenir un lit. Chacun selon le bon sens essayait de répartir les lits au plus proche de son établissement de santé, mais dans cette course, il y a eu la surprise d'apprendre un matin qu'un établissement avait occupé les 6 lits disponibles du jour dans un seul établissement allemand... La crise faisait rage et la communication en mode « dégradé » n'était pas forcément toujours optimale.

Des transferts ont été effectués dans une organisation pas toujours très coordonnée. Concernant les établissements allemands accueillants les patients, à partir du moment où l'on avait un contact et un référent, il y a eu des arrangements à l'amiable lorsqu'un ou des nouveaux lits se libéraient dans un hôpital du Bade-Wurtemberg, directement entre deux praticiens français et allemand. Les homologues allemands pré-venaient alors directement, sans repasser par la liste officielle. Chacun avait fini par se faire un carnet téléphonique pour permettre les contacts directs, notamment avec les praticiens de garde et la DRF (*Deutsche Luftrettung*). À Mulhouse, nous étions deux praticiens germanophones pour gérer les organisations des transferts vers l'Allemagne et la Suisse. Tout ce travail était alors fait directement entre les services concernés et ainsi la plupart des malades étaient transférés au maximum dans les 24 heures suivant leur admission.

Côté français, il y avait un décompte des lits disponibles par jour ou 48 heures de l'ARS, à la fois sur le territoire français et pour l'étranger. Côté allemand, il y avait une mutualisation des moyens et des informations, et chacun savait en temps réel le nombre de lits disponibles dans les établissements environnant y compris de petite taille.

2.2. *Les suites*

Dans un deuxième temps, l'Agence Régionale de la Santé (ARS) a pris en main la régulation de ces transferts, réduisant, de fait, la part de l'organisation jusqu'ici locale.

Des entités régionales intermédiaires temporaires ont alors été mises en place pour réguler les transferts comme :

le *COZ Est*, centre opérationnel de Zone Est, situé à Metz pour le Grand Est.

Le COZ est chargé d'assurer une veille opérationnelle permanente sous l'autorité du préfet de zone de défense et de sécurité. Ses principales attributions sont :

- de recueillir et de transmettre l'information opérationnelle au profit des autorités de l'État et des départements de la zone de défense et de sécurité concernée,
- de coordonner les actions des préfets de départements,
- d'organiser les colonnes mobiles de secours,
- de répartir les moyens de toute nature, publics ou privés.

le *Samu Zonal Grand-Est*, localisé à Nancy, en lien avec l'ARS, assurant une mission d'appui technique, en particulier en ce qui concerne la mise en œuvre du plan zonal de mobilisation.

De nouveaux moyens ont donc été mis en place, en plus des hélicoptères des différents SAMU du Grand-Est : l'Armée de Terre française, en plus des avions d'évacuation sanitaires pour les opérations « Morphée », a mis à disposition des hélicoptères SuperPUMA.

Une collaboration avec la DRF allemande est également mise en place puis avec la *Bundeswehr* et finalement des compagnies de rapatriement sanitaire privées françaises et allemandes.

À cette période-là, des transferts vers des établissements allemands plus éloignés tels que Kassel, Dresde, Lübeck, Kiel ou d'autres encore ont été effectués. Toutefois, ces transferts mettaient davantage de temps pour être finalisés. Nous y reviendrons.

L'ensemble de ces transferts a été colligé dans un tableau Excel aussi exhaustif que possible afin qu'il n'y ait pas de perdus de vue. Au total, 291 patients ont été transférés à partir du Haut-Rhin dans d'autres établissements en France et à l'étranger.

2.3. *Les retours des patients*

À partir de la fin du mois d'avril 2020, les services allemands qui avaient accueilli les patients français nous ont recontactés par téléphone et par courriel pour les rapatriements des nombreux patients. Les retours étaient organisés selon le même principe, au départ avec le soutien logistique du Samu de zone et du Coz Est puis directement comme au début de l'épidémie lors de la fermeture de ces derniers.

Les rapatriements étaient tributaires de disponibilités de lits à la fois dans la zone géographique exacte d'où étaient originaires les patients mais également des services adaptés (pneumologie, rééducation, unité de post-réanimation, etc.) et même pour certains un retour à domicile direct. Les impératifs de délai de transfert n'étaient pas aussi contraints qu'à l'aller ; néanmoins il fallait rapatrier les patients au plus vite, notamment pour des questions financières, pas uniquement humaines.

Ces retours n'ont pas été aussi simples qu'il pourrait y paraître en termes d'organisation et de communication. Rapidement un formulaire-type a été finalisé et envoyé à tous les services receveurs, traduit en allemand et qui comprenait différents items : les identités, le service et lieu de départ en France, le service d'accueil à l'étranger, le délai demandé pour le rapatriement, le type de service, et la description clinique et l'équipement du patient pour le transport retour. Une adresse courriel avait été créée à cet effet pour centraliser les retours pour l'ensemble du Haut-Rhin. Les coordonnées mail et téléphoniques de la cellule de crise au SAMU 68 étaient également mentionnées en stipulant que ces coordonnées étaient à utiliser préférentiellement afin de centraliser les informations et d'avoir une réactivité maximale... Ainsi, nous avons été contactés par différents services de nos propres établissements qui avaient eu des contacts directs avec les services allemands et suisses receveurs, avec souvent une bascule de ces appels ou courriels vers la cellule de crise compte tenu de la barrière de la langue. Nous avons découvert des malades « surprises » qui ont été annoncés pour rapatriement alors que nous ignorions qu'ils avaient quitté le territoire français, ou encore d'autres situations cocasses qui ont pu rapidement rentrer dans l'ordre.

3. Les enseignements à tirer pour la gestion de cette crise sur le plan de la coopération et la communication franco-allemande

Cette crise sans précédent du COVID-19 a nécessité une réorganisation profonde des schémas de pensée et de communication dans les établissements de santé tant en France qu'en Allemagne ou ailleurs en Europe. Il a fallu réinventer des modes opératoires, des schémas d'organisation, de fonctionnements. Il a fallu trouver des moyens matériels, des moyens humains, déployer des énergies colossales jusqu'à l'épuisement parfois et déployer des ressources humaines phénoménales. Personne n'était prêt à faire cet effort. Et indéniablement, en plus de moments de grâce, cela laissera aussi des séquelles. Cette crise inattendue a généré tant dans les services de soins français qu'allemands, la nécessité de relever des défis en termes de coopération à tous les échelons aussi bien que pour le partage des informations.

Du côté des urgences et du SAMU à Mulhouse, le Dr Marc Noizet, chef de service des urgences et du SAMU au GHRMSA rapporte que le système n'était pas prêt, malgré les entraînements réguliers prévus par les Plans Blancs, tant dans l'organisation effective que dans le transfert des informations. Une nouvelle forme de communication improvisée s'est construite au fur et à mesure, avec une structuration *ad hoc* mise en place tant bien que mal. Il y avait à la fois « l'information descendante », émanant du Ministère de la Santé, de l'ARS, avec, au décours de la crise des changements incessants d'interlocuteurs. Cette communication pouvait être plus ou moins redondante, ou complémentaire voire discordante et incohérente avec une contradiction entre les directives nationales et la situation locale. Les échanges avec nos homologues hospitaliers allemands montrent que ce ressenti est partagé de leur côté également. Il y avait également « l'information transversale » à l'échelon local au sein de la même structure ou entre structures géographiquement proches.

Il y avait une saturation de la gestion du quotidien, avec un mode de communication nécessairement dégradé pour parer au plus pressé. Il y avait souvent des informations tardives, changeantes, qui généraient de la crispation et par conséquent de la perte d'efficience voire de la perte d'information. Malgré un certain nombre d'outils déjà existants et ayant fait la preuve de leur efficacité, il a manqué dans cette crise initiale du COVID-19 des outils convergents pour partager des informations fiables, opérationnelles, et ce, de manière sécurisée.

Il y a eu enfin la construction d'une communication nouvelle au jour le jour et la construction de réseaux de communication à tous les échelons tant locaux que régionaux, nationaux ou avec l'étranger.

3.1. La distance des transferts

Il peut sembler aberrant que les premiers transferts de patients aient été faits vers Toulon ou Brest une fois que les services de réanimation du Grand-Est ont été saturés, alors qu'il existait un nombre conséquent de lits à 50 km à la ronde, qui plus est, disponibles. Il était bien évident que tous les nouveaux malades français n'allaient pas être transférés à l'étranger, ne serait-ce que pour des raisons financières, et qu'il était nécessaire de garder les lits en cas d'expansion de l'épidémie en Allemagne. Néanmoins comme on l'a vu plus haut, l'Allemagne était très en avance dans son organisation et la mise en place et la structuration de nouveaux moyens. La crise initiale a été de moindre ampleur en Allemagne lors de la première vague, mais à la différence de la France, elle avait anticipé plus précocement l'affluence potentielle de patients et les moyens pour y faire face.

3.2 L'organisation des transferts et les réseaux

On l'a déjà mentionné à plusieurs reprises, les professionnels ont travaillé jusqu'à sursaturation, mais néanmoins avec une rigueur permanente selon des schémas qu'il fallait inventer. Au début des transferts, quand les patients étaient encore transférés dans le Grand-Est, chaque praticien a fait jouer soit son propre « carnet d'adresses » régional en demandant un transfert de patient préférentiellement pour les services où ils connaissaient des confrères, soit ils tentaient leur chance dans l'espoir qu'il y ait un lit disponible.

Les approches se sont modifiées en deux temps à partir du moment où les réanimations du Grand-Est ont été saturées. Dans une première phase, quand l'ARS a fourni une liste de lits disponibles, les nouveaux transferts se sont très bien déroulés, avec une moyenne de sept à huit patients transférés par jour. À Mulhouse, il y avait deux praticiens qui maîtrisaient correctement la langue allemande permettant ainsi d'expliquer chaque cas clinique directement au téléphone avec l'homologue Outre-Rhin, avec l'aide d'intermédiaires, permanenciers du SAMU, entre autres, qui se faisaient comprendre pour une conversation basique soit en français, en allemand ou en anglais et qui nous relayaient les informations. Nous avons donc construit un nouveau réseau, un nouveau carnet d'adresses avec les médecins des services de réanimation de Constance, Singen, Villingen-Schwenningen, Mannheim ou d'autres endroits encore, mais également les numéros directs des régulateurs basés en France et en Allemagne de la DRF.

À l'extrême, les patients du Haut-Rhin transférés à Kassel très précocement, ont eu une grande chance, car cette fois le contact a été le suivant : le directeur des cliniques de la *Rote Kreuz* de Kassel (Hesse) lui-même, Alexander Lottis, a appelé un matin le SAMU 68 en proposant « Nous avons une capacité d'accueillir immédiatement 10 malades venant du Grand-Est, organisez-vous et nous les accueillerons dès aujourd'hui ». Ainsi, six patients des hôpitaux de Mulhouse et Colmar ont été transférés très rapidement à Kassel, malgré la distance, la complexité des moyens à engager pour organiser le transfert.

Dans un second temps, les événements se sont complexifiés : à partir du moment où l'ARS par différents moyens, le Samu zonal et le COZ Est sont rentrés dans la boucle de communication, tout est devenu plus compliqué et le taux de transfert a chuté à trois-quatre patients par jour, malgré la disponibilité des lits en aval. Certes, il y avait des transferts plus lointains à effectuer, demandant parfois d'autres moyens plus conséquents à engager. Mais une fois le lit trouvé, il fallait désormais en référer au Samu zonal et au COZ Est pour organiser le transfert. Les interlocuteurs étaient différents quasiment chaque jour dans les deux institutions ce qui a généré une perte d'information considérable, des redondances, des erreurs. La multiplicité des intervenants, puis l'adjonction d'intervenants qui n'avaient pas été rompus dès le départ à ce système de transfert mis en place imposaient des délais dans l'application des règles administratives. Bref, tous les intermédiaires ont fait ralentir le système de fortune, certes, mais efficient, mis en place, avec la réapparition localement de quelques tensions sur place mais également et malheureusement également avec les référents des institutions, voire des « transporteurs » de malades. Nos confrères allemands ont également eu affaire à une régulation plus centralisée dans un second temps, ce qui ne leur a pas simplifié la tâche non plus. On a même entendu *a posteriori* sur le mode de la plaisanterie que « si tout cela était à refaire, nous continuerions sur le mode des relations directes entre professionnels de santé sans passer par les intermédiaires, principalement administratifs et à distance ».

3.3. La communication entre professionnels franco-allemands

Comme expliqué plus haut, concernant la communication entre les professionnels de santé, les opérations ont pu se dérouler relativement facilement à Mulhouse, dans la mesure où deux médecins anesthésistes parfaitement germanophones se sont relayés quasiment en permanence, y compris sur leurs temps de repos pour gérer téléphoniquement ou physiquement les échanges et les transferts des patients alsaciens à destination de l'Allemagne et de la Suisse. Un certain nombre de correspondants allemands avaient également des notions plus ou moins poussées de français, ce qui aidait également.

Certes la communication aurait pu, en l'absence de ces praticiens, se faire certainement également d'une manière ou d'une autre en anglais, mais il est probable que la communication et les transferts auraient été pour le moins ralentis car tous les maillons de la chaîne n'étaient pas obligatoirement anglophones.

On peut déplorer que dans une région frontalière il n'y ait pas un minimum de praticiens et soignants suffisamment bilingues pour pouvoir gérer ce genre d'échanges ; cependant, ces derniers ne sont pas forcément originaires de la région ni nécessairement portés sur des relations transfrontalières.

3.4. Les familles de patients

Concernant les familles de patients, nous avons dû aussi faire face à beaucoup d'angoisse liée au fait que les patients étaient transférés « à l'étranger ». Il y avait *grosso modo* deux cas de figure.

Par exemple, pour deux personnes de la même famille, famille qui parlait au minimum alsacien, et un peu d'allemand, l'une avait été envoyée à Bordeaux et l'autre à Singen dans le Bade-Wurtemberg. Dans les deux cas, les visites n'étaient pas autorisées et les familles pouvaient prendre des nouvelles des patients sans qu'il y ait de barrière de langue. Mais le fait que le patient soit transféré à l'étranger était anxiogène pour ces familles qui sollicitaient les médecins de la cellule de crise au SAMU 68 pour prendre des nouvelles de leurs proches alors qu'ils avaient eu eux-mêmes des contacts directs avec les services allemands ou suisses.

En revanche, on comprend parfaitement que pour la famille d'un patient originaire d'une famille maghrébine, s'exprimant plus ou moins bien en français, le fait qu'il soit transféré dans le Nord de l'Allemagne, à Lübeck par exemple, génère des angoisses supplémentaires alors que leur proche était déjà dans un état critique. Le fait que ces transferts, ici franco-allemands, ne soient pas un élément ancré dans les schémas de fonctionnement en dehors de l'épidémie n'a pas participé à la réassurance des familles.

3.5. Les patients

Concernant les patients enfin, nous avons eu des retours d'un certain nombre lors des rapatriements. Il apparaît que ces patients étaient en détresse respiratoire avant d'être intubés et sédatés. Ils n'avaient donc secondairement aucune notion de ces transferts. Il semble que le fait de se réveiller à distance de chez soi et loin de ses proches ait été le réel problème, mais indépendamment du fait qu'il s'agisse de Brest, Marseille, Dresde ou Constance. De surcroît, comme il s'agissait, pour la plupart, de patients autour de 60–70 ans, un certain nombre d'entre eux étaient dialectophones et comprenaient un peu d'allemand, donc la barrière de la langue était un élément relativement minime. De plus, les hôpitaux qui recevaient nos patients en Allemagne comme en Suisse ont systématiquement essayé de mettre en place, en cas de problème de communication, la présence de personnels francophones au chevet de nos patients.

3.6. Richesse des relations humaines

De nouvelles collaborations ont pu voir le jour au décours de cette crise, qui n'auraient jamais pu être imaginées auparavant, par exemple en France, une collaboration entre les établissements de santé privés et publics, une mutualisation de certains moyens et de certains personnels dans un même territoire sanitaire.

L'efficience était maximale dans ce contexte troublé et la puissance initiale des transferts ainsi que la solidarité et la mutualisation des moyens transfrontaliers a été exceptionnelle. Cela reste pour chaque médecin ayant travaillé au plus profond de la crise une expérience unique. Ainsi les tensions, crispations, dissensions, qui sont clairement identifiées et à prendre en compte dans chaque schéma de médecine de catastrophe, ont pu, dans un premier temps, être reléguées au second plan ; « l'Homme » les a dépassées, peut-être également aussi par instinct de survie...

Les relations humaines et la polyvalence des personnels ont été d'une richesse incomparable. La preuve en est que nous avons encore quelques contacts informels et amicaux avec certains médecins allemands avec lesquels nous avons été un peu plus régulièrement en contact à cette période.

4. Les perspectives

Un certain nombre de projets de coopération et de collaboration pour les services de soins en étaient déjà aux balbutiements ou à des phases plus avancées tel que l'envoi de patients français au Centre Universitaire cardiologique de Bad Krozingen pour certaines procédures de rythmologie, des consultations régulières de cardiologues allemands dans les hôpitaux français ou le déplacement de certains médecins allemands pour participer à certaines opérations.

La crise sans précédent du COVID-19 ainsi qu'un cas particulier de patiente allemande frontalière résidant en France ayant présenté un arrêt cardio-circulatoire décédée dans le Haut-Rhin ont réactivé ces projets de collaboration. La patiente résidait en France à Neuf-Brisach. Elle dépendait donc géographiquement du SAMU 68 basé à Colmar, à environ 20 minutes de son domicile. Or, son domicile était plus proche de Breisach dans le Bade-Wurtemberg qui possédait une structure de premiers secours analogue. Ce cas avait fait la une des journaux à la fois français et allemands régionaux. Une enquête avait été diligentée secondairement ne mettant en évidence aucun défaut de procédure.

Le Dr Frédéric Pernot, responsable du SAMU 68 au GHRMSA, confie récemment qu'un projet commun de collaboration réunit les responsables des SAMU et SDIS des Haut-Rhin, Bas Rhin, du Bade-Wurtemberg et de Rhénanie-Palatinat sous l'égide côté français de l'ARS. Plusieurs réunions bipartites ont déjà eu lieu. Les conférences bilingues se passent en visio, avec des interprètes à disposition. Un logiciel bilingue sera mis en place avec des menus déroulants, intégrant la localisation du patient, les moyens demandés pour porter secours, le service demandeur et le service destinataire ainsi que le type de pathologie du patient. Dans un second temps, un courriel sera généré automatiquement en français et en allemand avec pour destinataire les services homologues Outre-Rhin. Un annuaire sera également mis en place avec les coordonnées directes de services français et allemands pour prévenir de la génération d'un courriel et mettre en place les secours adaptés les plus proches le plus rapidement possible. Les procédures en sont à la finalisation et un test mensuel sera prévu une fois que celles-ci seront en place afin d'avoir des équipes informées et rodées à la procédure.

Somme toute, cette pandémie majeure, liée au COVID-19, a obligé tant les professionnels de santé français qu'allemands ou suisses à faire face à une situation exceptionnelle, à développer de nouvelles stratégies bien au-delà des « Plans Blancs » ou équivalents déjà en vigueur dans les différents pays. Les outils de communication connus ont été utilisés en mode dégradé pour faire face à cette forte surtension ; de nouvelles formes de communication se sont aussi développées.

Un élan de solidarité sans précédent a eu lieu au niveau international et particulièrement transfrontalier entre l'Alsace et le Bade-Wurtemberg. De nombreux transferts de patients ont pu ainsi se faire rapidement grâce à une communication locale, des praticiens et soignants bilingues puis de manière plus organisée lorsque les pouvoirs publics bipartites sont entrés en jeu.

Dans cette crise, chacun, chaque établissement a fait au maximum avec les moyens du bord. Les retours d'expérience à l'issue de la première crise de COVID-19 soulignent un certain nombre de points très positifs en termes de communication nationale ou supranationale. On sait maintenant que c'est possible ! Cela débouche sur la réactivation de projets transfrontaliers et la construction de nouveaux modes de fonctionnements avec de nouvelles perspectives de coopération et de communication notamment franco-allemandes entre l'Alsace, la Rhénanie Palatinat et le Bade-Wurtemberg, et ceci malgré l'écueil de la langue qui est loin d'être encore réglé.

Melina KLOTH

(Traduction Christine RIETH)

La communication et la coopération transfrontalière face à la crise sanitaire actuelle – le cas du Service départemental d'incendie et de secours du Bas-Rhin

Résumé: L'article analyse l'impact de la crise sanitaire de la COVID-19 sur la communication et coopération transfrontalières dans la région franco-germano-suisse du Rhin supérieur à l'exemple du Service départemental d'incendie et de secours du Bas-Rhin. Les résultats sont basés sur une recherche qualitative concernant les six premiers mois de la crise. Il s'avère qu'il y a des aspects positifs et négatifs causés par la pandémie. Pendant que la fermeture des frontières a temporairement interrompu les collaborations établies dans la région frontalière, les hôpitaux commençaient à coopérer à travers les frontières pour sauver des vies. Il semble que le virus ait frappé l'Europe très soudainement alors que les gouvernements et les citoyens ne se sentaient pas assez préparés. Afin de réduire les effets négatifs dans le futur et de renforcer les conséquences positives de la crise sanitaire, des recommandations sont proposées ici. Elles ont pour but d'améliorer la communication et la coopération transfrontalières pendant et après la pandémie.

Mots clés: Coopération, communication, transfrontalier, Rhin supérieur, service d'incendie, corona.

Abstract: The article analyses the impact of the corona crisis on the cross border communication and cooperation in the Franco-German-Swiss Upper Rhine region by taking the example of the Bas-Rhin fire and rescue service in France. The text also gives some background information on the organization of French and German fire services. The results are based on qualitative research concerning the first six months of the crisis. It turns out that there are positive and negative consequences caused by the pandemic. While the closure of the frontiers temporarily interrupted established collaborations in the border region, hospitals teamed up across the borders to save people's lives. The virus seemed to hit Europe in a very sudden manner, so that governments and citizens felt unprepared. In order to reduce the negative effects in the future and to strengthen the positive outcomes of the sanitary crisis, recommendations are hereby formulated. They strive to improve cross border communication and cooperation during and after the pandemic.

Keywords: Cross border, communication, cooperation, Upper Rhine, fire service, corona.

Introduction

« Alors que le risque représente la probabilité de survenue d'un danger, la crise indique que le danger s'est déjà concrétisé » (Merten, 2013 : 157).

Le thème de la communication sur le risque est d'une actualité constante, que ce soit pour la prévention comme pour la gestion des crises. Ce constat s'applique non seulement à l'économie, mais aussi et surtout à la protection de la population. En effet, il existe un risque dès lors qu'il s'agit de préserver la pérennité d'une entreprise ou de vies humaines (Carayol/Gramaccia, 2001).

Depuis l'apparition de la COVID-19 en décembre 2019 et le début d'une pandémie au début de l'année suivante, notre quotidien, au niveau personnel comme professionnel, a été influencé par le risque sanitaire. Dans le monde entier, les gouvernements ont pris diverses mesures pour protéger la population et soulager le système de santé. En l'occurrence, la résilience est fortement tributaire de la culture du pays (Kulatunga, 2010).

Des études ont montré qu'une communication claire et cohérente émanant de l'État était essentielle notamment en période de crise, pour préserver la confiance (Mahdavian et al., 2020). Au niveau transfrontalier, il semble également que, au-delà d'un certain degré de curiosité et d'acceptation de la situation, la confiance mutuelle constitue la base émotionnelle d'une communication sur le risque efficace (Breugnot/Laemmel, 2019). Pour cela, il est nécessaire que toutes les parties prenantes s'engagent dans des échanges réguliers et des rencontres directes. Par ailleurs, il est utile de communiquer clairement et ouvertement pour éviter les malentendus. Toutefois, le risque interculturel ne doit jamais être sous-estimé (Pelletier, 2011).

Dans ce qui suit, nous montrerons à partir de l'exemple d'une étude de cas à quel point la coopération transfrontalière est importante et sensible en situation de crise, de même que les enseignements directs au niveau de la communication sur le risque après six mois de crise sanitaire. Nous nous pencherons tout d'abord sur le contexte de l'étude, et partant de l'intérêt qu'elle représente au niveau de la recherche, et procéderons ensuite à une synthèse méthodologique. La présentation des résultats s'appuie sur deux catégories, qui reflètent les tendances positives et négatives observées en matière de coopération dans des régions frontalières. À partir de ces constats, nous émettrons des recommandations susceptibles de renforcer les éléments positifs et d'en atténuer les autres.

1. Contexte

L'étude de cas a été réalisée dans le Service départemental d'incendie et de secours du Bas-Rhin, territoire limitrophe de l'Allemagne, plus précisément du Land de Rhénanie–Palatinat au nord et celui de Bade-Wurtemberg à l'est. Ces collectivités territoriales sont parties prenantes de l'espace de coopération trinationale du Rhin supérieur. On peut supposer que la communication et la coopération transfrontalière sont entravées par le fait qu'aujourd'hui, de moins en moins d'Alsaciens parlent l'allemand (Breugnot / Laemmel, 2019). Selon une enquête de l'Office pour la langue et les cultures d'Alsace et de Moselle, le nombre des dialectophones a reculé de 18 % entre 2001 et 2012. La maîtrise d'autres langues, telles que l'anglais, n'est pas jugée suffisante pour permettre une coopération efficace entre les équipes administratives et d'intervention françaises et allemandes (Breugnot/Laemmel, 2019). Le groupe de travail Entraide en cas de catastrophe de la Conférence du Rhin supérieur a publié deux dictionnaires franco-germano-suisses de termes spécifiques à l'entraide transfrontalière en cas de catastrophe (2001/2005). En plus du dialecte régional, ils constituent une base de développement de la coopération.

Par ailleurs, des accords de coopération ont été signés depuis la fin du XXème siècle pour favoriser l'information et le soutien mutuels en cas de catastrophe, par exemple entre l'Alsace et le Bade-Wurtemberg (Conférence Franco–Germano–Suisse du Rhin supérieur). Ces textes garantissent la coopération transfrontalière au niveau étatique. Dahles/ van Hees (2004) ont identifié et expliqué pour leur part les possibilités et limites générées par une coopération amicale entre deux postes de sapeurs-pompiers bénévoles à la frontière germano-néerlandaise. Des activités et entraînements communs ont été mis en place sur la base d'un engagement individuel, ce qui a permis de créer des liens entre les équipes respectives. Le long de cette frontière invisible, des différences culturelles et organisationnelles sont malgré tout perceptibles, comme c'est le cas également entre la France et l'Allemagne.

Comme on le voit dans la contribution du lieutenant-colonel Petit dans le présent ouvrage, les services d'incendie et de secours sont orga-nisés différemment de part et d'autre du Rhin. À commencer par la formation des professionnels, qui est centralisée par l'État en France alors qu'elle est gérée à l'échelle fédérale en Allemagne. En France, les services d'incendie et de secours disposent de leur propre service médical ainsi que d'un central téléphonique qui réceptionne les appels adressés au 18. En Allemagne en revanche, ce sont les communes et les Landkreise qui organisent localement les services d'incendie et de secours. Il est courant que tous les appels d'urgence soient centrali-sés via le numéro spécial européen 112, puis traités par un centre de contrôle intégré qui les oriente ensuite vers les services compétents ; à noter qu'en Allemagne, les services d'incendie comptent nettement plus de bénévoles qu'en France.

Les différences en matière de compétences induisent également des divergences au niveau technique, c'est pourquoi les deux pays tentent d'harmoniser leurs systèmes nationaux de communication et de mettre en place des interfaces adaptées avec les pays voisins (Le Mag des Sapeurs-Pompiers de France, 2018 et Professioneller Mobilfunk e.V.).

Divers projets transfrontaliers de grande envergure ont permis d'améliorer la coopération entre les services d'incendie et de secours des deux pays. On peut citer à ce titre le bateau-pompe franco-allemand Europa 1 ainsi que le centre rhénan d'entraînement à la maîtrise des risques fluviaux.

En revanche, ces divergences n'excluent pas des points communs concernant les exigences en termes de communication. On reconnaît, par exemple, de part et d'autre de la frontière, l'importance de la clarté dans les formes de commandement et de formulation des consignes. La comparaison des deux systèmes offre toutefois l'occasion d'analyser plus précisément les facteurs susceptibles d'entraver une bonne coopération. La protection contre les incendies étant un domaine de recherche très spécifique, il n'a donné lieu à ce jour qu'à un petit nombre de travaux de recherche. D'autres composantes des services publics et de la protection civile, telles que la police, l'armée ou les hôpitaux, ont donné lieu à davantage de travaux scientifiques.

La coopération transfrontalière en période de crise sanitaire a en outre été marquée par un phénomène particulier : la fermeture temporaire des frontières, qui a été décrétée dans le cadre des mesures visant à contenir la propagation de la pandémie. On peut se demander dans quelle mesure la coopération s'est poursuivie au sein de l'espace du Rhin supérieur, quels en étaient les acteurs et comment la communication en la matière a été organisée.

2. Une étude de cas

L'étude de cas a été réalisée dans le cadre d'un stage qui a dû être interrompu en raison de la crise sanitaire. Il a toutefois été possible de faire le point sur les dispositifs spécifiques en matière de protection civile et de coopération transfrontalière dans l'espace de coopération du Rhin supérieur.

Au niveau méthodologique, nous nous sommes appuyé sur le principe de l'entretien narratif, principalement développé par Schütze (1983) pour ces travaux biographiques. La collecte des données s'est concentrée sur les six premiers mois de la pandémie, de janvier à juin 2020. L'étude étant axée sur la coopération transfrontalière, nous avons en outre intégré la technique de l'entretien épisodique développée par Flick (2011), qui consiste à associer des entretiens guidés et des entretiens narratifs. Un guide recense les thèmes à traiter et la chronologie de l'entretien. L'entretien narratif est une technique non standardisée. Il vise à ce que la personne interrogée puisse s'exprimer de façon subjective, détaillée et (surtout) en toute liberté. Enfin, l'entretien épisodique permet de se concentrer sur les périodes et expériences personnelles en lien direct avec l'objet de l'étude. Le principe est que tout ce qui a été dit est important *a priori*.

Deux entretiens de type narratif et épisodique ont été menés. Ils ont tous deux duré 1 h 30 environ et ont eu lieu dans le bureau des personnes interrogées, qui interviennent à la fois au niveau administratif et opérationnel. En raison de leur longue expérience professionnelle et de leur excellente connaissance du sujet, elles peuvent toutes deux être considérées comme experts.

L'analyse s'est appuyée sur des catégories inductives, c'est-à-dire développées à partir du matériel collecté et non définies en amont. L'analyse repose sur une démarche descriptive et interprétative. Les résultats sont présentés dans le chapitre suivant.

3. L'impact de la crise sanitaire

Les conclusions de l'étude de cas sont présentées ci-après. On observe globalement que la crise sanitaire liée à la COVID-19 a eu aussi bien des effets positifs que négatifs sur la communication et la coopération transfrontalières. En conséquence, les résultats ont été répartis en deux catégories. Nous commencerons par l'impact négatif de la crise sanitaire sur la coopération entre les services d'incendie et de secours dans l'espace du Rhin supérieur, avant de poursuivre avec les évolutions positives induites par cette crise.

3.1. Ce qu'on aurait pu éviter

Au vu des statistiques, la propagation du nouveau coronavirus a touché plus tôt et plus fortement la France que l'Allemagne et la Suisse (Dinklage et al.). Ainsi, la région Grand-Est, dont fait partie l'Alsace, a enregistré durant la première vague entre mars et avril 2020 des taux très élevés de contamination en raison d'une manifestation religieuse rassemblant un grand nombre de personnes en février 2020 à Mulhouse. À la suite de cela, le gouvernement français a décrété à partir du 17 mars un confinement national, qui a duré près de deux mois. Le 18 mars, le président Macron a décrété l'état d'urgence sanitaire. En Allemagne, une limitation des déplacements et des contacts pendant un mois, entre le 22 mars et le 19 avril 2020, a permis d'endiguer la première vague de la pandémie. Au mois d'avril, les autorités allemandes ont décrété une obligation générale de port du masque de protection. L'Allemagne a toutefois fermé le 16 mars 2020 sa frontière avec la France et mis en place des contrôles. Cette décision a provoqué une onde de choc auprès de la population française et remis en question les relations franco-allemandes : « On s'est dit, mais hé où est-ce qu'on est ici ? On est en Europe. [. . .] Ça a été extrêmement brutal ». La situation s'est encore dégradée à la suite de réactions xénophobes à l'égard des Français dans la zone frontalière. Par exemple, les frontaliers français se sont fait traiter de « sales Français » à leur arrivée en Allemagne.

La propagation extrêmement rapide du COVID-19 en Europe et la fermeture des frontières intra-européennes ont impacté un grand nombre de domaines, et notamment la coopération transfrontalière au sein de l'espace du Rhin supérieur. Ainsi, les groupes de travail et projets ont été suspendus pour des raisons sanitaires jusqu'en mai 2020. Dans le même temps, il est apparu clairement que la crise ne pourrait pas être gérée conjointement en dépit de tous les préparatifs effectués en amont – par exemple pour assurer la continuité de service dans les hôpitaux. « On travaille régulièrement ensemble [. . .] et tout ça, ça n'a pas fonctionné. Donc ça veut dire qu'on n'est pas en état de marche sur le Rhin supérieur pour gérer ensemble une crise ». Même les flux d'information ont été interrompus : « [. . .] que même pas les discussions fonctionnent ; même pas les échanges d'informations ». On ne peut qu'émettre des hypothèses sur l'origine du manque d'information, qui tient probablement à la structure hiérarchique et à l'importance du destinataire. Par ailleurs, la distanciation sociale, le télétravail et l'annulation de rencontres prévues dans le cadre de projets ont également compliqué les échanges. La communication transfrontalière est tributaire de rencontres humaines et non de l'organisation de visioconférences. En conséquence, les professionnels ont été obligés de se procurer eux-mêmes les informations manquantes, principalement via Internet ou grâce à des contacts personnels, ce qui a impliqué un risque d'informations fausses.

La gestion de la crise sanitaire a entraîné un retour vers les États nationaux et une réduction au minimum des échanges transfrontaliers. Dans un premier temps, une solution européenne semblait impossible. Chaque pays, chaque structure était « en train de regarder son propre nombril ». Même en France, des divergences sont apparues en matière de gestion de la crise : « Ça a été la cacophonie [. . .] un bazar pas possible ». Cela s'est manifesté également dans le matériel distribué aux équipes de secours médical, dont les besoins en tenues de protection, médicaments, respirateurs et installations d'oxygénation n'ont pas été satisfaits : « C'est pas le produit qu'il nous faut quoi ».

En conclusion, on peut dire que les équipes intervenant au titre de la protection de la population ont subi et continueront de subir des contraintes. Tandis que la très grande majorité du personnel administratif a été confrontée à l'isolement et au sous-équipement lié au télétravail (tout le monde ne dispose pas d'un ordinateur personnel et d'une connexion VPN), le personnel opérationnel a connu des situations nouvelles et stressantes : le transport transfrontalier de patients par voie terrestre et aérienne exige des préparatifs précis, des normes d'hygiène plus strictes ont dû être appliquées et la vulnérabilité des patients a entraîné une tension supplémentaire pour le franchissement de la frontière.

Ces expériences ont peut-être induit une posture pessimiste et critique à l'égard de la communication et de la coopération transfrontalières existantes et futures, même chez des personnes ayant une longue expérience en la matière : « Il y a de l'amertume ». Leur réaction s'explique notamment par des interrogations sur le sens de leur travail.

3.2. Ce qu'il faudrait retenir

Les expériences positives incitent à poursuivre et approfondir la coopération transfrontalière. Même si les projets de collaboration au niveau professionnel ont stagné au début de la crise sanitaire, les échanges personnels entre professionnels français, allemands et suisses se sont poursuivis. Les inquiétudes réciproques ont renforcé les liens d'amitié transfrontaliers : « J'ai eu peur qu'il y ait des Allemands dans le cluster de Mulhouse ». Le slogan « les frontières sont fermées, mais les cœurs restent ouverts » lancé au début de la crise sanitaire en a été l'un des symboles.

Lorsque les unités de soins intensifs français ont été surchargées, les pays limitrophes européens ont fait preuve de solidarité. Malgré la fermeture de la frontière, des hôpitaux allemands, comme le décrit Ganster, ont proposé leur aide. Lorsqu'il existait des capacités suffisantes Outre-Rhin, certaines unités de soins intensifs ont pu accueillir et soigner des patients français souffrant de formes graves de COVID-19.

Il a en outre fallu intensifier la coopération au niveau national pour permettre le transport transfrontalier des patients. Les équipes médicales des services d'incendie (les « rouges ») et des hôpitaux (les « blancs »), totalement séparés en temps normal, ont organisé conjointement le transfert des malades en ambulance ou par hélicoptère. L'armée française est également intervenue pour organiser le transport en avion-cargo de 12 malades, en coopération avec d'autres services de secours.

En dépit des problèmes linguistiques, les patients français ont toujours été accueillis chaleureusement Outre-Rhin : « Très bien reçu [...] très bien accueilli ». Dans la plupart des cas, une personne comprenait la langue du voisin, mais rien n'avait été prévu : « On l'a fait à l'alsacienne c'est-à-dire que les gens se débrouillent ». L'usage du dialecte a rendu la communication plus difficile : « Et là, je suis tombée sur une médecin qui était une Suisse allemande. Alors là. Terrible quoi. Heureusement il y avait une jeune médecin allemande qui est venue qui parlait bien français ». Un formulaire de transfert en anglais ou en allemand a facilité la communication pour le transfert des patients. Néanmoins, l'expérience pratique a favorisé l'apprentissage linguistique : « J'ai appris *Beatmungsgerät* » (appareil de ventilation) et aussi *Intensivstation* (unité de soins intensifs) ; c'était marqué ».

De même, certains problèmes techniques ont pu être résolus ensemble, que ce soit la recherche d'une piste d'atterrissage adaptée : « Le pilote [...] nous dit : "non, non c'est pas là" », ou la possibilité de faire le plein avant de retourner en France : « Nous n'avions plus assez de kérosène donc on s'est posés sur la base militaire allemande et on est repartis, donc tout était arrangé ». D'autres ont demandé davantage de souplesse, par exemple, l'incompatibilité entre les embouts des bouteilles d'oxygène françaises et allemandes. Les sauveteurs français ont dû laisser à leurs collègues allemands l'oxygène qu'ils avaient en stock, pour assurer la continuité de la prise en charge du patient : « On arrive avec la prise d'oxygène et "ah non, c'est pas bon, donc, on va revenir presser sur la bouteille française ». En définitive, la coopération entre les hôpitaux et les services de secours français et allemands a finalement été plutôt fructueuse et bénéfique pour les patients.

Dans son rapport (2020) qui s'appuie sur des enquêtes dans son propre réseau et sur l'évaluation d'articles de presse, la Mission opérationnelle transfrontalière énonce des constats similaires. Elle appelle de ses vœux une meilleure gouvernance transfrontalière, qui donne la priorité aux citoyennes et citoyens.

L'Euro-Institut de Kehl-Strasbourg a lui aussi publié une étude qualitative détaillée (2020) sur l'évaluation des conséquences de la crise sanitaire dans le Rhin supérieur, axée toutefois sur des considérations politiques et économiques. La conclusion de cette étude va dans le même sens : « On craint des répercussions économiques à long terme pour la région du Rhin supérieur. En même temps, la crise recèle un nouveau potentiel pour une reprise économique commune dans la région ».

4. Des perspectives

Quelles suggestions peut-on formuler à partir des résultats de la présente étude de cas ? Il convient en priorité de tirer des enseignements de la crise sanitaire afin de pouvoir mieux se préparer au niveau transfrontalier à une prochaine crise, qu'elle soit sanitaire ou autre. Une pandémie compte bien entendu parmi les événements qui ont certes une faible probabilité de survenir, mais qui, le cas échéant, ont des répercussions majeures. Ce risque est néanmoins considéré comme l'un des plus probables de sa catégorie (Hodge, 2021). En conséquence, il sera nécessaire de prendre en compte ce risque dans le débat transfrontalier sur la protection civile.

Les entretiens ont fait apparaître une série de besoins : une évaluation approfondie, ouverte, objective. Du fait de la pandémie, une assemblée transfrontalière en présentiel n'était pas possible. Les visioconférences se sont révélé être une ressource intéressante susceptible d'être utilisée même au-delà d'un confinement. Même si la coopération transfrontalière s'appuie traditionnellement sur des contacts personnels, il existe des formations pour préparer et conduire des échanges multilingues réussis par visioconférence. De telles formations seraient d'ailleurs utiles à tous les salariés qui ne sont pas familiers des techniques virtuelles. En outre, l'importance de définir au début de chaque visioconférence des règles propices à des échanges respectueux et bienveillants, et de se conformer à la procédure et à l'ordre du jour définis en amont est devenue plus perceptible à l'occasion des réunions à distance.

On s'est aperçu que certains flux d'information s'interrompent sans qu'on puisse en identifier la cause. Il est probable que chaque organisation estime prioritaire de s'adapter tout d'abord en interne aux événements extérieurs, afin de garantir son bon fonctionnement. En termes de protection civile, cela implique notamment d'assurer la continuité de ses propres services et prestations. À cela s'ajoute le fait que chacun doit s'adapter à la nouvelle situation. Cela implique aussi de préserver la communication interne en situation de télétravail, d'établir des listes de distribution électroniques pour des groupes de travail et projets transfrontaliers et de les utiliser de façon cohérente pour que toutes les parties prenantes puissent avoir le même niveau d'information.

La communication des instances politiques à l'échelle régionale, nationale et européenne pourrait être améliorée, devenir plus cohérente et compréhensible. L'Organisation mondiale de la santé a publié en 2018 un guide sur la communication sur le risque en cas d'urgence sanitaire. Celle-ci exige bien en amont une préparation approfondie et constante qui associe le public cible. La communication devrait utiliser divers canaux et émaner de plusieurs personnes. Par ailleurs, il convient de formuler les messages de façon communément compréhensible et d'inviter concrètement le public à agir. La communication peut contribuer à prévenir la xénophobie, dans le sens où elle évoque l'idée d'un espace de vie commun. Par ailleurs, le rôle et la compétence de l'Union européenne dans le cas d'une crise de ce type ne sont pas très bien définis, ce qui la rend peu visible. Il ne suffit pas de recommander la réouverture des frontières alors que leur fermeture n'a fait l'objet d'aucune coordination, ou de mobiliser des sommes pharaoniques pour moderniser le système de santé, alors que la pandémie l'a mis à genoux.

Il est utile de poursuivre et d'intensifier le travail autour de projets transfrontaliers pour pouvoir réduire voire supprimer les barrières techniques ou linguistiques à la coopération transfrontalière. Les résultats de l'étude montrent que l'expérience pratique et le fait d'avoir vécu concrètement une situation peuvent faciliter l'apprentissage linguistique. La langue demeure le principal obstacle à surmonter dans la communication et la coopération transfrontalières : « On a peur de mal faire ». Il semble difficile de mettre en place en amont, en période de calme, un apprentissage de la langue de l'autre, même s'il s'agit d'un obstacle déterminant.

En outre, des études scientifiques peuvent contribuer à éclairer le sujet, dans le sens où elles permettent une observation, analyse et évaluation objectives des faits, utiles pour formuler des recommandations. Surtout, les entretiens individuels peuvent révéler des parallèles et des divergences en évitant des confrontations désagréables entre les personnes impliquées. Les diverses études peuvent se compléter et dévoiler ainsi une vision plus complète de la crise.

Enfin, il serait souhaitable de garder à l'esprit les aspects positifs mis au jour par la crise sanitaire plutôt que de retourner tout simplement à la normale et à la situation antérieure à la pandémie. Cela concerne en priorité les coopérations pertinentes, par exemple le soutien mutuel des services de secours et des hôpitaux. Il existe de multiples idées pour développer la coopération. Les entretiens ont notamment fait émerger une proposition de cartographier, à l'échelle du Rhin supérieur, les forces et spécificités des divers établissements hospitaliers.

Conclusion

La communication et la coopération transfrontalières ne sont pas un domaine nouveau pour les services d'incendie et de secours du Rhin supérieur, comme l'attestent les accords de coopération, groupes d'experts, publications et projets qui visent à une concertation entre l'ensemble des acteurs. Toutefois, la coopération transfrontalière est perfectible également dans le domaine de la protection civile, car les risques et les conséquences d'une pandémie n'ont pas été suffisamment anticipés. Cela vaut en particulier pour la fermeture de la frontière franco-allemande. En dépit de tous les préparatifs et des contacts existants, chaque pays s'est trouvé obligé de gérer la crise en premier lieu au niveau national. Les mesures de protection civile ont été, dans une très large mesure, décrétées et annoncées par les gouvernements. Or, la nouveauté et la complexité de la crise sanitaire ont induit par moment des incohérences au niveau de la communication et partant une insatisfaction de la population. De surcroît, la gestion de la crise a suscité des contraintes inégales, par exemple du fait du nombre accru de patients en soins intensifs ou de l'isolement lié au télétravail. À cela s'ajoutent des épiphénomènes négatifs, comme des réactions xénophobes.

L'évaluation de la situation dépend toutefois de la nature de la coopération. Alors que la communication entre les membres de groupes de travail spécialisés a été interrompue et diverses rencontres prévues dans le cadre de projets ont dû être reportées, de nouveaux liens ont été noués entre des services de secours médicaux et des hôpitaux en France, en Allemagne et au-delà. L'objectif était de décharger les services de soins intensifs en transférant des patients à l'étranger. En définitive, la coopération a été fructueuse malgré les obstacles linguistiques et techniques.

Le résultat fait apparaître un contraste intéressant : il est difficile de dire si les conséquences positives ou négatives dominent, car la pondération est souvent tributaire de l'observateur. Il convient de souligner que les constats explicités s'appuient sur une étude de cas qui ne représente qu'un exemple. La pandémie laissera des traces dans de nombreux domaines. Le présent article porte en priorité sur l'expérience de la crise sanitaire vécue par deux agents des services d'incendie et de secours du Bas-Rhin. Mais des parallèles pourraient certainement être établis avec d'autres organisations impliquées dans la gestion de crises.

Diverses questions demeurent toutefois : comment faire pour conserver une vision d'ensemble de la communication de crise et comment peut-on accéder à l'information ? Pourquoi la communication virtuelle synchrone ne peut-elle remplacer les échanges interpersonnels directs ? *Quid* du développement croissant des outils numériques ? Un État membre de l'Union européenne peut-il décider unilatéralement de fermer sa frontière extérieure ? Observe-t-on un nouveau fossé entre déclarations de solidarité et xénophobie, ou cette dernière est-elle une manifestation de peur ? Sommes-nous unis dans la diversité ? Quelle forme et quelle intensité la coopération transfrontalière doit-elle prendre concrètement au niveau de la protection civile et quelle importance faut-il accorder aux compétences linguistiques ?

A l'évidence, la poursuite et l'intensification de la coopération transfrontalière sont nécessaires pour pouvoir surmonter durablement les différences et accroître les convergences. Ce n'est qu'ainsi que les crises pourront être surmontées avec succès au niveau transfrontalier. Les catastrophes s'arrêtant rarement aux frontières, il vaut donc la peine de continuer à observer l'évolution de la crise ainsi que de ses répercussions et d'en tirer des leçons pour renforcer les régions frontalières.

Bibliographie

Breugnot, J., Laemmel, C. (2019). Dimension interculturelle de la communication sur le risque. Le cas du Rhin supérieur. *Education et Sociétés Plurilingues, 47*. 69–78.

Carayol, V., Gramaccia, G. (2001). La communication sur le risque. *Communication et organisation, 20*. http://journals.openedition. org/communicationorganisation/2547.

Conférence Franco-Germano-Suisse du Rhin supérieur (2001/2005). *Aide Transfrontalière en Cas de catastrophe. Dictionnaire Franco-Germano-Suisse.* Kehl : Conférence Franco–Germano–Suisse du Rhin supérieur.

Conférence Franco-Germano-Suisse du Rhin supérieur (sans date) : *Conventions.* Accessible sur : https://www.conference-rhin-sup.org/fr/entraide-en-cas-de-catastrophe/telechargements-conventions.html.

Dahles, H., van Hees, E. (2004). Firefighters across Frontiers: Two Fire Brigades Cooperating in the Duch-German Borderland. *Culture and Organization, 10* (4). 315–328.

Dinklage, F., Erdmann, E., Schach, D., Stahnke, J., Tröger J. (sans date) : Coronavirus in Europa und der Welt – alle Zahlen im Überblick. *Zeit Online.* https://www.zeit.de/wissen/gesundheit/ aktuelle-corona-zahlen-europa-weltweit-karte.

Flick, U. (2011). Das episodische Interview. In: Oelerich, G., Otto, H. U. (éd.): *Empirische Forschung und soziale Arbeit. Ein Studienbuch.* Wiesbaden: VS. 273–280.

Hodge, N. (2021). How to Address Low-Probability, High-Impact Risks. *Risk Management.* http://www.rmmagazine.com/2021/02/01/how-to-address-low-probability-high-impact-risks/.

Kulatunga, U. (2010). Impact of Culture towards Disaster Risk Reduction. *International Journal of Strategic Property Management, 14* (4). 304–313.

Le Mag des Sapeurs-Pompiers de France (2018). *NexSIS, un logiciel national pour les centres d'appels d'urgence.* https://www.pompiers.fr/actualites/nexsis-un-logiciel-national-pour-les-centres-dappels-durgence.

Maastricht University & Transfrontier Euro-Institut Network (2020). *Cross-Border Impact Assessment 2020 Dossier 1: The impact of the corona crisis on cross-border regions.* https://www.euroinstitut.org/fileadmin/user_upload/07_Dokumentation/Publikationen/Download/20201120_COVID_TEIN_Impact_Assesment_-_long_EN.pdf.

Mahdavian, F., Platt, S., Wiens, M., Klein, M., Schultmann, F. (2020). Communication blackouts in power outages: Findings from scenario exercises in Germany and France. *International Journal of Disaster Risk Reduction*, 46, 101628.

Mission Opérationnelle Transfrontalière (2020). *La crise du COVID-19 aux frontières : retours d'expérience du réseau de la MOT.* Paris : Mission Opérationnelle Transfrontalière.

Office pour la langue et les cultures d'Alsace et de Moselle (sans date) : *Le dialecte en chiffres.* Accessible sur : https://www.olcalsace.org/fr/observer-et-veiller/le-dialecte-en-chiffres.

Organisation mondiale de la santé (2017). *Communicating risk in public health emergencies. A WHO guideline for emergency risk communication (ERC) policy and practice.* Suisse : Organisation mondiale de la santé.

Pelletier, B. (2011). *Risques interculturels : typologie et diagnostic (1).* https://gestion-des-risques-interculturels.com/risques/risques-int erculturels-typologie-et-diagnostic-1/.

Professioneller Mobilfunk e.V. (sans date). Satzung des Expertenforums Universelle Leitstellenschnittstelle. https://www.pmev.de/index. php?eID=tx_securedownloads&p=411&u=0&g=0&t=1598194 705&hash=d7f08079ff850b5bac3286cb130ef96bd4d4a23a&file= fileadmin/user_upload/downloads/downloads_pmev/Univ_LSt_ Schnittstelle/Satzung_Expertenforum_Universelle_Leitstellen schnittstelle_1.0.pdf.

Schütze, F. (1983). Biographieforschung und narratives Interview. *Neue Praxis 3.* 283–293.

Patrice PETIT, Martine LOQUET-BEHR

Les services d'incendie et de secours du bassin rhénan : entre réussites emblématiques et contraintes ordinaires

Résumé: Les services d'incendie et de secours du bassin rhénan ont développé depuis plusieurs années une approche coopérative qui génère des interventions plus efficaces sur la frontière même, le Rhin, avec le bateau-pompe EUROPA-1 et des instances de réflexion et d'entraînement communes telles que le Centre Rhénan d'Entraînement à la maîtrise des Risques Fluviaux (CRERF) et l'Académie transfrontalière des risques (ATR). Ces expériences pilotes font de l'espace rhénan un véritable laboratoire européen dans le domaine. Conduites par le Service d'Incendie et de Secours du Bas-Rhin (SIS 67) en partenariat avec celui du Haut-Rhin et les partenaires d'Outre-Rhin, ces initiatives sont fondées sur un diagnostic qui pointe deux obstacles majeurs à la coopération : la différence d'organisation des secours entre pays voisins et la pratique des langues. Les différences de normes et de cultures sont plus aisément surmontées. La pandémie de COVID-19 et la crise sanitaire ont montré les conséquences d'une fermeture des frontières et mis en lumière l'intérêt de la coopération. Des conventions à l'étude dans le domaine des risques quotidiens et du secours d'urgence vont venir compléter celles préexistantes pour les situations de catastrophe et fournir un cadre légal à des interventions conjointes à la fois en cas de catastrophe et pour les risques quotidiens. L'intensification des échanges et la volonté d'accroître l'intégration au sein du Rhin supérieur renforce l'intérêt pour ces sujets, présentés ici sous forme de questions/réponses et précédés d'une présentation conjointe de l'organisation des sapeurs-pompiers en Allemagne et en France.

Mots clés: Coopération transfrontalière, services d'incendie et de secours.

Abstract: For several years now, the fire and rescue services of the Rhine basin have been developing a cooperative approach that generates more effective interventions on the border itself, the Rhine, with the EUROPA-1 fireboat and joint reflection and training such as the Rhine Risk Management Training Centre (CRERF) and the Cross-border Risk Academy (ATR). These pilot experiments make the Rhine area a genuine European laboratory in this field, led by the Bas-Rhin Fire and Rescue Service (SIS 67) in partnership with the SIS 68 of the Haut-Rhin and the counterparts across the

Rhine. They are based on a diagnosis that points to two major obstacles to cooperation: the difference in the organization of emergency services between neighboring countries and the use of languages. Differences in standards and cultures are
more easily overcome. The COVID-19 pandemic and the health crisis have shown the
consequences of closing borders and highlighted the value of cooperation. Conventions are under discussion in the field of everyday risks and emergency relief and will
complement the existing agreements for disaster that will provide a legal framework
for joint interventions both in the event of disasters and for everyday risks. The intensification of exchanges and the will to increase integration within the Upper Rhine
reinforce the interest in these subjects, presented here in the form of questions and
answers and preceded by a joint presentation of the organization of the fire brigades
in Germany and France.

Keywords: Cross-border cooperation, fire and rescue services.

Introduction

La coopération entre les services de secours de deux pays frontaliers
apparaît de prime abord comme une évidence pour le citoyen du bassin
rhénan. Intervenir ensemble quand un danger survient sur la frontière
même, ou met en péril les citoyens des deux rives ne doit pas être si
compliqué. Proposer une assistance, gagner du temps en optant pour la
distance la plus courte, quoi de plus sensé ? Et bien sûr, au quotidien,
l'intensité des échanges transfrontaliers dans le domaine de l'économie, des transports ou des loisirs conduisent les services de secours à
intervenir auprès d'habitants de l'autre pays. La préoccupation d'une
entraide nécessaire est bien présente dans les services concernés. Pourtant, les coopérations ne sont pas si simples, et surtout, et c'est là sans
doute un frein non négligeable, les vraies nécessités, si elles sont bien
réelles, restent (heureusement) rares. Les services de secours ont été
conçus aux dimensions de leur territoire, et sont en mesure de répondre
à la quasi-totalité des besoins de ce territoire.

Si les questions à résoudre pour une coopération transfrontalière
efficace restent pertinentes, les conditions pour y apporter une réponse

complètement satisfaisante sont nombreuses, complexes et demandent une volonté stratégique et politique à long terme, pas toujours en adéquation avec les soucis à relever au quotidien par les services d'incendie et de secours.

La coopération entre le Service d'Incendie et de Secours du Bas-Rhin (SIS 67) et l'Université de Landau offre une opportunité pour analyser à la fois les questions théoriques et les modalités effectives d'une coopération à l'échelle de deux pays frontaliers, l'Allemagne et la France. Cet article s'appuie sur des ressources documentaires et des entretiens conduits avec des responsables du SIS 67. Pour faciliter la compréhension des échanges, nous indiquerons tout d'abord brièvement les formes d'organisation des secours dans les trois régions frontalières, l'Alsace, le Bade-Wurtemberg et la Rhénanie-Palatinat ainsi que les récents changements survenus du côté français.

Les corps des sapeurs-pompiers allemands et français

Anciennement dénommé SDIS 67, à l'instar de la plupart des services départementaux d'incendie et de secours de France, l'établissement public du Bas-Rhin ainsi que son homologue du Haut-Rhin ont pris l'appellation SIS suite à la fusion des deux départements alsaciens et à la création, au 1er janvier 2021, de la Collectivité européenne d'Alsace (CEA). En effet, la compétence incendie et secours d'urgence est partagée entre l'État et les collectivités. Les missions afférentes sont confiées à des établissements publics, appelés majoritairement SDIS, disposant de la personne morale et de l'autonomie financière. À leur tête se trouve un organe délibératif, le conseil d'administration (CA-SDIS), dont la présidence revient de droit à l'exécutif départemental. Le CA-SDIS est composé de représentants du département, des communes ainsi que des EPCI compétents en matière de secours et de lutte contre l'incendie. Le représentant de l'État dans le département, c'est-à-dire le préfet, siège au sein du CA-SDIS en sa qualité de chef de l'opérationnel[1].

---

1   www.pompiers.fr et http://pnrs.ensops.fr. La situation du changement

Mais il s'agit de transformations qui n'influent pas directement sur la coopération transfrontalière. L'organisation des services d'incendie et de secours étant de toute manière très différente de part et d'autre de la frontière. Les sapeurs-pompiers allemands sont, en effet, placés sous la tutelle de la commune et d'une réglementation émanant des Länder. Cette différence d'organisation entre les deux pays engendre, nous le verrons, des difficultés dans la négociation d'accords et même dans les simples contacts car il est très difficile de savoir précisément quel est l'interlocuteur approprié chez le voisin.

En France, les personnels sapeurs-pompiers forment un corps unique de sapeurs-pompiers regroupant tant les personnels professionnels (dont c'est le métier principal) que les sapeurs-pompiers volontaires (SPV). Ces derniers exercent un autre métier et prennent, parallèlement à leur vie professionnelle, un engagement citoyen volontaire au sein du corps départemental pour exercer leur vocation aux côtés de leurs collègues professionnels.

Par ailleurs, les futures graines de pompiers se retrouvent dans les sections de Jeunes Sapeurs-Pompiers (JSP). Ils ont entre 11 et 18 ans et suivent une formation tout au long de l'année scolaire, itinéraire privilégié de préparation à la profession de sapeur-pompier. Ils participent aux actions de prévention, aux démonstrations. Les JSP sont environ 30 000.

Les sapeurs-pompiers volontaires (SPV), comptent un peu moins de 200 000 membres et représentent pratiquement 80 % des effectifs des pompiers. Engagés pour une période de 5 ans reconductible dont une première année probatoire, ils effectuent en moyenne six interventions par mois. Les sapeurs-pompiers professionnels (SPP) sont, quant à eux, fonctionnaires des collectivités territoriales. Ils sont recrutés sur concours ; on en dénombre un peu plus de 41 000. Ils sont regroupés dans les SDIS. 18 % de la totalité des sapeurs-pompiers sont des femmes.

---

d'appellation n'est pas propre à l'Alsace ; la Corse, Lyon, Marseille ou les départements d'Outre-mer connaissent également quelques spécificités.

L'organisation des secours en Allemagne repose sur un autre modèle. Si on y dénombre également plusieurs corps, les sapeurs-pompiers allemands sont placés sous la tutelle des communes et des Länder. Ce sont essentiellement des volontaires. Les secours allemands comptent aussi un corps de sapeurs-pompiers de statut privé (les SP d'entreprise appelés Werkfeuerwehr) et un corps de sapeurs-pompiers professionnels.

Les pompiers professionnels sont environ 30 000 et effectuent la majorité des interventions. Les sapeurs-pompiers volontaires effectuent environ 30 % des interventions et sont plus d'un million.

Les sapeurs-pompiers privés (encore appelés pompiers d'usine/ d'entreprise), environ 185 000 effectuent les interventions restantes de l'ordre de 5 %. Essentiellement localisés sur les grands sites industriels ils peuvent aussi dépendre d'autres structures importantes (hôpital, université. . .). Les textes réglementaires sont rédigés par les Länder et présentent ainsi des variations d'une région à l'autre.

Outre le mode d'organisation, une autre différence importante réside dans le fait que les sapeurs-pompiers français assurent une grande partie des secours d'urgence à la personne : quatre millions d'interventions annuelles, alors que les sapeurs-pompiers allemands n'en assurent que la moitié et seulement dans certains Länder.

Les outils de coopération transfrontalière du SIS

Sous l'égide de la Conférence franco-germano-suisse du Rhin supérieur (CRS) plusieurs outils à caractère transfrontalier ont été créés en partenariat avec de nombreux acteurs de la sécurité civile au cours des quinze dernières années. Ils matérialisent la volonté de coopération entre les secours des trois pays et leur diversité rend possible à la fois les réflexions et les interventions partagées.

1. Le bateau-pompe EUROPA-1

Cet équipement est un exemple d'outil transfrontalier. Géré par un Groupement local de Coopération Transfrontalière (GLCT), et cofinancé par le programme INTERREG III Rhin Supérieur durant sa phase de construction, il est armé par un équipage franco-allemand. Ce bateau réalise une vingtaine d'interventions annuelles.

Première européenne en termes de coopération et mis en service en 2008 à partir d'un projet conçu par le groupe de travail Entraide en cas de catastrophe de la CRS, dont le SDIS 67 est l'un des membres tout comme le Land de Bade-Wurtemberg qui en assura la maîtrise d'ouvrage, EUROPA-1 est un équipement qui répond à l'accroissement du trafic fluvial, avec le transport de marchandises, dont des produits dangereux et le tourisme fluvial. Sa nécessité correspond également à l'implantation de sites industriels sur les rives du Rhin.

Les professionnels français et allemands des services d'incendie et de secours ainsi que les services de gestion des catastrophes ont constaté ensemble, au début des années 2000, qu'il leur manquait un moyen d'intervention rapide et efficace dans la région centre du Rhin supérieur.

Cet engin multifonctionnel permet l'extinction des incendies sur l'eau et aux abords des zones portuaires. Il effectue le secours à personne se trouvant dans l'eau. Le bateau-pompe est équipé d'une plate-forme de travail et de sécurité utilisable par des plongeurs, de trois grues pour transporter et mettre à disposition des moyens d'intervention spéciaux, de projecteurs et générateurs servant à fournir de l'énergie électrique et éclairer le lieu d'intervention ainsi que d'un appareil radio et d'un radar assurant le pilotage sur le Rhin de nuit comme de jour ou par mauvais temps.

Le bateau-pompe est armé par des sapeurs-pompiers professionnels et volontaires du corps de Kehl et par ceux du corps départemental du Bas-Rhin. L'équipage comprend un mécanicien, un pilote et six sapeurs-pompiers. Il est en service toute l'année et 24 heures/24.

2. Le Centre Rhénan d'Entraînement à la maîtrise des Risques Fluviaux (CRERF)

Planifié dans la foulée de la mise en service du bateau-pompe EUROPA-1, sur la base du constat que les techniques opérationnelles entre pays frontaliers longeant le Rhin étaient bien différentes et qu'il valait mieux disposer de tactiques qui soient définies de concert, le CRERF a été proposé par le SDIS 67 dès 2009 à ses homologues Outre-Rhin. Sa réalisation a pu se faire, à l'instar d'EUROPA-1 mais cette fois sous la responsabilité du service d'incendie et de secours bas-rhinois, avec l'aide du fonds INTERREG IV Rhin Supérieur pour un montant global de près de trois millions d'euros.

Spécialisé dans les techniques de lutte face aux risques fluviaux (avaries et feux de bateaux, risque chimique lié au transport de matières dangereuses, collisions entre deux navires, colmatage de voies d'eau ou de fuites sur tanker...), le CRERF est destiné à la formation des sapeurs-pompiers. Sur la base de concepts pédagogiques élaborés en configuration trinationale, les formations se déroulent à bord d'une ancienne péniche-tanker de 100 m de long, transformée pour les besoins spécifiques des interventions en milieu aquatique. Le CRERF dispose d'une dizaine de simulateurs et modules de formation à son bord, répartis sur 1 500 m² de surface utile et prépare les sapeurs-pompiers à affronter des situations dans des conditions très proches de la réalité. Les *scenarii* peuvent se multiplier à l'infini sur les sites portuaires de Strasbourg et Mannheim entre lesquels le CRERF fait la navette environ tous les 6 mois depuis 2016/2017.

Ce projet phare en Union européenne est le fruit d'une coopération entre les services d'incendie et de secours du Bas-Rhin, du Haut-Rhin, du Bade-Wurtemberg et de Rhénanie-Palatinat, ainsi que des pompiers du Land de Hesse et du canton de Bâle-Ville qui sont venus apporter leur soutien technique et leurs connaissances et expériences de la gestion des risques fluviaux.

3. L'Académie transfrontalière des risques (ATR)

Depuis 2017, ce projet initié par le SDIS 67 est développé avec l'aide d'une trentaine de partenaires français, allemands et suisses. Le but de cette Académie transfrontalière des risques est de mettre en réseau des professionnels de manière pluridisciplinaire (enseignants-chercheurs, professionnels du secours et de la sécurité civile, entreprises, associations, etc.) afin de rassembler les savoirs sur des problématiques partagées et pour lesquelles les services de secours ont besoin d'alimenter leurs connaissances et leurs réflexions, de manière à pouvoir mieux se préparer aux futurs enjeux en matière de sécurité.

Une dizaine de groupes de travail thématiques ont été créés dans cet objectif tels que, par exemple, celui portant sur le risque amiante pour les services de secours, les nanoparticules, les risques liés aux inondations de plus en plus courantes avec les bouleversements climatiques, les grands entrepôts dont la taille pose des problèmes spécifiques dans la maîtrise des incendies, les nouveaux modes de transports ou encore la pollution des eaux.

La coopération avec la Conférence du Rhin supérieur (CRS) est assurée à travers le groupe de travail Entraide en cas de catastrophe de la CRS. Les divers groupes de travail de l'ATR sont pilotés par des animateurs qui veillent à l'avancement et la coordination des travaux.

Depuis 2019, et malgré la crise de la COVID qui a impacté les travaux comme dans bon nombre d'autres secteurs, le SIS 67 et ses partenaires ont investi un certain nombre de champs d'études dont ils commencent à récolter les fruits. Parmi les plus emblématiques figure une étude sur les nanoparticules menée dans le cadre du Master « Risques et Environnement » de l'Université de Haute Alsace sous la responsabilité d'un officier expert des risques technologiques et particuliers du SIS 67. Les résultats des travaux ont été déclinés concrètement en fiche réflexe pour les primo-intervenants et « fiche opérationnelle nanoparticules » à destination des sapeurs-pompiers d'une part et, partagées par ailleurs avec certains partenaires des services de l'État tels que la Direction Régionale de l'Environnement, de l'Aménagement et du

Logement (DREAL), ou le Département sécurité-santé du Commissariat à l'énergie atomique de Grenoble ou encore des universitaires pour n'en citer que quelques-uns.

L'amiante est un autre champ d'investigation de l'ATR. Dans ce cadre a été réalisée une banque de données rassemblant les réglementations amiante de l'UE et des trois pays du Rhin supérieur ainsi que le recensement de la présence d'amiante dans les bâtiments et infrastructures de l'espace trinational. Menés sous la responsabilité du conseiller technique zonal en risque chimique, un officier du SIS 67, ces travaux ont été réalisés par un jeune ingénieur chimiste de l'Ecole Nationale Supérieure de Chimie de Mulhouse (ENSCMu).

Sans recherche d'exhaustivité, d'autres travaux concrets peuvent être cités comme l'utilisation de drones dans la recherche de sources radioactives sur des sites d'intervention, l'impact lié à la sismicité sur les services de gestion de crise en zone frontalière, ou encore l'identification et la réalisation d'une cartographie des acteurs entrant en compte avant, pendant et après la gestion d'une inondation ainsi que le recueil de leurs missions.

4. Exercices transfrontaliers et multilingues

Des exercices cadres, transfrontaliers et multilingues sont prévus pour renforcer la coopération dans le territoire rhénan en s'appuyant sur des technologies nouvelles telles que les *serious games* et la réalité virtuelle. En parallèle, des cours d'allemand, d'anglais et de français sont envisagés pour les différents partenaires impliqués dans ces formations. L'un des objectifs recherchés étant de faire progresser le niveau de langue opérationnelle en même temps que la pratique.

Les exercices en réalité virtuelle ont prouvé leur intérêt. Ils mobilisent facilement les sapeurs-pompiers et sont incitatifs dans un cadre franco-allemand. Les sessions sont consacrées à des exercices simples pour les intervenants de terrain et l'objectif est de les proposer régulièrement.

Un service aux avant-postes de la coopération

Le SDIS 67 a été pilote, sur son secteur d'activité, dans le cadre des coopérations transfrontalières. Dès les années 2000, il a répondu aux sollicitations de collègues d'autres régions et dressé avec eux le constat du peu d'actions mises en place. À l'exception des projets portant sur un ouvrage particulier (un pont, un tunnel), les coopérations impliquaient surtout les collectivités territoriales de niveau départemental ou régional, le monde de la sécurité civile étant resté quelque peu en retrait jusque-là. Pourtant la France compte vingt-et-un SDIS potentiellement concernés par une activité transfrontalière. Leur mise en réseau est aujourd'hui envisagée.

Conçu après les attentats de 2015 suite à la saturation des numéros d'appels d'urgence, le projet NexSIS mené à l'échelle nationale sous l'égide du ministère français de l'Intérieur vise à améliorer l'interopérabilité des systèmes de secours et l'interconnexion entre services et avec les forces de police, de gendarmerie et le SAMU. Le système est prévu pour intégrer des flux de données (sms, courriels, messages des réseaux sociaux). Ces évolutions montrent que la coopération entre services nationaux se structure et, en parallèle, la question de la relation avec les services de secours des pays voisins est posée. Le SIS 67 est l'un des établissements pilotes en France à opter prochainement pour NexSIS. Compte tenu des relations de travail existant déjà depuis de nombreuses années avec les centres d'appel d'urgences allemands (les Integrierte Leitstellen ou ILS), la question du maintien de la communication et de l'échange de données avec les centres d'appels d'urgence 112 de ses voisins allemands immédiats est prise en compte depuis 2019 dans les travaux préparatoires.

Les échanges avec les représentants du SIS

Propos recueillis par Christine Laemmel et Jacqueline Breugnot lors d'un entretien avec le Lieutenant-colonel Patrice Petit et Martine Loquet-Behr.

Présentés sous forme de questions/réponses, ces échanges abordent les points principaux de la coopération entre les sapeurs-pompiers du SIS et leurs homologues allemands. Ils permettent de mieux comprendre la nature des missions de secours et leurs évolutions notamment en regard de la pandémie de COVID-19 qui s'est jouée des frontières et a fourni de nombreux exemples à la fois de l'entraide et des blocages au sein du Rhin supérieur.

Les sapeurs-pompiers allemands et français ont des statuts différents. Quel est l'impact de cette situation sur la coopération transfrontalière ?

En réalité, cet impact est réduit. L'engagement volontaire est au cœur de chacun des dispositifs, les motivations sont les mêmes et sur le terrain les pratiques professionnelles s'accordent sans difficulté. Les obstacles se situent ailleurs et principalement dans les modes d'organisation, différents d'un pays à l'autre, et dans la pratique des langues.

Pour quelles raisons les organisations de secours françaises et allemandes éprouveraient-elles des difficultés à collaborer ?

Si les pratiques professionnelles font consensus ou donnent lieu à des échanges fructueux, il est en revanche compliqué d'établir des équivalences dans l'organisation, dans les chaînes de décision, de transmission, de commandement. Nous n'arrivons pas à produire des schémas d'organisation en miroir où chaque intervenant trouverait son équivalent hiérarchique dans le pays voisin. Ne pas pouvoir identifier un responsable et ses prérogatives est un sur-risque, qui peut conduire à renoncer à faire appel aux secours de l'autre pays à un moment où l'urgence d'une intervention génère un stress. Les structures, les échelles et les préoccupations diffèrent.

Conscients de ces obstacles, nous avons programmé en 2021 deux journées de formation destinées à comprendre la hiérarchie des secours de chaque pays. Nous savons d'ores et déjà qu'elles seront insuffisantes dans un contexte où la crise sanitaire a considérablement ralenti la coopération transfrontalière tout en suscitant une prise de conscience des décideurs. Nous travaillons à réduire ce paradoxe.

Il ne semble pas exister de véritables freins liés aux cultures différentes de chaque pays ?

Nous pouvons envisager cette question sous plusieurs angles : existe-t-il des différences de conduites, de comportement qui pourraient avoir une incidence sur la coopération ? La relation de confiance entre acteurs transfrontaliers est-elle suffisante en cas de crise ? Les différences organisationnelles vont-elles jouer un rôle dans les relations interculturelles ?

Nous naviguons en permanence entre deux écueils : survaloriser les différences, ce qui conduit à des confrontations stériles, ou les nier, ce qui empêche tout progrès tangible car non fondé sur la réalité. La coopération nécessite une vision partagée et une connaissance réciproque.

Nous avons conçu l'Académie Transfrontalière des Risques (ATR) et des exercices communs pour travailler autour des deux premiers thèmes, en échangeant notamment au sein de groupes de travail pluridisciplinaires. Nous sommes attentifs à construire en parallèle les relations de confiance, souvent interpersonnelles, les cadres législatifs et les procédures qui sécurisent nos collaborations. Mais comme nous l'avons évoqué, nous sommes en difficulté sur le troisième point, identifié comme un obstacle à la coopération, celui des différences d'organisation.

Il paraît probable que des différences linguistiques et culturelles entre pays soient susceptibles d'entraîner des dysfonctionnements. Confronté à une situation de non-compréhension, comment un groupe d'intervenants peut-il éviter la tentation du rapport de force, gérer les situations d'évitement, les erreurs potentielles ? Tous ces éléments pouvant engendrer un sur-risque inacceptable à l'échelle de secours transfrontaliers.

Les praticiens de la coopération transfrontalière connaissent l'importance des relations interpersonnelles dans l'émergence des projets et la pérennité des liens. Comment procéder quand il n'existe pas de relations interpersonnelles au sein d'un groupe ? La mobilité interne ou externe des sapeurs-pompiers, la barrière de la langue vont compliquer l'établissement des relations, la stabilité de la coopération et son développement.

Il ne faut pas négliger l'éventualité d'un conflit de loyauté et de nationalité susceptible d'advenir au sein d'un groupe transfrontalier, même si nous n'avons jamais été confrontés à cette situation. Nous dialoguons sur ces points avec des spécialistes des sciences humaines (philosophe, sociologue, linguiste) au sein de l'ATR et notamment à l'occasion de la Journée d'études organisée en 2020 dans le cadre de Dialog Sciences.

Les langues d'échange et de travail sont au cœur de ces questions. Dans la communication sur le risque, coexistent la langue de travail, celle des échanges, de la conversation, celle des langues opérationnelles et des phraséologies. La traduction, possible au sein des groupes de travail ou lors d'exercices, semble difficilement envisageable sur le terrain. Définir quelle langue employer de façon fiable entre collègues et avec les victimes est au cœur de nos réflexions.

Les missions de secours sont-elles comparables entre les deux pays ?

L'extinction des incendies représente évidemment une mission cruciale des pompiers, mais elle ne concerne, de loin, pas la majorité des interventions. En France, le secours d'urgence aux personnes représente

85 % des interventions. En Allemagne aussi, les pompiers interviennent pour ce type de secours mais dans une moindre mesure avec environ 50 % des interventions.

En France, il est fait facilement appel aux sapeurs-pompiers, c'est même devenu une expression du langage courant. La mission sociale du sapeur-pompier est très importante et fait supporter aux équipes une lourde charge. Le sapeur-pompier français effectue un service à la personne et de nombreuses personnes notamment âgées vont avoir le réflexe de contacter un SDIS plutôt que le médecin ou l'hôpital. En Allemagne, les fonctions sont plus différenciées, les intervenants ne sont pas les mêmes.

Existe-t-il d'autres différences susceptibles d'avoir une incidence directe ou indirecte sur les secours ?

On peut citer le fait que l'Allemagne possède une flotte d'hélicoptères de protection civile et un maillage du territoire parmi les plus développés au monde. La prise en charge financière des secours sera différente de celle en usage en France. Ces secours payants sont assumés par les assurances, les mutuelles de santé et le particulier alors que les Français en considèrent la gratuité comme naturelle. Ces exemples montrent bien comment l'organisation des secours s'insère dans un système social plus vaste dont elle subit les répercussions.

Quels sont les fondements sur lesquels repose la coopération entre pompiers français et allemands ?

Nous l'avons vu, un équipement commun qui profite à nos deux régions et facilite les interventions sur le Rhin et ses rives s'est révélé très utile. Au-delà, nous partageons un intérêt pour les partenariats et la réelle proximité, géographique et en termes de population, de nos communes rend possible une véritable coopération entre nos entités.

Nous allons plus loin en intensifiant les échanges sur nos pratiques et en comparant nos modalités d'intervention. Les spécialistes et experts de chaque pays sont très intéressés par les approches du voisin et nous savons qu'à partir d'un même constat chaque État peut mettre en œuvre des mesures très différentes.

Si nous prenons des exemples :

- les batteries au lithium dont l'usage se développe notamment dans l'automobile – peuvent, heureusement rarement, prendre feu et notamment en intérieur, provoquer de graves dommages. Les sapeurs-pompiers français et allemands n'emploient pas les mêmes matériels pour les extinctions.
- les émulseurs, substances qui mélangées à l'eau et à l'air vont constituer des mousses destinées à éteindre les feux industriels. Interdites en Allemagne, les mousses contenant des composés fluorés vont faire l'objet d'une interdiction à l'échelle européenne en raison de leur toxicité pour la santé et l'environnement. Les sapeurs-pompiers français ont entrepris des études comparatives sur l'efficacité des mousses sans fluor, de manière à mettre à profit ces travaux lors du renouvellement de nos stocks de produits.
- les sapeurs-pompiers allemands se sont récemment intéressés à nos techniques de sauvetage/déblaiement.

Nos échanges contribuent à élaborer de bonnes pratiques que nous pouvons diffuser ensuite dans nos pays respectifs.

Nous voyons au travers de ces exemples que de nouveaux risques émergent auxquels les services de secours sont confrontés...

Bien entendu, nous devons être préparés à faire face aux risques générés par les évolutions technologiques et sociétales. Chaque SDIS effectue sa propre Recherche et Développement (R&D). Mais plus près de nous, la crise sanitaire et la fermeture des frontières a eu un impact. Le fonctionnement du bateau-pompe entre les deux pays ne pouvait plus s'effectuer et nous avons dû intervenir pour demander la poursuite de son activité.

Comme de nombreux citoyens allemands et français nous avons adopté la visioconférence et il faut reconnaître que ces modalités de réunion favorisent les échanges : les autorités ont mieux compris les répercussions de certaines décisions sur les régions transfrontalières en tant que territoires intégrés. Elles ont pris conscience de notre fonction de laboratoire européen.

Quand on travaille sur la coopération transfrontalière on rencontre vite les histoires absurdes de tuyaux pas raccordables, de routes qui s'arrêtent à la frontière, les connaissez-vous aussi ?

Les problèmes techniques, les questions d'équipement ne sont pas un frein à la coopération. Il est facile de les résoudre en dépit de normes différentes. Par contre, l'aspect linguistique des échanges est un écueil important, avec l'organisation hiérarchique déjà évoquée.

Comment communique-t-on entre secours allemands et français, en quelle langue ?

Si nous effectuons un petit retour en arrière, il faut reconnaître que la pratique du dialecte alsacien a considérablement favorisé les échanges et les liens, formels et informels. Aujourd'hui cette pratique décroît et les jeunes générations de sapeurs-pompiers ne peuvent plus échanger sur cette base. Les officiers de liaison utilisent l'allemand, parfois l'anglais, mais ils ne sont pas sollicités dans le cadre de nos interventions courantes. Au gré des projets, les personnes impliquées sont bilingues, cherchent au cas par cas une langue commune ou une traduction. Les personnels français changent assez fréquemment d'affectation, de poste et là où il existait une langue commune d'échange, ce changement de personne affecte la collaboration – le successeur ne possédant pas forcément une langue commune avec son interlocuteur de l'autre pays – et suscite une perte d'informations. Au quotidien, l'organisation respective de nos secours fait que nous ne sommes pas confrontés à cette question mais si à l'avenir la coopération et les échanges devaient s'intensifier nous ne pourrions l'éviter.

Est-il envisageable de faire figurer la connaissance de la langue allemande ou anglaise dans les critères de recrutement ?

C'est envisageable mais au-delà d'un bon niveau initial c'est la question de la pratique et celle de la connaissance du jargon métier qui se posent. Si le sapeur-pompier n'a pas l'occasion d'échanger régulièrement dans l'autre langue, sa compétence va diminuer et sa pratique de la langue professionnelle ne restera pas opérationnelle. Les concours de recrutement des sapeurs-pompiers professionnels français s'effectuent à l'échelon national. La pratique des langues apporte des points au candidat mais à notre échelle nous ne maîtrisons pas ces processus. Nous avons mis en place la possibilité de suivre des formations en langues mais nous conservons une approche pragmatique : en dehors d'une pratique régulière ou dans un contexte précis comme des exercices conjoints réguliers, ces formations sont vite inopérantes.

Quelles sont les perspectives de coopération entre les services de secours frontaliers ?

Deux conventions sont en cours d'aboutissement et devraient être signées fin 2021. L'une est une convention transfrontalière de secours d'urgence à la personne et l'autre concerne l'assistance quotidienne entre centres d'incendie et de secours allemands et français, en dehors des catastrophes. Toutefois, le chemin pour aboutir à ces conventions depuis leur rédaction au niveau local jusqu'à leur validation au niveau ministériel est long et peut prendre plusieurs années. On touche ici à la souveraineté des territoires concernés et le respect des réglementations nationales, des accords bilatéraux préexistants, voire de la réglementation européenne doit être garanti et, à cette fin, sont vérifiés, ce qui explique le caractère chronophage de ce type de chantiers plus complexes à mener et à valider que d'autres formes de collaboration de proximité. Toutefois, une fois signées, ces conventions donnent la sécurité juridique sur laquelle les établissements de secours doivent pouvoir se baser pour effectuer les interventions sur le territoire voisin.

Nous disposons de deux possibilités d'action à caractère transfrontalier : en termes de commandement, un responsable peut prendre l'initiative de faire appel aux secours du pays voisin ou répondre favorablement à une proposition d'aide mais, notamment avec des conventions comme celles évoquées, nous disposerons pour cela d'un cadre légal, ce qui n'est pas toujours le cas actuellement.

Un responsable va prendre cette décision en fonction des besoins et de l'évaluation de la situation mais aussi de l'existence d'une langue d'échange maîtrisée, avec un interlocuteur hiérarchique identifié et une bonne connaissance de l'organisation du pays voisin. Quand nous avons étudié comment aux SDIS 67 et 68 se sont développées les coopérations transfrontalières nous avons fait le constat suivant : les coopérations fonctionnent avec des personnes qui s'apprécient et nouent des relations personnelles fortes, de confiance, avec une part importante d'informel. Leur départ a entraîné de facto l'arrêt des liens directs entre responsables opérationnels. Le défi est bien de faire évoluer ce modèle en trouvant de nouveaux palliatifs à la non pratique de la langue du voisin.

On évoque régulièrement le 112, le numéro d'urgence européen et sa mise en œuvre à grande échelle ?

Rappelons que le 112 est un numéro européen qui existe en parallèle des numéros nationaux dans certains pays et comme numéro unique dans d'autres. Sa mise en œuvre est évoquée notamment dans le projet NexSIS mais il pose encore de nombreux problèmes : notoriété, accessibilité, langue ...

En conclusion, l'organisation des secours à l'échelle du Rhin supérieur offre un observatoire privilégié pour étudier la communication sur le risque et ses contraintes, dans un contexte où la crise sanitaire a révélé des besoins et a mis en lumière les conséquences d'une fermeture des frontières. Les secours sur la frontière même, sur le Rhin, gagnent à une organisation transfrontalière, binationale, ne serait-ce que pour une meilleure efficacité et pour éviter les imbroglios juridiques et organisationnels. Le bateau-pompe ou dans un autre registre la Brigade de gendarmerie franco-allemande témoignent de l'intérêt de rester pragmatique.

Au-delà, la coopération repose sur une volonté et une nécessité qui se font jour petit à petit de prévoir des coopérations que ce soit au quotidien ou en cas de catastrophe. L'originalité du SIS 67 réside dans le dispositif de coopération constitué qui comporte un outil commun, une instance d'élaboration et de partage des connaissances et des exercices communs fondés sur des technologies de communication. L'exemplarité de la démarche du SIS repose aussi sur le diagnostic qui établit clairement les forces et les freins en matière de coopération.

Sitologie

www.pompiers.fr

https://www.pompiers.fr/pompiers/nous-connaitre/organisation-des-sapeurs-pompiers-en-france.

http://pnrs.ensosp.fr/Plateformes/Management/Fiches-pratiques/Le-Conseil-d-Administration-du-Service-Departemental-d-Incendie-et-de-Secours-CASDIS/(print)/1.

https://www.pompiers.fr/grand-public/devenir-sapeur-pompier/devenir-sapeur-pompier-volontaire-spv.

www.eurofeu.org (Position paper on Phase out scenarios for Fluorine-containing foams).

www.senat.fr « Nexsis 18–112 », un système de gestion des alertes plus performant et résilient pour les sapeurs-pompiers.

www.ifrasec.org. La note de l'IFRASEC. Organisation des services d'incendie et de secours d'urgence en Allemagne – 1ère partie – septembre 2015.

Troisième partie
Les risques à fréquence élevée

Laura JAILLET

Les différences dans l'organisation étatique comme obstacle à la coopération transfrontalière en matière de communication sur le risque

Résumé: Les catastrophes ne connaissent pas de frontière. Une réaction efficace aux situations d'urgence requiert donc une coopération transfrontalière, mais avec qui ? L'une des difficultés dans le cadre de cette communication est bien l'identification du partenaire. En suivant notre analyse sommaire des systèmes de sécurité et de santé publique en France et en Allemagne, le lecteur comprendra que l'interlocuteur compétent n'est pas toujours facilement identifiable. Identifier le bon interlocuteur sera plus ou moins aisé selon l'état de la coopération transfrontalière existante. En l'absence de cette dernière, des centres de coordination peuvent aider à mettre en relation les autorités compétentes. Or, il s'avère nécessaire de fluidifier l'échange d'informations, et de se doter d'outils supplémentaires, tel qu'un atlas administratif.

Mots clés: Police administrative, répartition des compétences, risques transfrontaliers.

Abstract: Catastrophes do not stop at the border. Consequently, the adequate reaction to a crisis situation also calls for transborder cooperation, but with whom? One of the main challenges within crisis communication is to identify the adequate partner. Sketching the outline of the organization of public health and safety in France and Germany, it will appear to the reader, that the identification of the right contact person is not always possible at first glance. This identification will be more or less difficult, whether there is preexisting cooperation in place or not. If not, coordination centers may help put through competent authorities. To further facilitate the exchange of information additional tools, like an administrative atlas, might be helpful.

Keywords: Administrative police, division of competences, cross-border risks.

Introduction

D'après le Conseil d'État, les décideurs publics doivent désormais tout à la fois prévoir, évaluer, prévenir et gérer le risque (Conseil d'État, 2018). Dans ce cadre, l'information et la communication liées au risque doivent être considérées comme une mission de service public. Celle-ci concerne l'ensemble des acteurs étatiques de l'État jusqu'aux communes, en passant par les collectivités territoriales. L'intervention doit se faire dans le respect des attributions légales respectives. Or, certaines situations liées au risque se trouvent aggravées du fait de la proximité avec une frontière. On peut penser, par exemple, aux recherches du tueur de l'attentat perpétré au marché de Noël de Strasbourg en décembre 2018[1] ou encore à la pandémie mondiale de la COVID-19[2]. La compétence juridique et politique des autorités publiques, prérequis nécessaire à leur intervention, ne s'étend pour sa part qu'à l'intérieur des frontières étatiques. Les autorités publiques de la zone frontalière, relevant d'ordres juridiques nationaux différents, sont dès lors amenées à coopérer autour de problématiques communes. Ce type de coopération est dénommé coopération transfrontalière (Cossalter, 2016). Nous nous pencherons spécifiquement sur les modalités de coopération s'inscrivant dans ce contexte de voisinage, défini par la proximité avec une frontière nationale, bien que des exemples tels que la catastrophe nucléaire de Tchernobyl en 1986 ou les effets du nuage de cendres provenant d'un volcan islandais en 2010 nous montrent que les situations de risques peuvent impacter de vastes territoires.

Plusieurs types de personnes morales de droit public peuvent être concernés par la coopération transfrontalière. Nous allons concentrer notre développement sur les organismes publics susceptibles d'intervenir dans la zone frontalière franco-allemande. Bien que le pouvoir

---

1   Les frontières n'ayant pas été fermées directement après l'attentat, il n'était pas exclu que le tueur se soit réfugié sur la rive allemande du Rhin.

2   Par. ex. la mise en quarantaine de l'élève scolarisé en Allemagne mais résidant en France ne peut pas être vérifiée par les autorités allemandes en charge du traçage des cas-contacts au sein du *cluster* « école ».

de conclure des traités internationaux soit réservé – à l'origine – aux autorités centrales ou fédérales et fédérées de l'État, une coopération, au moins informelle, a toujours existé au niveau local. Cette dernière s'est réellement institutionnalisée à partir de l'impulsion européenne débutant dans les années 80, permettant aux collectivités territoriales des États européens de nouer des coopérations institutionnalisées entre elles par-delà les frontières (Levrat, 2005). Depuis 2006, il est même devenu possible d'allier collectivités territoriales et États souverains dans un même projet de coopération (Sohnle, 2016).

Les types de risques sont variés : ils vont des risques naturels et technologiques au risque sanitaire en passant par le risque terroriste. La gestion publique du risque est entre les mains d'une multitude d'acteurs, notamment publics (Dupont, Grandazzi, & Herbert, 2007). Dans l'objectif de coordonner les stratégies et les contenus de la communication sur le risque en zone frontalière, la première difficulté est donc d'identifier avec précision l'interlocuteur compétent, au sein de l'ordre juridique et administratif du voisin. Souvent, la répartition des compétences n'étant pas symétrique, le projet rendra nécessaire l'association d'une pluralité d'autorités locales et nationales. Le domaine dans lequel une coopération est envisageable correspond à l'attribution des compétences en droit interne de l'autorité publique qui en a le moins. Si l'on veut élargir le domaine de coopération, il sera alors nécessaire d'associer plusieurs autorités publiques d'un même pays, afin d'obtenir une équivalence des compétences (Kotzur, 2004, 22, 362). Les autorités locales françaises et allemandes bénéficient d'une autonomie juridique et patrimoniale assez large en vertu de principes de libre administration[3] et constituent ainsi un bon point de départ pour considérer la coopération transfrontalière. Cependant l'étendue concrète de leurs attributions constitutionnelles, légales et réglementaires varie d'un pays à l'autre. La dissymétrie est particulièrement marquée entre la France centraliste et l'Allemagne fédérale. Aussi bien l'identification de l'interlocuteur compétent que la concertation entre les différentes

---

3   Article 72 de la Constitution Française du 4 octobre 1958 ; Article 28 de la Loi Fondamentale Allemande du 23 mai 1949.

parties de la coopération prennent du temps. Or, dans le cadre de la communication des risques, le temps est souvent une ressource limitée.

Nous allons illustrer ces difficultés dans le cadre d'une analyse succincte de l'organisation de la police et de la santé publique en France et en Allemagne (1.), puis, nous décrirons les différentes modalités permettant d'amorcer une communication sur le risque concertée (2.).

1. Différences dans la répartition des compétences en matière de risque

Le risque est un domaine vaste, qui est soumis à une évolution rapide due notamment à l'évolution des découvertes scientifiques en la matière. Nous allons nous contenter de décrire globalement deux domaines, dans lesquels la prévention du risque et sa communication jouent un rôle de premier plan : la sécurité et la santé.

1.1. La sécurité en France et en Allemagne

La sécurité publique se décline en deux pans. D'une part, l'activité généralement régalienne, assurée par les forces de police vise principalement les sources de dangers que les individus représentent les uns pour les autres. D'autre part, l'activité de secours aux civils, souvent effectuée conjointement avec des bénévoles et des organismes privés, apporte un soutien technique en cas d'incident.

Police, Gendarmerie, Landes- et Bundespolizei

Il existe en France plusieurs polices (Ventre, 2002) dont la mission est de protéger les biens et les personnes et de maintenir la paix et l'ordre public. En Allemagne, la police est chargée de maintenir la sécurité et l'ordre public par la poursuite pénale (*Strafverfolgung*) et la prévention des risques (*Gefahrenabwehr*).

En France, il existe une police civile, dont la plupart des effectifs sont membres de la police nationale, rattachée au Ministère de l'Intérieur. Mais certaines autorités locales disposent également de leur police, la police municipale et rurale, placée sous l'autorité du maire. Il existe également une police militaire : la Gendarmerie. Désormais rattachée au Ministère de l'Intérieur, elle est néanmoins constituée de militaires et soumise ainsi à un statut et à des procédures militaires.

En Allemagne, une police militaire a existé : la *Feldgendarmerie.* Compte tenu de son rôle funeste pendant la Seconde Guerre mondiale, la *Bundeswehr* créa les *Feldjäger,* dont le rôle est strictement réservé à des tâches de police militaire au sein de l'armée. Par ailleurs, bien qu'il existe une police fédérale (*Bundespolizei*), rattachée au Ministère fédéral de l'Intérieur, elle n'est pas la police de droit commun et n'est chargée que de certains domaines d'attribution particuliers, tels que la sécurité des frontières, le transport ferroviaire et la sécurité aérienne. Ce sont les polices des *Länder* (*Landespolizei*), rattachées chacune à l'un des 16 Ministères de l'Intérieur des *Länder* allemands qui sont en charge de la police de droit commun. Par-delà, les communes entretiennent un type de police municipale compétent en matière de contraventions (*Ordnungsämter und -polizei*).

Sécurité civile, pompiers, Feuerwehr et THW

En France, le Ministère de l'Intérieur est chargé de la sécurité civile dans son ensemble. Sa capacité d'organisation repose sur la Direction Générale de la Sécurité Civile et de la Gestion des Crises (DGSCGC). La coordination interministérielle en cas de crise ou d'incident majeur s'effectue par le biais du Centre Opérationnel de Gestion Interministérielle de Crises (COGIC) qui coordonne les moyens nationaux parmi lesquels on trouve les sapeurs-pompiers, les Unités d'Instruction et d'Intervention de la Sécurité Civile (UIISC), les moyens aériens et les unités de déminage. Le territoire national se divise en Zones de Défense et de Sécurité, placées sous l'autorité d'un préfet de zone. Chaque zone dispose d'un Centre Opérationnel de Zone (COZ). L'échelon local de coordination est assuré par le Service départemental d'Incendie et de Secours (SDIS), qui est un établissement public autonome, rattaché au préfet de département et au Ministère de l'Intérieur. Il assure le secours d'urgence aux personnes victimes d'accidents, de sinistres ou de catastrophes.

En Allemagne, l'organisation de la sécurité civile repose sur les corps de sapeurs-pompiers publics et privés, de la Croix-Rouge allemande et des services de secours, en partie d'orientation confessionnelle : *Arbeiter-Samariter-Bund, Johanniter-Unfall-Hilfe, Malteser-Hilfsdienst, Deutsche Lebens-Rettungs-Gesellschaft...* (Schmauch, 2015). Bien qu'il existe des règles de fonctionnement générales et de procédure au niveau fédéral, les pompiers sont organisés en fédérations par ville, circonscription, canton et *Land* (*Stadt-, Kreis-, Bezirks- und Landesfeuerwehrverbände*). Les casernes de pompiers sont rattachées aux communes et gérées par elles. Par opposition, la protection civile est un domaine marqué par la conception de l'État fédéral au sein de laquelle on distingue la sécurité civile proprement dite (*Zivilschutz*) de la protection des catastrophes (*Katastrophenschutz*). Ces activités sont régies par la loi sur la protection civile et les catastrophes (*Zivilschutz- und Katastrophenhilfegesetz*) et chapeautées par un organisme fédéral (*Bundesamt für Bevölkerungsschutz und Katastrophenhilfe*) alors que seule la protection civile est du ressort exclusif du Ministère fédéral de l'Intérieur et que la compétence est partagée entre autorités fédérales et fédérées concernant les catastrophes. Dans la mise en œuvre pratique, ce sont des organismes de secours, les pompiers et l'agence fédérale pour l'aide technique (*THW, Technisches Hilfswerk*) qui interviennent dans ces domaines.

1.2. La santé publique en France et en Allemagne

La santé publique, désignée sous le terme de *Gesundheitswesen* en allemand, relève largement de la compétence du Ministère fédéral de la Santé (*Bundesgesundheitsministerium*) en Allemagne et du Ministère des Solidarités et de la Santé en France. On peut distinguer le volet « assurance maladie » du volet « politique de santé ».

Les organismes impliqués dans l'assurance maladie en France et en Allemagne

Aussi bien en France qu'en Allemagne, la mutualisation du risque par une assurance maladie remonte aux projets d'Otto von Bismarck à partir de 1883 (Palier / Bonoli, 1995).

Il existe deux modèles d'assurance maladie : une assurance financière dans le cadre de laquelle l'individu est assuré pour un risque et des soins qui lui sont remboursés selon un barème ou sous la forme d'un réseau de soins constitué par l'assureur, auquel cas l'usager bénéficie d'une sorte d'abonnement au réseau de soins. Les deux modèles peuvent coexister de différentes façons, ce qu'illustre notamment la comparaison entre la France et l'Allemagne.

La France a fait le choix de l'assurance maladie universelle en tant que composante de la sécurité sociale, devoir de l'État en vertu de la Déclaration universelle des droits de l'homme de 1948. Tout le système d'assurance maladie est public, même s'il peut être géré directement par un organisme d'État ou délégué à des organismes privés voire mixtes. En France, les assurés dépendent obligatoirement d'une caisse d'assurance maladie publique et universelle, mais peuvent également souscrire une assurance complémentaire, afin d'augmenter leur taux de remboursement ou bénéficier d'un réseau de soins supplémentaires. Il existe différents régimes d'assurance maladie, le principal étant le régime général, géré par la Caisse Nationale d'Assurance Maladie (CNAM) assurant 88 % de la population[4]. Il existe également le régime agricole, et des régimes spéciaux et particuliers. Les organismes de l'assurance maladie forment un réseau de structures départementales et régionales, les Caisses Primaires d'Assurance Maladie (CPAM) faisant le lien direct avec les ayants droit. C'est l'Union Nationale des Caisses d'Assurance Maladie (UNCAM) qui fixe les taux de remboursement, le montant du ticket modérateur et la participation forfaitaire.

---

4   https://www.securite-sociale.fr/files/live/sites/SSFR/files/medias/DSS/2020/ CHIFFRES%20CLES%202020%20ED2019.pdf.

En Allemagne[5], l'affiliation à l'assurance maladie publique est obligatoire en dessous d'un certain seuil de revenus pour les employés et les personnes dépendantes de l'aide sociale. L'assurance maladie publique entretient un réseau de santé, dans lequel les assurés peuvent se faire soigner, en principe sans frais. Les professions libérales, les employés au-delà d'un certain seuil, ainsi que la plupart des fonctionnaires sont affiliés à un régime privé d'assurance maladie. L'assurance privée rembourse les sommes engagées par ses assurés directement à ces derniers, qui doivent en faire l'avance. Le système allemand se caractérise par une très grande diversité et une grande autonomie des caisses d'assurance maladie. On dénombre près de cent caisses publiques qui se trouvent confrontées à des problèmes semblables à ceux de la sécurité sociale française. À côté de ces caisses publiques, il y a 47 entreprises d'assurance maladie privées pour lesquelles l'affiliation et le montant des cotisations dépendent de l'âge et de l'état de santé des individus. Dans les deux systèmes, les montants de cotisation peuvent augmenter, dans les cadres fixés par la loi. Il existe une véritable concurrence entre les différentes caisses.

Par la mise en place de la carte européenne d'assurance maladie, des efforts d'identification et de coordination des procédures d'accès et de remboursement des soins ont déjà été consentis.

Agences régionales de santé et Gesundheitsämter

Contrairement aux caisses d'assurance maladie, avec lesquelles les citoyens ont l'habitude d'interagir au quotidien, les administrations chargées de veiller sur la santé publique n'étaient que peu connues du grand public. La crise sanitaire provoquée par l'épidémie de COVID-19 les a placées sur le devant de la scène.

La mise en œuvre de la politique de santé au niveau régional/local est assurée en France par les 18 Agences Régionales de Santé (ARS). Créées en 2010 et régies par le Code de la santé publique, ce sont des

---

5   https://www.bundesgesundheitsministerium.de/fileadmin/Dateien/5_Publik ationen/Gesundheit/Broschueren/200629_BMG_Das_deutsche_Gesundheitssy stem_FR.pdf.

établissements publics administratifs ayant pour but « d'assurer un pilotage unifié de la santé en région, de mieux répondre aux besoins de la population et d'accroître l'efficacité du système »[6]. Placées sous la tutelle du Ministère des Solidarités et de la Santé, elles sont chargées de missions régaliennes (autorité de tutelle financière, droit des autorisations) mais sont également amenées à transformer le système de santé par l'élaboration d'un parcours de santé. Pour ce faire, les ARS agissent dans le cadre d'un projet régional de santé auquel participent notamment les collectivités territoriales et leurs groupements. Il existe un Conseil National de Pilotage (CNP) au niveau de l'administration centrale. Chaque ARS est dotée d'un conseil de surveillance présidé par le préfet de région, composé notamment de représentants de l'État, de l'assurance maladie, des collectivités territoriales. Dans le cadre de l'épidémie de COVID-19, c'est le Ministère de la Santé qui se charge directement de la communication épidémiologique.

L'administration de la santé allemande[7] au niveau local est appelée *Gesundheitsamt*, ce que l'on pourrait traduire par Office de Santé. Selon les règles propres à chaque État fédéré, ces offices se situent soit au niveau du *Land* soit au niveau communal. Contrairement aux ARS dont le directeur général est principalement issu de l'administration de la Santé mais parfois aussi du secteur privé, tel que la grande distribution, le *Gesundheitsamt* est généralement dirigé par un médecin fonctionnaire appelé *Amtsarzt*. Les Offices de Santé sont chargés d'assurer les missions du service public de santé. Leurs missions ne sont pas forcément identiques dans les différents *Länder*. Au niveau fédéral, plusieurs instituts assurent une veille sanitaire et procèdent à l'information du public dans les domaines de la vaccination, de la documentation, de l'environnement, des médicaments ou encore de la médecine vétérinaire. L'institut fédéral de veille sanitaire le plus connu actuellement est le *Robert-Koch-Institut*, chargé des maladies infectieuses et

---

6   https://www.ars.sante.fr/quest-ce-quune-agence-regionale-de-sante.
7   https://www.trisan.org/fileadmin/PDFs_Dokumente/2003-06-systemes-de-sante_FR.pdf.

non-infectieuses, qui fournit les chiffres officiels sur l'évolution de la pandémie de COVID-19 en Allemagne et à l'étranger.

2. Conséquences pour la coopération dans la communication des risques

La coopération transfrontalière en matière de communication de risque est un domaine d'intervention de la personne publique qui ne fait pas l'objet de réglementation spécifique. Les actions de communication des personnes publiques dépendent de la structure de l'administration et répondent aux règles générales qui régissent l'action administrative de l'autorité publique locale. Elles pourront être complétées par les règles de la coopération décentralisée[8] et de la coopération transnationale[9]. L'absence de règles spécifiques est un avantage en ce qui concerne la possibilité d'adapter la communication au cadre légal général applicable au partenaire de coopération. En revanche, l'absence de règles spécifiques signifie également que les personnes publiques susceptibles d'intervenir dans la communication sur le risque ne sont que rarement identifiées à l'avance. Parfois, plusieurs personnes publiques seront même potentiellement compétentes en même temps. C'est donc l'identification du partenaire de coopération au sein d'un ordre juridique et administratif étranger qui va constituer la difficulté principale. Cette difficulté sera d'autant plus exacerbée que la communication sur le risque s'effectue bien souvent dans l'urgence. On peut imaginer que le fait de ne pas connaître le partenaire de coopération potentiel conduira alors à renoncer à la coopération par manque de temps. Il arrive que les

---

8 https://www.diplomatie.gouv.fr/fr/politique-etrangere-de-la-france/action-ext erieure-des-collectivites-territoriales/cooperation-decentralisee-les-dossiers/ la-cooperation-decentralisee-franco-allemande/.
9 https://ec.europa.eu/regional_policy/fr/policy/what/glossary/t/transnational-cooperation.

autorités publiques de la zone frontalière finissent par être informées par voie de presse traditionnelle.

2.1. *L'identification d'un interlocuteur de coopération* ad hoc

La réalisation soudaine d'un risque ne pourra pas faire l'objet d'une communication concertée, si l'interlocuteur compétent n'a pas été identifié en amont. Or, comme nous pouvons le déduire des propos précédents, l'identification de cet interlocuteur ne semble pas chose aisée, lorsque l'on ne connaît que peu l'organisation administrative du voisin et que l'on ne dispose pas d'annuaires administratifs souvent réservés à l'usage interne et ne faisant pas l'objet de publications. Plusieurs scénarios sont envisageables, selon l'état de la coopération transfrontalière dans une zone donnée.

En dehors du cadre d'une coopération préexistante

En l'absence de coopération préexistante aucune documentation interne n'existera pour identifier et contacter l'interlocuteur compétent. Cette difficulté est particulièrement complexe à surmonter car elle demande aux intervenants de sortir du cadre prédéfini de leur action habituelle. Il paraît cependant primordial de visualiser les voies d'actions possibles, afin de pouvoir agir en cas d'urgence[10].

Une première solution pourrait alors tout simplement consister en une simple recherche internet, en se laissant guider par les mots-clés du domaine de compétence recherché, par exemple « organisation test COVID » et à l'aide d'un traducteur en ligne. En général, cette solution nécessitera de disposer de locuteurs de la langue partenaire ou de

---

10 C'est ce qui a fait défaut lors de l'attentat de Strasbourg en décembre 2018. Alors que les autorités de police française étaient pleinement mobilisées pour arrêter le suspect, les policiers allemands chargés du contrôle des frontières (la *Bundespolizei*) n'ont été informés qu'en consultant les médias. Le CCPD n'était pas plus informé. Une action concertée n'a pu avoir lieu que plusieurs heures plus tard au niveau des parquets d'Offenburg et de Strasbourg, grâce à une coopération informelle bien installée entre les procureurs.

recourir à un interprète afin de demander au standard téléphonique de l'autorité publique préalablement identifiée d'être mis en relation avec la personne chargée du sujet. L'identification peut ainsi aller très vite. Elle présuppose de s'être assuré, dans l'ordre hiérarchique ou tutélaire interne, que la prise de contact est désirée, et exigera de laisser le temps à l'interlocuteur d'informer ses propres autorités hiérarchiques ou tutélaires de la situation et de la coopération envisagée *ad hoc*. Outre le problème lié à la barrière de la langue et aux horaires de bureau pas forcément identiques dans les deux pays, cette solution peut conduire à identifier la mauvaise personne – voire aucune – et ainsi faire perdre du temps.

Une deuxième solution plus traditionnelle, correspondant mieux aux modes de fonctionnement de l'administration, consiste à suivre la voie hiérarchique jusqu'au Ministère des Affaires Etrangères, au sein duquel le contact sera établi avec le Ministère des Affaires Etrangères du pays partenaire, qui se chargera d'identifier les personnes compétentes au niveau local et procèdera ainsi à une mise en relation des autorités locales intéressées. Cette solution qui présente le net désavantage de nécessiter de la bonne volonté et de l'engagement à plusieurs étages de l'administration, peut, si la situation de crise touche une zone territoriale élargie, se heurter à une priorisation divergente du côté de l'administration centrale.

Dans le cadre d'une coopération préexistante

L'identification du partenaire compétent sera différente selon le degré de formalisme d'une coopération préexistante.

Dans le cadre d'une coopération informelle, les participants se connaissent et ont l'habitude de se côtoyer et d'échanger plus ou moins régulièrement sur des sujets d'actualité. Une relation de confiance et de respect est déjà établie. L'identification du partenaire de coopération est donc aisée. On pourra compter sur le fait que les participants disposent de moyens de se contacter directement, ce qui peut constituer un gain de temps précieux en situation d'urgence. Il ne faudra néanmoins pas omettre de consulter la hiérarchie pour autant que cela s'avère pertinent. Dans la coopération informelle, il est rare que l'aval nécessaire au caractère de coopération internationale ait été donné en dehors de tout projet de coopération concret. On peut cependant espérer que cette communication sur le plan interne indispensable à une prise de parole à caractère transnational vis-à-vis du public, puisse s'établir plus rapidement, facilitée par la confiance acquise entre les partenaires de la coopération informelle préexistante.

Dans la coopération institutionnalisée, la recherche de l'interlocuteur compétent devrait être chose aisée puisque les textes définissant l'accord de coopération le désignent. Si la coopération n'est pas particulièrement active, les signataires seront au moins désignés nommément dans l'accord qui déclinera également leurs fonctions. Dans le cas où de nouvelles nominations seraient intervenues depuis la signature, il sera néanmoins aisé de retrouver la personne exerçant ces fonctions actuellement. Si la coopération est active, les interlocuteurs se connaissent et se côtoient probablement. Des procédures prévoyant le cas de figure de la communication conjointe existent peut-être. Dans le cas d'une coopération institutionnelle avec création d'un organisme de coopération, la communication peut même s'établir directement via les organes de cet organisme. C'est le cas notamment des organismes de coopération transfrontalière tels que les Eurorégions comme la Regio du Haut-Rhin, l'Eurodistrict SaarMoselle ou l'Eurodistrict Strasbourg-Ortenau, qui disposent d'organes de communication propres.

À tous les stades de la coopération, des dispositifs mis en place par les États et l'Union Européenne, visant la coopération transfrontalière dans son ensemble peuvent apporter une aide précieuse.

2.2. *Organismes et institutions spécialisés dans la coopération transfrontalière*

Dans le cadre franco-allemand, les organismes chargés de favoriser les échanges et la coopération au niveau local sont déjà relativement présents. Afin de transposer cette facilité à établir le contact, la création de registres européens permettant d'identifier rapidement et précisément un interlocuteur dans un pays étranger serait souhaitable.

L'identification d'un interlocuteur à l'aide de centres de coopération établis

Dans un contexte d'urgence face à la réalisation ou au besoin d'évitement d'un risque imminent, la recherche peut être facilitée par le recours à un centre spécialisé bilatéral, multilatéral ou européen.

Dans le domaine policier, il faut citer le centre de coopération policière et douanière à *Kehl am Rhein* (Thomas, 2016). Pourvu 24h/24 par des agents de police, de gendarmerie, des douanes françaises, de la police des *Länder* de Bade-Wurtemberg, de Rhénanie-Palatinat et de la Sarre, de la *Bundespolizei* et de l'administration douanière allemande, il permet ou facilite l'échange d'informations entre les différentes polices allemandes et françaises et peut ainsi orienter utilement et rapidement la recherche d'interlocuteurs compétents.

Dans le domaine des catastrophes, il existe un Centre des connaissances en matière de gestion des risques de catastrophe, au niveau européen. Créé en 2019, il fournit « aux pays membres de l'UE et à la communauté de gestion des risques de catastrophe un répertoire en ligne de données, recherches et résultats de projets liés aux catastrophes, ainsi qu'un accès à un ensemble de réseaux et de partenariats »[11]. L'intérêt de cet échange coordonné est double : il permet, d'une part, de disposer d'informations plus facilement comparables sur l'état des connaissances dans les pays voisins, les États étant priés de fournir leurs renseignements selon une nomenclature unique. Il permet, d'autre part, d'identifier pour chaque pays, des interlocuteurs compétents sur le fond, qui sauront aiguiller la recherche de l'interlocuteur compétent sur les plans juridique et politique.

Citons également le tout nouveau Comité franco-allemand de coopération transfrontalière, installé à Kehl. Créé en vertu du traité d'Aix-la-Chapelle du 22 janvier 2019, il a vocation à soutenir et renforcer la coopération transfrontalière en apportant des solutions concrètes aux difficultés que peuvent rencontrer les habitants de la zone frontalière

---

11 https://ec.europa.eu/echo/what/civil-protection/european-disaster-risk-management_fr#:~:text=Un%20Centre%20des%20connaissances%20en,ensemble%20de%20r%C3%A9seaux%20et%20de.

dans leur quotidien. Composé de représentants de l'État, des collectivités territoriales frontalières et de parlementaires des deux pays, les carnets d'adresses de ces personnes devraient permettre d'identifier avec suffisamment de clarté l'interlocuteur compétent, tout en facilitant l'obtention de l'aval hiérarchique.

Faciliter l'identification par un registre européen ?

Comme nous avons pu le constater dans la première partie de notre propos, la diversité des systèmes juridiques et administratifs, même entre pays membres de l'Union européenne, complique sensiblement la recherche d'un partenaire de coopération.

Outre les organismes chargés spécifiquement de la coopération transfrontalière, il semblerait utile de procéder à un recensement des compétences et attributions dans le domaine de l'administration en général et dans le domaine du risque en particulier.

Sur le modèle de l'atlas du réseau judiciaire européen[12], qui permet de trouver l'autorité judiciaire compétente, par exemple en matière pénale, en répondant à une série de questions sur l'infraction en cause, il serait pertinent de recenser les autorités publiques compétentes aux niveaux national et local par sujets attribués.

Le travail nécessaire pour obtenir un tel outil est double : il s'agit dans un premier temps de trouver une nomenclature des compétences et attributions qui puisse s'appliquer dans tous les pays participants afin de pouvoir orienter la recherche sur une classification pertinente. Ce cadre devrait être élaboré conjointement avec les États participants, qui peuvent identifier différents domaines et sujets de compétence dans leur ordre interne, mais aussi sur les recherches préalablement effectuées par les organismes de recherche européens déjà créés. Il appartiendrait ensuite aux États participants d'identifier la personne publique en charge de chaque domaine ou, à défaut, de désigner un interlocuteur unique si les attributions sont distribuées de façon trop éparse. Ainsi, par un système d'organigramme interactif, il serait possible

---

12   https://www.ejn-crimjust.europa.eu/ejn/AtlasChooseCountry.aspx.

d'identifier le service administratif chargé d'un domaine sans nécessiter de connaissances sur l'ossature administrative du pays voisin.

Conclusion

La coopération dans la communication sur le risque passe nécessairement par un renforcement de la coopération quotidienne. Celle-ci permet d'établir et de maintenir des contacts en réseau avec les personnes publiques en charge de thématiques semblables. Dans ce cadre, des liens officiels et informels se tissent entre les différents responsables, qui en réfèrent régulièrement à leurs supérieurs hiérarchiques. La coopération peut s'institutionnaliser et aboutir à la création d'un organisme distinct, avec ses propres modalités de fonctionnement. Ces structures préexistantes permettent de gagner un temps précieux dans l'urgence de la situation de crise. À défaut, des centres de coopération dédiés devraient pouvoir aiguiller les autorités publiques désireuses de coopérer. Afin de généraliser la coopération en la simplifiant, un atlas administratif européen permettrait d'identifier le service compétent d'un autre pays aussi simplement que s'il se situait dans le même pays.

Les difficultés de la coopération transfrontalière sur le risque sont connues au niveau européen. Le Comité européen des régions réclame, dans son avis sur la dimension transfrontalière de la réduction des risques de catastrophes (2019/C 404/08[13]), la promotion d'un « système d'alerte transfrontalier commun et normalisé, notamment pour garantir la communication en temps réel de toute perturbation et de tout événement catastrophique susceptibles d'avoir des répercussions sur le territoire régional d'un autre État ».

Par ailleurs, le projet « b-solutions »[14] de l'Association des régions frontalières européennes (ARFE) visant à recenser les obstacles

---

13   https://eur-lex.europa.eu/legal-content/FR/TXT/HTML/?uri=CELEX:5201
     8IR6135&from=EN.

14   https://www.aebr.eu/projects/b-solutions/.

juridiques et administratifs à la coopération transfrontalière dans le domaine de la prévention et de la diminution des catastrophes, a d'ores et déjà permis d'identifier un certain nombre de problèmes, pour lesquels la recherche de solutions est en bonne voie.

Bibliographie

Conseil d'État. (2018). *La prise en compte du risque dans la décision publique.* Paris : La Documentation française.

Cossalter, P. (2016). Avant-propos. In : Cossalter, P., *La coopération transfrontalière en Grande Région* (I–IX). Sarrbrücken : Editions juridiques franco-allemandes.

Dupont, Y., Grandazzi, G., Herbert, C. (2007). *Dictionnaire des risques.* Paris : A. Colin.

Hanon, J.-P. (2007). Policiers et militaires en Allemagne : le nouvel agencement. *Cultures & Conflits*, n° 67, 83–111.

Kotzur, M. (2004). Grenznachbarschaftliche Zusammenarbeit in Europa. Berlin: Duncker & Humblot.

Levrat, N. (2005). L'Europe et ses collectivités territoriales – Réflexions sur l'organisation et l'exercice du pouvoir territorial dans un monde globalisé. Bruxelles : Peter Lang.

Palier, B. / Bonoli, G. (1995). Entre Bismarck et Beveridge. *Revue française de science politique*, n° 45-4. 668–699.

Schmauch, J.-F. (2015). Organisation des services d'incendie et de secours d'urgence en Allemagne. *La note de l'IFRASEC.* 1–15.

Sohnle, J. (2016). L'action extérieure des collectivités locales. In : Potvin-Solis, L., *L'Union européenne et l'autonomie régionale locale.* Bruxelles : Bruylant. 245–277.

Sohnle, J. (2016). L'institutionnalisation de la coopération transfrontalière entre collectivités locales. In : Cossalter, P., *La coopération transfrontalière en Grande Région* (p. 55–83). Saarbrücken : Editions juridiques franco-allemandes.

Thomas, T. (2016). La coopération transfrontalière en matière de sécurité. In : Cossalter, P. *La coopération transfrontalière en Grande Région* (p. 201–211). Saarbrücken : Editions juridiques franco-allemandes.

Ventre, A.-M. (2002). Les polices en France. *Pouvoirs*. 31–42.

Markus RIDDER

(Traduction Jacqueline BREUGNOT)

La brigade fluviale franco-allemande : fonctions, opportunités, limites

Résumé: Les tâches qui incombent à la police fluviale sont diverses et nombreuses. Elles concernent aussi bien le contrôle du transport fluvial que la navigation de plaisance ou la protection de l'environnement. Dans le cas des fleuves-frontières, la tâche se complique car les codes de procédure diffèrent d'un pays à l'autre. Il a donc été décidé de créer une instance commune, autorisée à intervenir conjointement ou du moins apte à collaborer dans le cadre des différentes interventions. Le texte rend compte des enjeux et donne un aperçu de la réalité du terrain de la brigade fluviale franco-allemande.

Mots clés: Navigation du Rhin, coopération transfrontalière, police.

Abstract: The tasks incumbent on the river police are diverse and numerous. They relate to the control of river transport as well as to pleasure boating or protection of the environment. In the case of border rivers, the task becomes more complicated because the procedural codes differ from country to country. It was therefore decided to create a common body authorized to intervene jointly or at least capable of collaborating within the framework of the various interventions. The text gives an account of the stakes and an overview of the reality on the field of the Franco-German River brigade.

Keywords: Navigation on the river Rhine, cross-border cooperation, police.

Cette contribution et la suivante sont tout à fait complémentaires. L'une et l'autre concernent la communication nécessaire à l'organisation de la circulation sur le Rhin et ses affluents. Le fleuve traverse six pays et sert partiellement de frontière pour cinq d'entre eux (la Suisse, le Liechtenstein, l'Autriche, l'Allemagne et la France). La frontière invisible se situant au milieu du fleuve, les bateaux qui l'empruntent sont bien sûr amenés à passer fréquemment d'un pays à l'autre avec les changements de législation qui en découlent.

Le présent texte permet de bien cerner les exigences en termes de coopération entre la police fluviale allemande et la gendarmerie pour le côté français. Compte tenu des tâches à accomplir au quotidien, la création d'une brigade fluviale franco-allemande était devenue incontournable.

Cette quotidienneté des besoins de coopération a permis de mettre en place de façon pragmatique des outils et des formations linguistiques susceptibles de développer les compétences en communication nécessaires. Jörg Rusche présente dans la contribution suivante l'un des outils développés pour créer un corpus partagé de phrases et d'expressions nécessaires à une gestion de la sécurité de la navigation fluviale en contexte frontalier.

La coopération transfrontalière pour la gestion des risques fluviaux présente la particularité de s'appliquer à un espace quasi partagé, ici, le Rhin, avec une responsabilité qui s'arrêtait, il y a peu encore, au milieu du fleuve.

La brigade fluviale franco-allemande a été créée en 2012. Jusque-là, il existait côté français une compagnie de gendarmerie fluviale et, côté allemand, une force de police fluviale (*Wasserschutzpolizei*) au sein des services de police du *Land* de Bade-Wurtemberg. Au niveau territorial, les deux anciennes unités, de même que celle issue de leur fusion, sont compétentes pour la même partie du Rhin.

Côté français, il s'agit du secteur qui borde la frontière, y compris les affluents du Rhin, l'Ill à Strasbourg et les canaux navigables. Les partenaires allemands sont, quant à eux, compétents pour le secteur allant des Chutes du Rhin jusqu'à l'écluse d'Iffezheim. D'autres organisations internationales partenaires, suisses en l'occurrence, entrent donc en ligne de compte, ainsi que les forces de police de cinq cantons différents.

Pour couvrir tout ce territoire, la brigade franco-allemande a été déployée sur trois sites. Le siège principal situé à Kehl (Allemagne) est complété par deux antennes en France, l'une à Gambsheim et l'autre à Vogelgrun. Les gendarmes français et les policiers allemands exercent

Fig. 1: Zone d'intervention de la brigade franco-allemande

conjointement leurs missions sur les divers sites. Les organisations d'origine mettent à disposition un nombre égal d'agents.

À la compétence territoriale s'ajoute une compétence sur le fond. La mission première des agents est de contrôler le transport fluvial, à savoir la marine marchande : transport de fret et de marchandises dangereuses, transport de personnes. À cela s'ajoute, l'été, la navigation de plaisance.

La protection de l'environnement et de la nature constitue une autre mission importante de la brigade. Celle-ci intervient pour contrôler le respect du droit de pêche, pour la poursuite d'infractions environnementales ainsi que pour des actions de prévention. L'éventail des activités est complété par des interventions en cas d'accident sur l'eau ou dans les ports, des mesures de sauvetage, des missions de recherche et de plongée de tout type, sans oublier les interventions avec le sonar commun.

Quelques exemples devraient permettre de mieux visualiser les tâches qui font le quotidien de la brigade fluviale franco-allemande.

Une patrouille fluviale franco-allemande sillonne le Rhin. Conformément au Règlement de police pour la navigation du Rhin, les agents des deux pays peuvent contrôler ensemble les bateaux. Dans l'exemple qui suit, ils contrôlent un pêcheur sur une embarcation. Or, celui-ci n'a pas de carte de pêche.

Premier problème : le droit de pêche est un droit national. Se pose alors la question de savoir si le pêcheur se trouve en France ou en Allemagne. S'il est en Allemagne, c'est la police du Bade-Wurtemberg qui est compétente au niveau territorial. Le pêcheur n'ayant pas de carte de pêche valable, il a commis un délit de pêche illégale.

Si le même pêcheur s'était trouvé côté français, il aurait dû simplement payer une contravention. En Allemagne en effet, les pêcheurs doivent suivre une formation sanctionnée par un examen, alors qu'en France une carte de pêche journalière suffit.

Au niveau du droit pénal et de la procédure pénale, notre brigade est également confrontée à de nombreuses limites. Les personnes qui ne sont pas familières du droit se demandent certainement pourquoi nous ne faisons rien.

La patrouille fluviale franco-allemande poursuit sa route. Elle décide de contrôler le porte-conteneurs qui navigue devant elle. Pour ce faire, deux agents montent à bord. À ce moment-là, le navire se trouve du côté allemand du Rhin. Les papiers du bateau et du conducteur sont en règle, mais celui-ci sent l'alcool et les agents le soupçonnent de conduire en état d'ivresse, selon le paragraphe 316 du Code pénal allemand. Ils décident de lui faire passer un éthylotest. Alors que le navire continue d'avancer et qu'il se trouve à présent en France, ils constatent que le conducteur présente un taux d'alcoolémie de 0,6 mg par litre d'air expiré, soit 1,2 mg par litre de sang.

Selon le code de procédure pénale allemand, il faudrait effectuer une prise de sang. Or, cela n'est pas possible car l'automoteur se trouve à présent en France. On est toujours en présence d'un délit de conduite en état d'ébriété et les agents peuvent appliquer le code de procédure pénale français, qui ne prévoit pas de prise de sang obligatoire mais le transfert du dossier au parquet. Pour respecter à la lettre les dispositions légales, il conviendrait de transférer le dossier en parallèle au parquet allemand. Les deux ministères publics devraient ensuite s'accorder sur la suite de la procédure, sachant qu'une double peine est exclue.

Alors que son service touche à sa fin, la patrouille franco-allemande reçoit un appel indiquant qu'un porte-conteneurs descendant le Rhin (de Bâle à Rotterdam) a éraflé/embouti le pont de l'Europe alors que le bateau passait sous l'ouvrage d'art.

Entre-temps, le conducteur a mené son porte-conteneurs au port le plus proche, en l'occurrence celui de Strasbourg.

Nous sommes ici en présence d'un sinistre avec mise en danger (§ 315c du Code pénal allemand), dont l'auteur se trouve dans le port de Strasbourg, en France. Théoriquement, la situation est simple car, comme je le disais précédemment, la patrouille est composée d'agents français et allemands.

Cependant, le droit pénal est un droit national et un agent de police allemand ne peut pas exécuter une mesure de procédure pénale en France. En l'espèce, il s'agirait d'un interrogatoire du capitaine.

Comme on le voit, les défis à relever pour une coopération franco-allemande sont moins marqués par une exceptionnelle dangerosité, comme cela peut arriver pour les pompiers, par exemple, que par des besoins d'ordres divers mais quotidiens.

Faire fusionner une compagnie de gendarmerie et un service de police venant de deux États différents soulève des problèmes d'ordre organisationnel comme d'ordre juridique. Les équipes sont donc parfois confrontées à des limites qu'il leur faut surmonter ou bien pour lesquelles elles doivent trouver des compromis adaptés.

La liste suivante recense des différences d'ordre organisationnel. Côté français, notre partenaire est la Gendarmerie nationale, qui intervient dans des communes de moins de 20 000 habitants. Outre ses missions de base, elle en assume d'autres, comme la protection flu-viale. La France étant un État centralisé, ses instances de direction sont situées à Paris.

L'Allemagne est un État fédéral et les missions de la police relèvent de la compétence des *Länder*. Dans le cas de la brigade franco-allemande, les agents de police sont mis à disposition par le *Land* de Bade-Wurtemberg et les instances de direction se trouvent à Stuttgart.

Voici donc le premier décalage. Chaque État souhaite dans un pre-mier temps négocier sur un pied d'égalité avec le pays partenaire. Du point de vue français, l'interlocuteur idoine serait a priori le Ministère de l'Intérieur à Berlin. Or, notre partenaire est à Stuttgart. Comme il s'agit d'une négociation avec un autre État, Berlin devrait en temps nor-mal être associé à la procédure. Cette situation génère des déperditions en termes de communication.

Les barrières linguistiques sont inhérentes à la composition bina-tionale de la compagnie. Lors de la fusion des deux services en 2012, les équipes présentes de part et d'autre du Rhin ont été réunies. Depuis lors, les deux partenaires veillent à ce que les nouvelles recrues maî-trisent un tant soit peu la langue de l'autre ou soient prêtes à suivre une formation linguistique.

Côté français, les gendarmes peuvent demander une mutation dans tout le pays, y compris dans les territoires ultra-marins, et ce tout au long de leur carrière. Une telle mutation est généralement assortie d'une promotion. Les officiers sont, pour leur part, mutés tous les quatre ans. Lorsque les agents français et allemands ont appris à se connaître et que des amitiés se sont nouées, cela entraîne une nouvelle rupture. Par ailleurs, il est fort probable que les gendarmes originaires du sud et de l'ouest de la France maîtrisent moins bien la langue allemande.

S'agissant des policiers du Bade-Wurtemberg, c'est un heureux hasard lorsqu'un agent n'a pas perdu la connaissance du français acquise à l'école et qu'il est prêt à améliorer celle-ci.

Il existe différentes possibilités pour abaisser la barrière linguis-tique. Le Centre de Formation Linguistique Commun de la Gendarme-rie nationale et de la Police du Bade-Wurtemberg a été créé il y a 20 ans à Lahr. Les agents qui y suivent des cours apprennent la langue du voisin dans le cadre de tandems, en particulier la terminologie propre à la police. La formation est structurée sous forme de niveaux qui correspondent au Cadre Européen Commun de Référence (CECRL).

En interne, nous avons évalué les connaissances linguistiques des collègues français et allemands sur la base du volontariat. Des groupes de niveaux ont été constitués, qui ont ensuite suivi des formations adaptées. Compte tenu de divers problèmes de personnel, ce projet a malheureusement dû être suspendu.

En Allemagne, les fonctionnaires de police qui ont mené à bien leur formation sont intégrés dans l'équipe d'enquêteurs du parquet. Cela implique que, si le procureur n'est pas joignable, l'agent peut ordonner des mesures en son absence. Une telle procédure n'est pas courante en France. À l'issue de sa formation de base, le gendarme peut passer un examen pour obtenir une habilitation d'officier de police judiciaire (OPJ).

Outre-Rhin, pour pouvoir intégrer la brigade de protection fluviale, il faut suivre plusieurs formations complémentaires qui durent environ 5 mois. En France, les agents participent à divers séminaires sur des thèmes relatifs à la protection fluviale.

Par ailleurs, les règles du droit du travail allemand régissant la durée du travail ne sont pas faciles à comprendre pour les Français, par exemple le fait que les heures supplémentaires doivent être prescrites par un supérieur hiérarchique.

Autre différence d'ordre organisationnel : les gendarmes en service actif sont logés gratuitement, c'est-à-dire que des logements ou résidences leur sont réservés dans les casernes. En conséquence, alors que les agents français sont présents en permanence sur le site, leurs collègues allemands rentrent vers leur domicile après leur service.

Il convient d'informer et de sensibiliser toutes les équipes à ces différences organisationnelles, sinon celles-ci peuvent donner lieu à des malentendus.

Outre les limites évoquées, il existe une multitude de lois et d'accords internationaux qui ouvrent des possibilités ou restreignent le champ d'action des agents. L'existence du Règlement de police pour la navigation du Rhin offre de prime abord des possibilités équivalentes aux agents des deux pays.

Sur le Rhin, la frontière physique passe en règle générale au milieu du fleuve, à l'exception du Grand Canal d'Alsace et des canaux à écluses, dont les deux rives sont réputées françaises.

Selon l'accord signé lors du sommet franco-allemand de Vittel, les autorités de police fluviale des deux pays peuvent intervenir indifféremment dans les zones française et allemande du Rhin et même sur l'autre rive en cas d'urgence.

D'autres textes de droit international facilitent notre travail. Les accords de Schengen, Mondorf et Prüm sont utiles en matière d'échange de données et de formes d'intervention.

Par ailleurs, un accord administratif relatif à la Compagnie de gendarmerie fluviale franco-allemande a été conclu afin de faciliter notre fonctionnement.

Les exemples précités illustrent les limites de notre action.

En l'espèce, la solution juridique optimale, qui est aussi la plus complexe, consiste à présenter les faits au parquet allemand compétent, qui diligente une demande d'enquête européenne auprès du parquet français compétent. La procédure prend un certain temps car les dossiers sont traités en fonction de leur degré d'urgence.

Plusieurs semaines plus tard, la demande atterrit sur le bureau de mon homologue français.

Nous sommes conscients du fait que des limites juridiques existent également dans le cadre d'autres types de coopération. Sachant que l'accord de Mondorf est en cours de révision, nous sommes optimistes et attendons la suite des événements.

En dépit des problèmes rencontrés, la coopération franco-allemande recèle un potentiel certain, qui ouvre de nouvelles possibilités.

Compte tenu de notre mission commune consistant à contrôler le trafic sur le Rhin, les pères fondateurs ont eu raison de créer cette unité partagée : elle offre la possibilité d'utiliser conjointement et à n'importe quel moment toutes les ressources, notamment, tous les types de bateaux de police, le sonar, divers véhicules ou des plongeurs, et de faire appel à tout moment à d'autres personnels pour des interventions communes. À l'inverse, les autorités d'origine peuvent économiser leurs ressources ou en réduire le taux d'utilisation.

En 2018, un sonar permettant de détecter des objets sous l'eau a pu être acquis avec l'aide d'un financement européen (Interreg), le solde ayant été financé par les deux États. Après le succès de cette opération, il a été décidé de lancer en 2021 un projet de cofinancement ambitieux, à savoir, l'acquisition commune d'un bateau de police franco-allemand, avec le soutien du programme Interreg. L'utilisation d'un bateau franco-allemand sur le secteur commun du Rhin constitue un symbole fort.

Une brigade franco-allemande offre un autre avantage non négligeable : elle élargit par la force des choses les horizons. Chacun des partenaires peut observer comment l'autre unité organisationnelle fonctionne et optimiser son propre fonctionnement dans le cadre d'un processus d'apprentissage commun.

Le fait de voir comment les collègues de l'autre pays mènent une intervention donne lieu à des échanges d'expériences permettant d'évaluer les connaissances communes, de pondérer les avantages et inconvénients respectifs, qui sont ensuite intégrés dans le processus de développement.

Chaque partie prenante doit être motivée par un tel partenariat et soucieuse de le faire vivre. Dès lors, les limites qui apparaissent peuvent être surmontées conjointement.

Jörg RUSCHE

(Traduction Éric SAVATON)

Une communication standardisée pour la navigation intérieure et rhénane – une démarche européenne de résolution de problèmes régionaux

Résumé: Le Comité européen pour l'élaboration des standards dans le domaine de la navigation intérieure (CESNI)[1] a adopté les Standards pour les phrases de communication standardisées en quatre langues le 15 avril 2021. C'est ainsi que, pour la première fois, une recommandation pour la communication à bord et entre bateaux a été approuvée par les États membres de l'Union européenne et de la Commission centrale pour la navigation du Rhin.

L'annexe II de la directive (UE) 2017/2397[2], applicable à partir du 18 janvier 2022, prévoit que les matelots (1.6) et les conducteurs (2.6) doivent être capables « d'utiliser des phrases de communication standardisées dans des situations caractérisées par des problèmes de communication ».

Mots clés: Communication standardisée, navigation du Rhin, compétences plurilingues.

Abstract: Under the auspices of the Central Commission for Navigation of the Rhine (CCNR), the European Committee for drafting standards in inland navigation (CESNI) has adopted standards for competences that provide for details of the essential competence requirements on management level and operational level. A first set of standards that may be used by CCNR, EU or others in the respective legislation is called European Standard for qualifications in inland navigation (ES-QIN).

---

1   www.cesni.eu
2   Directive (UE) 2017/2397 du Parlement européen et du Conseil du 12 décembre 2017 relative à la reconnaissance des qualifications professionnelles dans le domaine de la navigation intérieure et abrogeant les directives du Conseil 91/672/CEE et 96/50/CE, Journal officiel de l'UE L 345 du 27.12.2017. 53

Annex II of Directive (EU) 2017/2397 on professional qualification in inland navigation state that boatmen (1.6) and boatmasters (2.6) shall be able to use « standardized
communication phrases in situations with communication problems ».

Keywords: Standardised communication, navigation on the river Rhine, multilin-
gual skills.

Introduction

L'exigence d'une compétence essentielle de communication plurilingue
est applicable aux membres de l'équipage de pont, tant au niveau opérationnel (à savoir le matelot, le maître-matelot et le timonier) qu'au
niveau de commandement (à savoir le conducteur).

Les Standards de compétences[3] du CESNI détaillent les exigences
en matière de compétences essentielles pour le niveau de commandement et le niveau opérationnel. La capacité à utiliser des phrases de
communication standardisées fait partie des connaissances et aptitudes
requises dans la colonne 2 des Standards. Par exemple : « Le conducteur doit être capable de décrire une situation en utilisant les termes
techniques et nautiques pertinents et de récupérer, d'évaluer et d'utiliser l'information se rapportant à la sécurité à bord ainsi qu'aux questions technico-nautiques. Cela inclut l'aptitude à utiliser les phrases de
communication standardisées ».

En 2018, le CESNI a décidé d'établir des phrases de communication standardisées. Pour cela, il s'est appuyé sur une application pour
téléphone mobile gratuite, LE SINCP, développée dans le cadre du projet INTERREG « Ler(n)ende Euregio » par des écoles de navigation
intérieure d'Allemagne et des Pays-Bas. Cette application permet aux
élèves de lire et d'écouter des phrases standardisées en quatre langues
(allemand, anglais, français et néerlandais). Les instituts de formation

---

3   Standard européen pour les qualifications en navigation intérieure (ES-
     QIN) : http://cesni.eu/documents/es-qin-2019-2/.

à la navigation intérieure du réseau EDINNA se sont engagés à utiliser ces phrases dans le cadre des formations dispensées en langue maternelle.

Les phrases de communication standardisées ont valeur de recommandation. Élaborées dans le strict respect des prescriptions de police et des règles de radiocommunication en vigueur, elles constituent un outil destiné à faciliter la compréhension entre membres de l'équipage de pont. Elles sont présentées sous la forme d'un tableau de quatre colonnes de phrases standardisées (allemand, anglais, français et néerlandais).

Quelque 758 phrases de communication standardisées couvrent cinq situations de communication. Elles ne se limitent pas à l'envoi de messages, mais incluent également des réponses standardisées garantissant la bonne compréhension de l'intention de l'émetteur (par exemple, le conducteur) par le destinataire (le matelot). Couvrant les situations types de communication à bord d'un bateau, elles rendent la navigation plus sûre. L'harmonisation européenne des phrases de communication standardisées permet d'éviter d'éventuelles définitions locales divergentes qui seraient contre-productives.

Les problèmes de communication à bord peuvent être lourds de conséquences, notamment pour la sécurité à bord et la navigation. Pour les membres d'un équipage international comme on en rencontre souvent en navigation intérieure, il est précieux de pouvoir se référer, quelles que soient l'origine et la formation de chacun, à un recueil commun de phrases couvrant les situations nautiques les plus courantes.

Contexte

La navigation intérieure, en particulier sur le Rhin, est, parmi les modes de transport terrestres, celui qui met en jeu le plus de relations internationales et implique le plus d'équipages internationaux. Plus de deux tiers des marchandises transportées par voie navigable en Allemagne franchissent ainsi une frontière entre États ou régions linguistiques. Depuis le début des années 90, plus de 20 % des membres d'équipage des bateaux de navigation intérieure de la flotte allemande sont de nationalité étrangère, le plus souvent originaires de pays d'Europe centrale et orientale, tels que la Pologne, la Roumanie et la République tchèque.

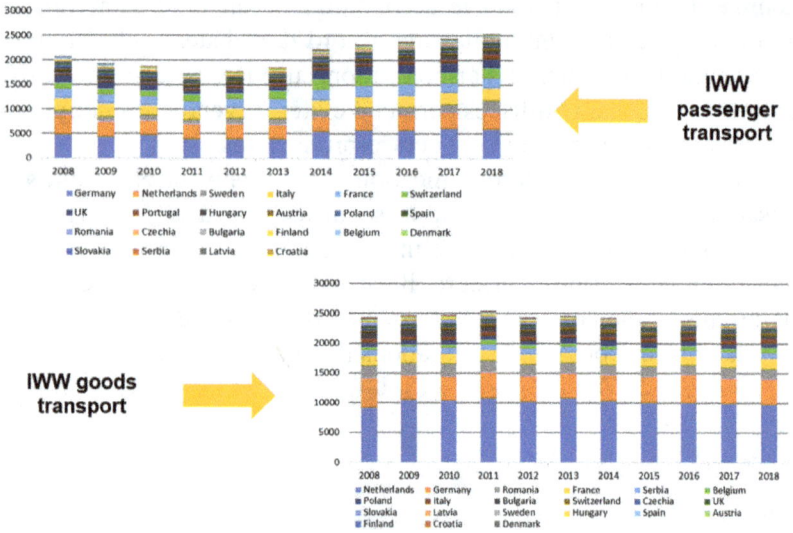

Source: Eurostat (sbs_na_1a_se_r2). *Missing values are imputed by linear extrapolation.

Il en va de même pour la flotte néerlandaise qui, avec environ la moitié des bâtiments, représente la plus grande flotte de marchandises sur le Rhin et en Europe. La part de la flotte belge dans la navigation rhénane de transport de marchandises équivaut, quant à elle, à celle de la flotte allemande, ce qui est, en particulier dans le transport sur la Moselle, considérable[4].

Le secteur des croisières en cabine, qui a connu une forte croissance, passant d'environ 300 par an en 2014 à près de 400 en 2019, emploie également un personnel très international. Selon le public, l'équipage à bord communique souvent en anglais, en allemand ou en français. La figure suivante, réalisée par l'association professionnelle *River Cruise*, montre la répartition du marché (en nuitées à bord) des croisières fluviales en Europe pour l'année 2019.

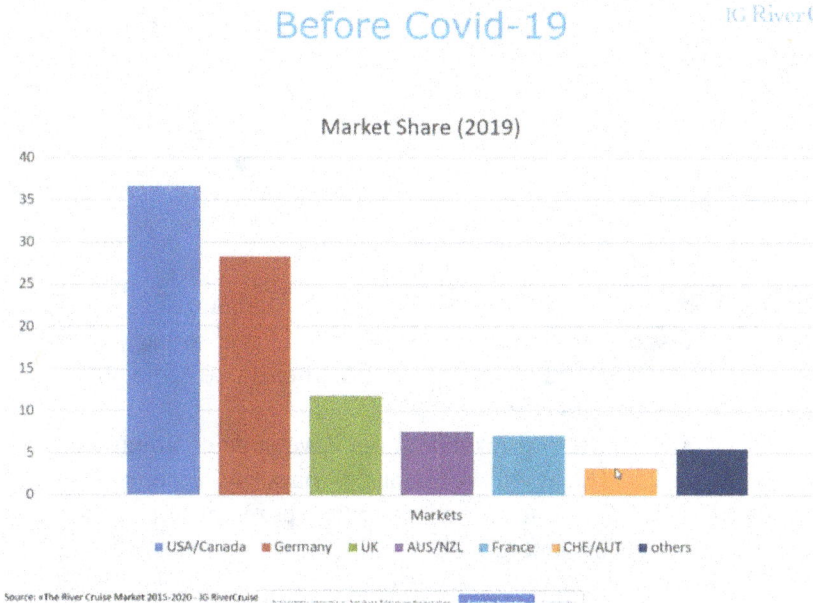

La clientèle des excursions en bateau est également très internationale, en particulier sur le Rhin moyen et pour des destinations très touristiques comme Strasbourg et Bâle. C'est pourquoi le législateur

4   Pour d'autres présentations du marché de la navigation intérieure.

européen a, dans la directive (UE) 2017/2397 transposable en droit
national au plus tard le 17 janvier 2022, demandé pour la première fois
que des normes communes en matière de compétences soient élaborées
par le Comité européen pour l'élaboration de standards en navigation
intérieure[5], organe établi auprès de la Commission centrale pour la
navigation du Rhin.

Si la directive ne spécifie aucune compétence linguistique pour les
membres d'équipage à bord des bateaux de navigation intérieure trans-
portant marchandises ou passagers, hormis la référence à la langue à
utiliser pour les phrases de communication standardisées, elle prévoit
que les experts en matière de navigation avec passagers déployés à bord
en cas d'évacuation d'urgence devront disposer de compétences linguistiques élémentaires.

Méthodologie

Pour élaborer les phrases de communication standardisées, le CESNI
s'est appuyé sur l'excellent travail préliminaire réalisé par le *Schiffer-
Berufskolleg RHEIN* de Duisburg (Allemagne) et une école professionnelle de Nimègue (Pays-Bas).

Ces deux instituts de formation ont développé conjointement une
application, LE SINCP, qui contient des phrases de communication
standardisées et, dans une section générale, des règles officielles garantissant un usage sans ambiguïté des chiffres et des lettres. Les illustrations et dénominations relatives aux équipements techniques y tiennent
une place centrale. Ces termes peuvent être écoutés et consultés en
allemand, néerlandais, français et anglais, par les élèves se destinant à
la navigation intérieure, mais aussi par toute autre personne désireuse
de parfaire sa formation dans ce domaine.

5   http://cesni.eu/a-propos/.

Le secrétariat du CESNI a vérifié les phrases de communication standardisées élaborées par les experts allemands et néerlandais auprès de membres des jurys d'examen de qualification professionnelle en navigation intérieure des États membres de l'Union européenne et de la Commission centrale pour la navigation du Rhin. Certains termes nautiques ont également fait l'objet d'une vérification lors d'entretiens menés auprès de locuteurs natifs, comme des enseignants du Lycée polyvalent Émile-Mathis de Schiltigheim (France) et des profession-nels de Grande-Bretagne.

Les Standards ont ensuite été soumis par la Commission euro-péenne au Conseil de l'Union à Bruxelles en vue d'une adoption par vote commun des États membres de l'Union européenne, les standards du CESNI n'étant par nature pas contraignants.

Contenu

Le contenu du standard, présenté sous forme de tableau dans l'exemple ci-dessous, parle de lui-même. Clairement organisé, il reprend non seu-lement les phrases de l'application LE SINCP, mais s'appuie également dans sa première section sur la partie régionale Rhin et Moselle du Guide de radiocommunication pour la navigation intérieure. Le Guide de radiocommunication pour la navigation intérieure définit déjà des phrases de communication standardisées de radiotéléphonie en quatre langues entre bateaux de navigation intérieure sur les deux grands axes de transport fluvial international que sont le Rhin et la Moselle. Toute-fois, ces phrases de communication standardisées ne sont définies que pour la navigation sur le Rhin et la Moselle, alors que la partie générale du Guide de radiocommunication pour la navigation intérieure, publiée conjointement par la Commission centrale pour la navigation du Rhin à Strasbourg, la Commission de la Moselle à Trèves et la Commission du Danube à Budapest, n'en prévoit aucune.

Ist Ihr Radar in Betrieb?	Is your radar in operation?	Staat uw radar aan?	Votre radar est-il en marche ?
Ja, mein Radar ist in Betrieb.	Yes, my radar is in operation.	Ja, mijn radar staat aan.	Oui, mon radar est en marche.
Nein, mein Radar ist nicht in Betrieb.	No, my radar is not in operation.	Nee, mijn radar staat niet bij.	Non, mon radar n'est pas en marche.
Welchen Entfernungsbereich haben Sie eingestellt?	What range scale are you using?	Welk bereik gebruikt u?	Quelle échelle de distance utilisez-vous ?

Comme nous l'avons indiqué en introduction, les phrases proposées s'étendent cependant bien au-delà des expressions utilisées dans les communications radio entre bateaux de navigation intérieure. Au nombre de 758, ces phrases standardisées couvrent cinq situations de communication :

– De bateau à bateau (manœuvre, navigation, alerte et communication),
– Entre le bateau et la terre (par exemple, consultation du radar, indications de cap, mouillage),
– Détresse (par exemple, incendie, voie d'eau, abordage),
– Communication entre les membres de l'équipage à bord (par exemple, ordres),
– Communication sur les voies de navigation intérieure dans les zones côtières.

Lors d'une communication radio, les règles prévoient l'usage linguistique suivant :

1   Dans le cas d'un échange radio entre deux bateaux, il convient d'adopter la langue du pays dans lequel se trouve la station radio du bateau qui entame l'appel radio.

2 Dans le cas d'un échange radio entre un bateau et une station terrestre, il convient d'adopter la langue du pays de la station terrestre.

La navigation sur le Rhin, principal axe de transport fluvial européen représentant deux tiers des marchandises transportées par voie de navigation intérieure au sein de l'Europe, constitue un cas particulier. En cas de difficulté de compréhension, il convient en effet d'utiliser la langue allemande. C'est ce que prévoit l'article 4.05 du Règlement de police pour la navigation du Rhin (RPNR)[6], texte contraignant adopté à l'unanimité par les États membres de la Commission centrale pour la navigation du Rhin.

Incidences sur la navigation intérieure

Si les Standards adoptés en avril 2021 n'ont pas force de loi, ils fournissent aux écoles professionnelles de navigation intérieure un socle commun pour organiser l'enseignement du jargon en langue étrangère, tout en tenant compte des besoins locaux des établissements et des élèves, que ces derniers suivent une formation initiale ou une formation continue. Cette démarche visant les bases de la formation nautique permettra de prévenir encore davantage les problèmes de compréhension d'origine linguistique. L'application pour téléphone mobile représente un support pédagogique moderne que les jeunes mariniers peuvent consulter à leur guise pendant leur temps libre à bord. Partout en Europe, qu'ils naviguent sur le Rhin supérieur ou bien sur la Meuse et l'Escaut entre les Pays-Bas, la Belgique et la France, les bateliers disposent désormais d'un outil pour se familiariser avec les termes et expressions techniques allemands, anglais, néerlandais et français.

---

6 https://www.ccr-zkr.org/13020500-de.html#01.

Christine LAEMMEL

Utiliser une seule langue, l'anglais, dans un contexte transfrontalier ? Le cas de l'EuroAirport

Résumé: Choisir une langue professionnelle d'échange dans un contexte international de communication sur le risque est crucial. L'anglais, *lingua franca* dans de nombreux domaines, s'impose-t-il obligatoirement et exclusivement ? L'exemple des communications entre pilotes et contrôleurs de l'EuroAirport de Bâle-Mulhouse-Fribourg, documentées dans les études de la Direction Générale de l'Aviation Civile (DGAC) montre comment cette question peut être abordée en considérant les exigences de sécurité, les besoins des utilisateurs et les spécificités du territoire. Cette démarche effectuée dans le cadre des règlements de l'aviation internationale est susceptible d'éclairer la réflexion d'autres secteurs et organisations transfrontaliers confrontés à l'obligation d'échanger en toute sécurité et efficacité avec le pays voisin.

Mots clés: Communication sur le risque, plurilinguisme, transfrontalier.

Abstract: Choosing a professional language of exchange in an international risk communication context is crucial. Is English, the *lingua franca* in many fields, necessarily and exclusively required? The example of communications between pilots and controllers at EuroAirport Basel Mulhouse Freiburg, documented in the studies of the French *Direction Générale de l'Aviation Civile* (DGAC), shows how this question can be addressed by considering the safety requirements, the needs of users and the specificities of the territory. This approach, carried out within the framework of international aviation regulations, is likely to enlighten the thinking of other cross-border sectors and organisations faced with the obligation to exchange information safely and efficiently with the neighboring country.

Keywords: Risk communication, multilingualism, cross-border.

Introduction

Dans le document *Stratégie 2030 pour la Région Métropolitaine Trinationale du Rhin Supérieur* (RMT, 2020), les instances qui composent la plateforme d'échange et de coopération des trois pays, Allemagne, France et Suisse, plaident pour une intégration grandissante dans des domaines comme le transport et la santé. Cette intensification des relations s'accompagne de la promotion du plurilinguisme. « Comprendre la langue du pays voisin est essentiel ... » (RMT, 2019 : 18).

Le développement du plurilinguisme concerne tous les secteurs (éducation, économie, culture) et tous les âges de la vie, dans et hors du système scolaire. Dans ce contexte, quelles seront les conditions concrètes de réalisation d'échanges en toute sécurité ? Quelle est la pratique effective des langues par les personnes en charge des échanges transfrontaliers quand ceux-ci s'effectuent dans des domaines vitaux ? Comment éviter les interrogations au sujet du monolinguisme, de l'anglais comme *lingua franca*, des conséquences d'un plurilinguisme non maîtrisé et non contrôlé ?

Les études fondées sur des observations de terrain sont précieuses pour comprendre les logiques à l'œuvre, la mise en pratique des consignes et, plus largement, les enjeux et les implications du plurilinguisme, notamment dans les domaines où chaque État se doit d'assurer la sécurité de ses citoyens.

On ne peut envisager qu'en matière de transport ou de santé par exemple, une compréhension défaillante entre personnes ne pratiquant pas la même langue puisse survenir. Nous voulons croire que ces questions sont étudiées avec soin en amont, que les situations sont anticipées et que les règles communes, établies de façon réaliste et rationnelle, sont connues et partagées par tous.

Ulrich Beck, dans son ouvrage fondateur *La société du risque,* nous prévient que les sciences, la logique expérimentale ne pourront seules procéder à des choix déterminants en matière de sécurité. Il évoque même « *un concubinage durable* », « *une union polygame avec l'économie, la politique et l'éthique* » conclue par les sciences et la logique expérimentale. S'il est fait référence à un contexte particulier, suite à l'accident nucléaire de Tchernobyl, cet avertissement n'en demeure pas moins généralisable et toujours d'actualité. Il incite à prendre en compte toute la complexité des enjeux derrière le choix d'une langue ou la pratique du bilinguisme, y compris dans les cas où une solution simple, au choix, être bilingue ou privilégier l'anglais apparaît comme inévitable.

1. L'anglais, incontournable *lingua franca* ?

Dans le contexte transfrontalier du Rhin supérieur, la langue de l'autre n'est pas l'anglais, même si cette dernière est *lingua franca* dans de nombreux domaines, économiques ou scientifiques. Dans un article consacré aux langues sur internet, Michaël Oustinoff rappelle les arguments le plus souvent utilisés pour justifier l'usage de l'anglais :

- l'anglais est la solution la plus pratique, cette langue étant soi-disant « facile » à apprendre ;
- le tout-anglais est la solution la plus économique (une seule langue à apprendre) ;
- c'est la solution la plus « démocratique » (vu son extension mondiale) ;
- l'anglais est, en tant que *lingua franca*, « culturellement neutre ». (Oustinoff, 2012).

Il réfute ces arguments avec l'appui de linguistes, la facilité, la démocratie et la neutralité ne sont pas de mise ici mais seraient plutôt l'effet d'un *soft power* anglo-saxon. C'est la thèse que défend également Jacqueline Breugnot, quand elle évoque l'introduction de l'anglais comme langue de travail au sein de l'Eurocorps, le corps d'armée européen créé par l'Allemagne et la France, « (. . .) la neutralité d'une *lingua franca* est loin d'être respectée. Cette langue est bien rattachée à une culture, et cette culture est la culture américaine » (Breugnot, 2014 : 62). Sur le web, la langue anglaise est par ailleurs en perte de vitesse, avec la multiplication dans les années 2010 de nombreuses autres langues et traductions.

Barbara Cassin et Xavier North confirment cette importance du plurilinguisme et prennent position contre le *globish* – l'anglais simplifié comme langue véhiculaire – et la traduction systématique en anglais comme dans le cas de la carte d'identité française, « en décidant de traduire en anglais et en anglais seulement, toutes les mentions de notre nouvelle carte d'identité, nous avons tout faux ! » (Cassin, North, 2021).

Mais jusqu'où pouvons-nous suivre ces auteurs et autrices, y compris dans les cas où la traduction s'avère impossible à envisager, comme dans le domaine du transport ?

2. L'anglais, langue d'échange unique entre pilotes et contrôleurs aériens ?

Pour illustrer la question du choix de langue dans un contexte de sécurité international, le cas des échanges entre les pilotes et les contrôleurs aériens est éclairant à plus d'un titre. Singulièrement, les échanges au sein de l'aéroport de Bâle-Mulhouse-Fribourg, tels qu'ils sont analysés dans une étude réalisée en 2017 par la Direction Générale de l'Aviation Civile (DGAC), posent la question du choix ou non d'une langue unique, l'anglais, dans toute sa complexité.

L'aéroport de Bâle-Mulhouse est l'un des rares aéroports binationaux au monde. Il se présente comme un équipement au service de la Regio TriRhena, dans sa dénomination commerciale « EuroAirport Basel-Mulhouse-Freiburg », et se veut « le symbole de la coopération internationale dont l'impérieuse nécessité s'est fait jour après la Seconde Guerre mondiale. Un total de plus de vingt-cinq compagnies aériennes opèrent de manière générale à l'EuroAirport. Parmi les leaders comptent EasyJet et Wizz Air, suivis de Lufthansa, TUIfly, Air France et British Airways ». (www.euroairport.com, 2021).

Dans les accords de 1945 prévoyant la construction de l'équipement, il est stipulé que la France met à disposition le terrain et que la Suisse construit les pistes et les bâtiments. La gouvernance de l'aéroport est franco-suisse et inclut des représentants allemands. La langue officielle de l'EuroAirport est le français, des traductions de courtoisie en allemand sont parfois prévues dans certains cas comme des appels d'offres.

Mais cette situation géographique exceptionnelle ne peut manquer de poser la question de la pratique du plurilinguisme et, de fait, l'EuroAirport, bien qu'aéroport international, pratique le français et l'anglais dans les échanges entre pilotes et tour de contrôle. Là également, il figure parmi les rares aéroports internationaux à prévoir cette configuration. Cette situation peut-elle perdurer ? Est-elle un facteur de risque accru ?

C'est à cette interrogation que répond une étude de la Direction Générale de l'Aviation Civile (DGAC, 2017) rédigée par Yves Garrigues, André Xech et Stéphane Ly. Elle présente les caractéristiques suivantes : en accès libre, largement documentée notamment avec les retranscriptions des échanges entre les pilotes et les contrôleurs, elle offre aussi une pluralité de points de vue avant de transmettre ses conclusions. L'intégralité du document est d'un haut niveau de technicité et nécessite d'être un professionnel de l'aviation pour être appréhendée. Néanmoins, les données et les conclusions concernant la pratique des langues se révèlent accessibles aux profanes. L'étude réalisée par la DGAC a été menée à la demande de l'Union Européenne (UE) dans le cadre d'un règlement portant sur l'usage des langues nationales. Elle concerne six aéroports français et comprend une analyse des incidents et une enquête auprès des pilotes, incluant ceux de l'aviation privée.

En préambule, nous évoquerons à nouveau Ulrich Beck (op. cité 52) pour qui

> « Les différents acteurs de la modernisation et les différents groupes exposés au risque ont toujours des objectifs, des intérêts et des points de vue concurrents et conflictuels qui sont forcément associés lors de la définition des risques, puisque

appréhendés en étant cause ou effet, comme étant à l'origine
d'un risque ou soumis à ce risque ».

La question posée par l'UE portait sur l'intérêt en matière de sécurité d'imposer l'anglais comme langue unique. Les auteurs concluent
que ce n'est pas nécessaire tout en mentionnant les dysfonctionnements
potentiellement induits par les pratiques conjointes de l'anglais et du
français.

En effet, des études et rapports concernant le facteur humain dans
les accidents relèvent que la barrière de la langue est souvent en cause.
Laure Belot le souligne dans un article « plus d'une dizaine d'accidents directement liés à de mauvaises communications linguistiques
vont avoir lieu dans les années 1990 » (Le Monde, 2005). Elle cite un
expert :« Un anglais simplifié a été créé pour la navigation aérienne,
précise Jean Paries, expert et ancien numéro deux du bureau enquêtes
accidents. Mais un effort considérable reste à fournir pour que tout le
monde le maîtrise. Un énorme problème de prononciation persiste, y
compris pour les anglophones. » (op. cité).

Pour leur étude demandée par l'UE, les auteurs différencient trois
niveaux dans leur évaluation : la question du bilinguisme, celle d'une
pratique insuffisante de l'anglais ou de la phraséologie en anglais.

La France fait partie des pays qui autorisent dans leurs aéroports internationaux comme Charles-de-Gaulle (CDG) à Paris l'usage
du français pour les échanges entre pilotes et contrôleurs, même si
on peut considérer que la totalité des équipages usagers de cet aéroport possèdent une qualification en anglais. Certains évaluateurs –
des Américains non francophones, comme le pointe le rapport de la
DGAC – considèrent cela comme « une menace ».

Cette étude montre notamment que, dans un domaine de sécurité
codifié, normé, contrôlé, la question des langues subsiste et qu'elle
ne peut pas s'affranchir de dimensions historiques et interculturelles.
Sans aborder ici les données techniques, les situations de communication sont décrites pour montrer notamment comment la pratique de la
langue s'articule avec les gestes techniques, la transmission des informations et la prise de décision et ceci dans des laps de temps extrêmement courts.

Pour illustrer la brièveté de ces échanges, on peut se rappeler l'amerrissage sur le fleuve Hudson du vol US Airways 1549 en 2009 : le commandant de bord Chesley Sullenberger est parvenu à cet exploit au bout de cinq minutes et huit secondes de vol. Les échanges entre les pilotes et les contrôleurs sont notamment codifiés par le niveau de service rendu par les contrôleurs aux pilotes : la mise en route, la clairance (*clearance*), les approches, les atterrissages et décollages, la météo.

La clairance est une autorisation de manœuvre qui garantit l'absence de danger. Les pilotes et les contrôleurs échangent ainsi des informations, des autorisations, des acceptations et des refus, dans un délai court, sur des séquences de quelques secondes.

En fonction des aéroports, il existe ou non l'autorisation et les règles correspondantes pour le pilote d'utiliser la vision du cockpit pour réaliser ses tâches, on parle de *Visual Flight Rules (VFR)* et d'*Instrument Flight Rules* (*IFR*). Il existe des certifications de langues différentes pour les *VFR* et les *IFR*. Il est interdit, notamment pour les pilotes amateurs, de recourir aux services en langue anglaise s'ils ne possèdent pas ces certifications.

Nous voyons que la pratique insuffisante d'une langue ou une pratique non attestée par un certificat sont proscrites. On pourrait penser que, puisque la législation a prévu ce cas de figure avec les règles de *VFR* et d'*IFR*, il suffirait de les appliquer. Dans le cas d'une généralisation de l'anglais, les conséquences ne sont pas neutres : cette décision priverait d'informations certains pilotes francophones monolingues et la population de services tels que les vols de la Sécurité civile.

Ce serait le cas de l'EuroAirport. Rappelons qu'il est à la fois un aéroport international et un équipement implanté en France au service de trois régions frontalières.

L'organisme de contrôle de Bâle, ainsi qu'il est désigné dans l'étude, gère six aérodromes *VFR* et 7 aérodromes *IFR* – dont le trafic généré par un aéro-club suisse, où les pilotes communiquent en anglais et le trafic de l'aéro-club de Mulhouse–Habsheim, où les pilotes utilisent le français.

Le passage à l'anglais comme langue unique aurait des conséquences tangibles pour les pilotes francophones.

3. L'anglais de l'aéronautique : une langue universelle

Le pilote et auteur Mark Vanhoenacker (2016) témoigne de l'usage universel de l'anglais par les pilotes professionnels et de l'impression que procure ce bain linguistique continu de pays en pays, dans les vols intercontinentaux. Il évoque le romantisme de l'anglais de l'aviation, où l'obscurité des sigles renvoie à celle du cockpit la nuit.

Cette incise suggère que le discours sur le plurilinguisme pourrait gagner à s'accompagner d'évocations qualitatives. La pratique du bilinguisme, souvent fonctionnelle, est encouragée pour des raisons économiques, comme un témoignage d'intérêt pour l'autre pays. Une approche plus littéraire, plus inclusive aussi, ne pourrait-elle être, elle aussi, un facteur d'intégration du territoire transfrontalier ?

Plus concrètement, l'anglais de l'aéronautique est constitué de codes, d'acronymes, d'expressions figées, d'échanges très courts et restreints, sans formules de politesse ni expressions superflues. Mais il implique aussi de pouvoir décrire des situations exceptionnelles, inattendues, et de pouvoir gérer des consignes et des commandements gradués, donc de posséder un vocabulaire étendu.

Jacqueline Breugnot montre qu'il existe de nombreuses définitions de ce que signifie « *parler anglais* » et comment elles coexistent au sein d'une organisation internationale comme l'Eurocorps : « *tandis que pour les uns "parler anglais" signifie arriver à peu près à comprendre et à se faire comprendre au quotidien, à l'oral, dans un contexte professionnel aux rituels connus, pour les autres, l'expression exclut toute erreur grammaticale et approximation sémantique* » (op cité 112).

Les pilotes anglo-saxons sont exonérés de la vérification annuelle de leur niveau de langue anglaise. Pour les autres – en dehors des pilotes titulaires du niveau 6 le plus élevé – la compétence professionnelle « parler anglais » n'est pas assurée une bonne fois pour toutes et demande à être contrôlée régulièrement.

Une simple qualification en anglais est insuffisante et cette question va se poser notamment dans le cas des personnels de sécurité et des personnels au sol de l'aéroport. Ils pourraient être anglophones mais non compétents en anglais de l'aviation.

Cet exemple montre les diverses implications de ces pratiques plurilingues rendues nécessaires par une intégration transfrontalière et des services partagés.

Il existe pour l'aéronautique une phraséologie en français et une phraséologie en anglais définies l'une et l'autre par une règlementation. La phraséologie désigne la collection de mots et expressions utilisés dans les transmissions radiotéléphoniques aéronautiques. L'utilisation correcte de la phraséologie exige non seulement l'utilisation des termes et locutions aux normes de communication mais aussi des procédures pour optimiser la compréhension des messages transmis. Historiquement, les phraséologies se sont développées avec des apports plurilingues. Ainsi l'expression correspondant à l'appel de détresse *Mayday* viendrait-elle du français « *m'aider* ».

Si les phraséologies sont très importantes dans l'aéronautique et la navigation, toutes les professions n'en sont pas dotées, que ce soit en version monolingue ou plurilingue.

4. L'apprentissage et la certification

Dans l'apprentissage de l'anglais de l'aéronautique et de l'anglais pour les pilotes, la prise en compte des accents et de la prosodie est déterminante. Les pilotes s'exercent à partir d'échanges en anglais enregistrés dans tous les aéroports du monde. Ces échanges sont mis en ligne et en accès libre, afin de faciliter les exercices et la préparation aux examens. Dans leurs retours suite aux incidents, les pilotes indiquent par exemple si l'accent de leur interlocuteur a gêné leur compréhension ou si le rythme de l'échange était trop rapide.

Lors de l'examen, l'épreuve des situations d'urgence s'effectue en binôme. Le binôme ouvre une enveloppe dans laquelle il trouve une phrase d'urgence ou de situation inhabituelle rédigée en français, qu'il doit énoncer en anglais au premier candidat. Celui-ci doit annoncer en anglais la situation au contrôle ; la situation est ensuite inversée avec le second candidat du binôme.

La pratique de l'anglais est obligatoire pour les pilotes professionnels et évaluée par niveau – ainsi 80 % des pilotes de compagnies aériennes possèdent le niveau 4, sur 6. Le niveau 4 est valide pour quatre ans, le niveau 5 pour six ans. Seul le niveau 6 l'est à vie. Ces niveaux correspondent à « pré-élémentaire » pour le 1, « élémentaire » pour le 2, « pré-fonctionnel » pour le 3, les niveaux 4 à 6 étant respectivement « opérationnel », « avancé » et « expert ».

5. Les ruptures de langues et leurs effets

L'étude de la DGAC citée s'intéresse aux ruptures de langues, c'est-à-dire aux moments où les échanges devront cesser de s'effectuer en français – par exemple lors d'un contrôle d'approche *IFR* en anglais. D'emblée, les enquêteurs annoncent que ces ruptures représentent « une charge mentale supplémentaire pour le pilote », ajoutant « il n'est pas exclu que cette situation puisse être un facteur aggravant dans le cas d'une situation difficile à gérer ». La notion de charge mentale dans des situations de communication semble assez peu étudiée. Elle n'est ni documentée ni prise en compte de façon générale, tout comme la question des facteurs aggravants lors du changement de langue. Les enquêteurs de la DGAC ont sollicité des psychologues pour se faire expliquer comment le passage à la langue d'usage s'effectuait presque instinctivement pour orienter toutes les ressources mentales vers la situation.

5.1. *Deux cas peuvent illustrer ce phénomène*

Un pilote francophone et un co-pilote italien non francophone, en approche d'un aéroport français. L'avion est en manque de carburant – devant l'urgence et la tension, le pilote passe au français avec le contrôleur, tandis que le copilote ne comprend pas l'échange.

Autre situation : un commandant de bord britannique non francophone et un pilote français sont dans une situation de vol critique. Le pilote français, ancien pilote de bombardier de l'armée, effectue une manœuvre inhabituelle liée à son expérience militaire et se trouve incapable de l'expliquer en anglais.

Dans les données de la DGAC concernant l'EuroAirport, un pilote anglais déclare ne pas avoir compris un échange entre le contrôle et un autre avion dans une procédure de décollage-atterrissage – mais l'analyse de l'incident conclut que la compréhension de l'échange n'aurait pas modifié sa réaction. Dans un autre témoignage, un pilote non francophone déclare que, quand l'échange est en français, il a le sentiment que ce n'est pas important ou que cela ne le concerne pas – ce qui peut ne pas être le cas.

En réalité, les ruptures de langues sont fréquentes : les check-lists sont en anglais, les échanges en français dans la cabine entre pilotes francophones et en anglais avec le contrôle. Les évaluateurs de la DGAC devaient, à l'issue de leur enquête, formuler un avis sur la poursuite ou non du bilinguisme à l'EuroAirport. En ce qui concerne l'incidence de la pratique des langues, ils s'appuient sur des points précis et tiennent compte du déroulé exact des incidents – disponible par l'enregistrement et la retranscription. Quand l'instruction émise par un contrôleur initie une situation qui va manifestement évoluer vers un incident, un des équipages de conduite peut éventuellement s'en rendre compte à travers les communications radio. Ces cas sont comptabilisés dans une liste intitulée Conscience de la Situation Possible (CSP). Un équipage a conscience de la situation – un risque – par sa compréhension des communications radios échangées entre les contrôleurs et d'autres trafics sur la plateforme, lui permettant l'atténuation ou l'élimination du risque supposé. D'où l'incidence de la langue effectivement utilisée – même dans le cas de pilotes professionnels et de contrôleurs tous anglophones. La DGAC s'est également fondée sur des études canadiennes – le pays étant passé du mono au bilinguisme dans certains aéroports, à rebours de la situation de l'ensemble des aéroports internationaux. Parmi les données transmises, l'analyse des erreurs des contrôleurs a identifié un total de 1387 erreurs de transmission dans les exercices où l'on utilisait deux langues, soit 5.49 %, à comparer à 5.03 % d'erreurs soit 1287 erreurs en situation unilingue, soit une différence statistiquement non significative.

5.2. Le cas de l'aéroport EuroAirport Basel-Mulhouse-Freiburg

Conçu pour desservir les trois villes de Bâle, Mulhouse et Fribourg et des zones de contrôle aérien au-delà, l'EuroAirport avait opté pour des échanges possibles en français ou en anglais entre pilotes et contrôleurs. Une enquête auprès des pilotes menée par la DGAC éclaire le contexte et les raisons possibles de ce choix exceptionnel.

Les profils des pilotes sont classés selon leurs niveaux de licence et leur fréquentation de l'aéroport :

- les pilotes professionnels détiennent les licences de plus haut niveau (ATPL ou CPL) – ce sont les pilotes des compagnies aériennes ;
- les pilotes privés sont détenteurs de licences permettant de piloter des avions légers ;
- les pilotes réguliers se sont rendus en moyenne une fois par mois à l'aéroport au cours des douze mois écoulés ;
- les pilotes occasionnels moins d'une fois par mois.

Au sein de l'échantillon de pilotes ayant répondu au questionnaire de la DGAC on dénombre :

- 72 % de pilotes professionnels et 28 % de pilotes privés,
- 81 % de pilotes occasionnels et 19 % de pilotes réguliers.

Ces caractéristiques vont avoir des conséquences en matière de pratique des langues. De fait, les compétences en anglais vont se révéler inégales.

5.3. Niveau de compétences linguistiques en anglais des pilotes interrogés

- niveau 0 à 3 : 17 % des pilotes interrogés
- niveau 4 : 13 %
- niveau 5 : 16 %
- niveau 6 : 54 %

(Voir correspondance des niveaux dans le chapitre L'apprentissage et la certification).

On peut observer un très bon niveau d'anglais, correspondant notamment aux réponses des pilotes de compagnies britanniques ou américaines et une minorité significative de non pratiquants ou de bas niveau. Les enjeux décrits précédemment sont confirmés : les échanges en français apportent des informations aux uns et privent les autres d'une compréhension qui pourrait se révéler importante en cas d'incident, et la situation se répète avec les échanges en anglais. Les chiffres de la pratique du français révèlent une situation tranchée sans niveaux intermédiaires : 54 % des pilotes interrogés ne pratiquent pas le français – soit un niveau 0 – et 40 % ont un niveau 6.

Dans leur approche, les analystes de la DGAC ont pensé à questionner les pilotes sur leur langue préférée, une donnée subjective qui aide à la compréhension de la situation de l'EuroAirport. Pour la langue préférée des pilotes occasionnels, 62 % préfèrent l'anglais et 38 % le français. Pour les pilotes réguliers, 30 % préfèrent le français. Concernant les pilotes privés, 89 % préfèrent le français. Ces données confirment que le maintien ou non du français dans les échanges aura des conséquences directes pour de nombreux pilotes et expliquent pourquoi pilotes et contrôleurs se trouvent dans des situations d'échanges monolingues (français ou anglais) ou bilingue (français et anglais). Mentionnons que la DGAC signale que les résultats de son enquête ne sont pas représentatifs car celle-ci comporte une surreprésentation de pilotes de certaines compagnies. Aucun cas n'ayant été identifié pour lequel l'existence du bilinguisme (français et anglais) des échanges serait une

cause ou une circonstance contributive à un incident, la recommandation de la DGAC a été de ne pas le supprimer.

En conclusion, le cas des échanges entre pilotes et contrôleurs
de l'EuroAirport offre une vision des conséquences du choix, ou non,
d'une seule langue pour les échanges transfrontaliers de communication sur le risque. Il tend à montrer qu'il existe un éventail de solutions,
adaptables au contexte, pouvant inclure des besoins et des points de vue
variés et qu'il est pertinent de les évaluer dans un contexte pluridisciplinaire et en consultant celles et ceux qui vont avoir à mettre en œuvre
l'option retenue, que ce soit de façon régulière ou exceptionnelle. Pour
effectuer ce choix avec toutes les garanties de sécurité, il est important de dépasser la vision générale, celle qui va concerner la majorité
des personnes impliquées, pour prendre en compte des groupes plus
éloignés, des ensembles de population aux caractéristiques différentes
mais qui sont amenés à jouer un rôle dans les situations étudiées.

Le cas des pilotes professionnels et des contrôleurs de l'EuroAirport l'illustre bien : ils pratiquent tous un anglais professionnel de haut
niveau certifié. Mais l'aéroport gère aussi des relations avec des pilotes
privés, des pilotes amateurs, des personnels de maintenance, des services de secours, du transport de passagers et du fret, dans un contexte
transfrontalier. Dans beaucoup de secteurs, le choix d'une langue en
contexte d'échanges transfrontaliers s'effectue parfois au cas par cas, de
façon souple et informelle. Gagnerait-on à toujours fixer un cadre plus
strict ? Peut-être pas. Au stade de l'étude, de la réflexion, une analyse
fondée sur la retranscription des échanges se révèle précieuse pour la
compréhension de la situation de communication et des enjeux linguistiques, dès lors que la notion de risque ou de crise y figure.

En matière de choix d'une langue professionnelle, on ne peut
manquer de souligner l'importance de la phraséologie, des différences
entre communications de routine et situations d'exception, les risques
respectifs induits par des environnements monolingues et par le bilinguisme, par une pratique non validée d'une langue, l'importance de la
prise en compte des accents et de la prosodie dans les apprentissages et
les échanges – tous ces points relèvent du niveau d'exigence de sécurité
des communications du transport aérien et sont aussi des repères, des
balises pour une communication de crise ou du risque dans tous les

secteurs. En s'appuyant sur les domaines les plus exigeants, les bonnes pratiques sont susceptibles de progresser dans tous les domaines.

L'étude de la DGAC révèle aussi que dans un domaine où la traduction est impossible la pratique de deux langues peut perdurer sans risque ajouté. Dans les évolutions futures liées à ce contexte de choix des langues et de mesure des risques, on peut imaginer que l'usage de logiciels spécialisés et la transmission de données par des machines vont modifier les problématiques et reposer la question de l'usage de l'anglais. Les enquêteurs de la DGAC ont noté que la question du choix des langues de l'EuroAirport a suscité un grand intérêt auprès des personnes concernées, ce qui est un encouragement et une incitation à développer des recherches à ce sujet dans d'autres secteurs, à l'échelle transfrontalière.

Bibliographie

Beck, U. (2008). *La société du risque.* Paris : Flammarion.

Belot, L. (2005). Crashs aériens, erreurs humaines. Plus de six accidents sur dix sont dus à des facteurs humains. L'aéronautique cherche la parade. *Le Monde,* 25 octobre 2005.

Breugnot, J. (2014). *Communiquer en milieu militaire international,* Paris : Ed. des archives contemporaines.

Cassin, B., North, X. (2021). En décidant de traduire en anglais seulement notre nouvelle carte d'identité, nous avons tout faux. *Le Monde*, 5 avril 2021.

Oustinoff, M. (2012) Les langues sur Internet : de l'hégémonie de l'anglais au règne de la traduction. *Le Temps des médias,* vol. 18, n° 1, 2012. 124–135.

Vanhoenacker, M. (2016). The language of the cockpit is technical obscure and irresistibly romantic, *aeon.* En ligne : https://aeon.co/ess ays/the-language-of-the-cockpit-is-technical-obscure-and-irresisti bly-romantic.

Sitologie

https://www.euroairport.com/fr/euroairport/entreprise/autoportrait/
   presentation.html.
DGACweb_les_aerodromes_en_france_confrontes_a_lobligation_
   dutiliser_la_seule_langue_anglaise_volume_1.pdf, 2017.
DGACweb_les_aerodromes_en_france_confrontes_a_lobligation_
   dutiliser_la_seule_langue_anglaise_volume_2.pdf, 2017.
Stratégie 2030 pour la Région Métropolitaine Trinationale du Rhin
   Supérieur (RMT) 2019. https://www.conference-rhin-sup.org/fr/
   la-conference-du-rhin-superieur/apercu/actualites/items/la-strate
   gie-2030-de-la-region-metropolitaine-trinationale-du-rhin-superi
   eur-a-ete-signee.html.

Quatrième partie
Les études prospectives

Miriam KLEIN, Yannic SCHULTE, Marcus WIEN,
Frank FIEDRICH, Frank SCHULTMANN

(Traduction : Christine RIETH)

La coopération transfrontalière dans le domaine de la protection civile : la construction d'outils méthodologiques

Résumé: La pandémie de COVID-19 survenue en 2020 a montré que les catastrophes (naturelles) ne touchaient plus uniquement des pays isolés mais qu'elles avaient des répercussions croissantes et de plus en plus rapides dans le monde entier. Il convient donc de les aborder dans une perspective globale et d'y faire face au moyen de coopérations internationales. Un tel scénario soulève de multiples questions s'agissant de la gestion de ces crises, en particulier dans les régions à la croisée de deux ou de plusieurs pays. Par exemple, comment des acteurs de la gestion de crise coopéraient-ils jusque-là au niveau transfrontalier ? Quelles sont les structures existantes et comment améliorer la collaboration ? Comment mobiliser les ressources de façon pertinente à l'échelle transfrontalière ? La prise en charge des personnes vulnérables peut-elle être assurée même en cas de fermeture des frontières ? Comment impliquer des « volontaires spontanés » par-delà les frontières et quelles conséquences cette volonté d'apporter de l'aide a-t-elle sur les relations entre les personnes ? Existe-t-il véritablement une solidarité transfrontalière ?

Pour répondre à ces questions, la présente contribution fait appel à diverses approches scientifiques, en mettant l'accent d'une part sur les simulations informatiques et d'autre part, sur des études empiriques. Par ailleurs, elle présente des résultats issus du projet de recherche franco-allemand INCA – un cadre d'aide à la décision visant à accroître la résilience dans les régions frontalières et susceptibles d'apporter des éléments de réponse à certaines questions.

Mots clés: Catastrophes naturelles, solidarités transfrontalières, résilience.

Abstract: The COVID-19 pandemic which occurred in 2020 showed that natural catastrophes did no longer only concern isolated countries but rather that they had ever growing and fast consequences across the globe. Therefore, one must consider them in a global perspective and deal with them through international cooperation. Such a scenario brings multiples questions about coping with these crises, especially within border regions. For example, until now how did crisis management actors cooperate at the border level? What are the current structures and how can cooperation be improved? How can the resources be used at best at this particular scale? Can vulnerable people be taken in charge even if border close? How to involve « spontaneous volunteers » beyond borders and what consequences the will to support other people might have on interpersonal relations? Is there actually a trans-border solidarity?

To answer these questions, this article takes into consideration various scientific approaches, on the one hand focusing on virtual simulations and on the other hand on empirical studies. Besides, it presents results taken from the French-German research project INCA, which stands for a frame meant to support decision making, aiming at improving resiliency in border regions. Indeed, these regions have a good chance of bringing about elements of answer to some questions.

Keywords: Natural catastrophes, transborder solidarity, resilience.

Contexte

Ces dernières décennies, les scénarios de crise transfrontalières se sont multipliés, comme l'illustre notamment la pandémie actuelle. Cette évolution tient à divers phénomènes. D'une part, les catastrophes telles que les événements météorologiques extrêmes voient leur fréquence augmenter en raison des changements climatiques et ne s'arrêtent pas aux frontières créées par l'homme, rendant une coopération transfrontalière nécessaire. D'autre part, au fil de l'histoire, les montagnes et les cours d'eau se sont souvent imposés en tant que frontières naturelles, de sorte que la crue d'un fleuve situé à la frontière entre deux États peut avoir un impact dans plusieurs pays. Il convient, de plus, d'aborder les catastrophes transfrontalières en tenant compte d'évolutions telles que la mondialisation et la « technicisation » de nos sociétés.

Les liens sociaux, politiques et économiques entre les États génèrent de multiples interdépendances. En conséquence, les catastrophes peuvent avoir des répercussions au-delà des frontières nationales (Boin/Rhinard, 2008). À titre d'exemple, on peut citer la défaillance d'infrastructures transfrontalières critiques. En Allemagne, le ministère fédéral de l'Intérieur a défini ces infrastructures critiques comme suit : « des organisations ou infrastructures présentant une importance majeure pour l'État et la population, dont l'arrêt ou la défaillance peut provoquer des problèmes durables d'approvisionnement, des troubles considérables de la sécurité publique ou d'autres conséquences dramatiques ».

Aujourd'hui, les divers éléments d'infrastructure sont étroitement interconnectés, ce qui contribue en temps normal à améliorer la performance des systèmes. Mais en cas d'incident, il peut se produire un effet de cascade ou d'escalade susceptible de causer des dégradations dans divers secteurs (approvisionnement en électricité ou en eau, transports, *etc.*) et de provoquer des problèmes majeurs. Citons à titre d'exemple la gigantesque panne du réseau européen d'alimentation électrique en 2006, due à la mise hors tension inadéquate d'une ligne électrique en Allemagne. Le courant a alors été acheminé via d'autres lignes, ce qui a provoqué une panne qui a touché jusqu'à 15 millions de foyers européens. La pandémie de COVID-19, qui sévit en Europe depuis début 2020, est un autre exemple de catastrophe entraînant des répercussions au niveau transfrontalier. Elle a de multiples conséquences sur les régions frontalières, comme l'ont démontré Peyrony et al. (2021) à l'aide de vingt études de cas. Leurs travaux décrivent les différentes approches en matière de fermeture des frontières et de contrôles dans les divers pays d'Europe ainsi que leurs répercussions sur la population. Cette crise a entraîné de nombreuses restrictions pour les travailleurs transfrontaliers, le tourisme et aussi pour les familles. En matière d'interventions d'urgence, des actions transfrontalières ont eu lieu malgré la fermeture des frontières, par exemple pour lutter contre des incendies de forêt à la frontière entre l'Allemagne et la République tchèque alors que dans la zone frontalière entre l'Allemagne et le Danemark, les services transfrontaliers de secours ont été suspendus à titre transitoire. Par la suite, une *Cross-Border Task Force Corona* a été instaurée dans la zone frontalière germano-néerlandaise pour répondre aux besoins particuliers de la population et aussi pour améliorer la gestion de crise dans les régions frontalières (Peyrony *et al.*, 2021, p. 8–9). Dans cette même région, un projet Interreg a été mené en vue de renforcer la coopération en cas de maladies infectieuses ou de pandémie plutôt que de fermer la frontière pour éviter la propagation de ces pathologies. Le recensement et l'actualisation régulière des mesures de protection contre la pandémie à l'intention des citoyens, des entreprises et des administrations intervenant des deux côtés de la frontière, constitue un résultat intermédiaire pragmatique[1]. On peut noter que les dispositions fédérales et des *Länder* en matière de gestion de crise sanitaire omettent souvent les particularités des zones frontalières, ce qui affaiblit les coopérations au niveau local. Par ailleurs, même si la frontière entre la France et l'Allemagne a été fermée au grand public durant la première vague de la pandémie de COVID-19, les services de santé ont continué de coopérer, par exemple en transférant des patients français dans des hôpitaux allemands pour alléger la pression sur le système de santé français (cf. l'article de Frédérique Ganster dans le présent ouvrage). Diverses initiatives ont vu le jour pour augmenter la visibilité des mesures de restrictions et permettre aux habitants des zones frontalières de mieux comprendre les dispositions applicables, comme,par exemple, un tableau de bord géographique indiquant le nombre de cas de COVID-19 dans la région entre l'Allemagne et les Pays-Bas. De même, un outil présentant de façon claire les dispositions en vigueur pour l'entrée et la sortie du territoire a été mis en place dans diverses régions frontalières[2].

Selon le Comité européen des régions (CdR), 37,5 % des Européens vivent dans des régions frontalières situées sur les 38 frontières intérieures, ce qui se traduit par des barrières géographiques et linguistiques. De ce fait, il existe un potentiel considérable d'amélioration

---

1   (EMERIC – Interreg Euregio Meuse-Rhine : https://pandemric.info/fr/pandem ric-examines-the-benefits-of-euroregional-cooperation-during-health-crises-francais/).
2   (Par ex. par le GETC de l'Euroregio Maas-Rhein, 2020 : https://grenzinfo.eu/ emra/reisehinweise-in-den-grenzgebieten-der-euregio-maas-rhein/).

de la résilience dans ces zones grâce à la mise en place et à la structuration de coopérations efficaces en matière de protection civile. Dans l'idéal, une coopération transfrontalière efficace mutualise les capacités de toutes les parties prenantes. Comme l'ont constaté Jones *et al.*, l'engagement régional en faveur de la santé publique ne se limite pas à la somme des engagements nationaux des pays d'une zone mais englobe aussi la capacité de ces États à coopérer, en situation d'urgence, en matière de santé publique, par-delà les frontières nationales et internationales (Jones et al., 2008, p. 22). Lorsqu'une catastrophe survient dans une région donnée, une aide est généralement fournie, dans un premier temps, par les régions voisines. Compte tenu de la proximité géographique, de la connaissance de l'environnement et du contexte, cette aide est généralement rapide, efficace et bien accueillie par la population. C'est également le cas pour les régions limitrophes d'autres pays mais divers enjeux doivent être pris en compte en l'occurrence. Dans le cadre d'un cycle de gestion de crise composé de quatre phases (prévention, préparation, réponse et suivi), il convient d'analyser les défis et les potentiels d'une gestion de crise transfrontalière pour accroître la résilience d'une région frontalière.

En conséquence, le présent article est consacré à diverses approches scientifiques visant à analyser la coopération transfrontalière au niveau des comportements individuels et entre diverses organisations dans plusieurs pays. Il s'appuie sur deux éléments-clés : des simulations informatiques, en particulier des modélisations de systèmes multi-agents (SMA) et une collecte empirique de données. Celle-ci englobe notamment des enquêtes, entretiens et scénarios expérimentaux de planification, visant à comprendre comment fonctionnent les pratiques institutionnelles de coopération, à évaluer la propension des individus à apporter leur aide au-delà de la zone frontalière franco-allemande et à étudier leurs réactions en cas de catastrophe durable de grande ampleur. En complément, nous présenterons une partie des résultats du projet de recherche franco-allemand « INCA – Un système d'aide à la décision pour améliorer la résilience des territoires transfrontaliers » subventionné entre 2017 et 2020 par la *Deutsche Forschungsgemeinschaft* et l'Agence nationale de la recherche[3]. Il est notamment ressorti du projet INCA que la « coopération transfrontalière » est très complexe, d'où la nécessité de l'éclairer sous divers angles. Aussi, les résultats scientifiques évoqués dans ce chapitre s'inscrivent-ils dans la logique de l'ouvrage et devraient être utilement complétés par les retours d'expérience présentés dans d'autres chapitres.

1. Modélisation

1.1. Modélisation de systèmes multi-agents (SMA) dans le cadre du projet INCA

Les simulations fournissent en général une représentation simplifiée de la réalité dans le cadre de laquelle le phénomène à examiner est représenté à l'aide d'outils informatiques, ce qui permet de tester les répercussions de divers mécanismes. En l'espèce, il s'agit d'étudier la coopération entre divers acteurs de la protection civile dans des régions frontalières. Les simulations de SMA permettent de représenter explicitement des personnes ou des biens sous la forme « d'agents ». Ceux-ci ont des caractéristiques individuelles et peuvent avoir des propriétés très différentes (Macal/North, 2010). On peut ainsi représenter des personnes d'origine, de langue ou de culture différentes, ce qui est particulièrement intéressant pour la modélisation d'une zone transfrontalière (Macal/North, 2010). Il est possible d'opérer une distinction entre les citoyens et les acteurs de la protection civile. Les agents agissent de façon autonome sur la base de leurs caractéristiques et leurs objectifs individuels (Macal/North, 2010), mais ils peuvent également être influencés par les actions d'autres personnes. Les agents peuvent

---

3   Le projet a été soutenu entre 2017 et 2020 par la Deutsche Forschungsgemeinschaft (références : DFG-FI 2139/3-1 et DFG-SCHU 1189/13-1) et l'Agence Nationale de la Recherche (référence : ANR-16-CE92-0011-01).

en outre interagir, par exemple, relayer des informations, décider et agir sur la base d'informations reçues. Pour ces raisons, les modèles de SMA constituent un outil d'analyse idéal dans un contexte de crise dynamique.

Dans le cadre du projet INCA, un modèle de système multi-agents a été élaboré en vue d'analyser la coopération et la communication entre les autorités pour la prise en charge de blessés dans un environnement international. Dans ce modèle, les agents représentaient la population qui avait besoin d'aide ainsi que les acteurs publics, subdivisés en équipes de sauveteurs et de coordinateurs chargés de définir des priorités pour la prise en charge médicale des personnes au-delà de la frontière nationale. La modélisation des agents a plus particulièrement tenu compte de ce critère car l'un des objectifs était d'analyser la communication dans la zone frontalière. De plus, des modèles de communication tirés de la littérature scientifique ont été élargis à un environnement international (Cross et al., 2001). Outre la capacité technique à communiquer (les groupes d'experts ont fait apparaître clairement l'absence de standard international en matière de techniques de communication), cela englobe aussi les connaissances linguistiques, car la langue est la barrière la plus manifeste lorsque des personnes de cultures différentes communiquent entre elles. Toutefois, même lorsque les partenaires arrivent à s'exprimer couramment dans la même langue, des différences culturelles peuvent induire des malentendus. La confiance entre les acteurs est donc un critère important pour une communication réussie car elle constitue la clé du succès dans les alliances stratégiques transnationales. Pour cette raison, le projet a défini des différences entre les agents modélisés au niveau des systèmes techniques de communication, de la maîtrise linguistique et de la confiance dans les divers groupes de personnes (Klein et al., 2018).

L'analyse des moyens de communication les plus efficaces a révélé que la compatibilité technique des systèmes de communication favorisait une bonne coordination des actions de sauvetage, ce qui, en coopération transfrontalière, permet une prise en charge de la population sensiblement meilleure par rapport à une action purement nationale. Qui plus est, l'analyse des compétences linguistiques a révélé que les processus de communication sont plus efficaces lorsque les agents ont appris la langue du pays voisin plutôt que lorsqu'ils utilisent une langue tierce, une *lingua franca* qui doit être apprise par tous les agents. On peut en tirer la conclusion suivante : dans les régions frontalières en particulier, il ne suffit pas d'apprendre une *lingua franca*, il est essentiel d'améliorer la maîtrise de l'idiome du pays voisin. De plus, la confiance entre l'émetteur et le récepteur d'un message permet que les demandes d'aide ne soient pas répétées, ce qui permet de ne pas bloquer inutilement des ressources, telles que le personnel médical. Ceci a permis une plus grande disponibilité des capacités et, partant, un degré plus élevé de prise en charge de la population. Si l'on compare l'augmentation exponentielle des capacités de prise en charge grâce à la réduction des malentendus à l'augmentation linéaire induite par la réduction des problèmes de confiance, il apparaît (après avoir veillé à la comparabilité technique des moyens de communication) que la dimension linguistique est le principal facteur d'amélioration pour la résilience dans les zones frontalières (Klein et al., 2018).

Une deuxième analyse également basée sur le modèle de SMA portait sur une coordination efficace de « volontaires spontanés » (cf. aussi Schulte et al., 2020). Elle partait du postulat suivant : ces volontaires s'associent et commencent à œuvrer pour lutter contre les répercussions de la catastrophe, indépendamment des structures en place. Ainsi, après l'ouragan Katrina qui a sévi en 2005, une vaste communauté s'est formée en dehors du territoire touché par la catastrophe afin de coordonner la fourniture de logements et d'autres formes d'aide aux personnes déplacées. De même, lors des crues catastrophiques en Europe centrale en 2013, de nombreux volontaires se sont manifestés et ont notamment aidé à remplir des sacs de sable. Bien que ce type de bénévolat existe depuis longtemps (Dynes évoquait dès 1970 la coopération spontanée de personnes pour aider des sinistrés), cette dynamique est aujourd'hui favorisée par les réseaux sociaux. Si l'intervention de volontaires représente un potentiel considérable et des ressources supplémentaires pour faire face aux catastrophes, elle exige toutefois un travail de coordination non négligeable si l'on veut intégrer cette aide de façon structurée dans les mécanismes de protection en cas de catastrophe.

Il existe diverses approches visant à mettre à profit le potentiel considérable que représentent ces aides supplémentaires, telles que les volontaires. Une partie de la littérature (par exemple Sackmann et al., 2018) s'attache notamment aux méthodes permettant de recenser efficacement les atouts, connaissances et capacités des volontaires afin de les faire intervenir de façon ciblée. Le projet INCA considérait toutefois une coordination transnationale efficace des volontaires spontanés et la situation a été également analysée à l'aide d'une modélisation de SMA. Les agents, qui se répartissaient jusque-là en deux groupes (la population et les acteurs publics de la protection civile), ont été complétés par un groupe supplémentaire : les volontaires. Dans une démarche fondée sur des scénarios de modélisation, la coordination des volontaires a été quantifiée pour l'assistance à la population, en faisant la distinction entre les tâches susceptibles d'être exercées par des volontaires non formés, en fonction de leurs capacités, et celles réservées aux seuls professionnels. Par ailleurs, dans le contexte international, la différence a été faite entre les personnes originaires de chacun des deux pays. Afin de comparer la dimension horizontale décentralisée et la coordination centrale, et ce, en vue d'examiner le degré d'implication des services publics. Au sein de la dimension verticale, on a comparé les interventions nationales avec celles mises en place au niveau transfrontalier pour étudier l'impact sur la région frontalière concernée. Voici les quatre scénarios qui ont résulté de cette approche : (I) dans les deux pays, les volontaires spontanés agissent de leur propre initiative (c'est-à-dire en l'absence de coordination), (II) les deux pays intègrent les volontaires spontanés distinctement dans leur dispositif professionnel de protection civile (au niveau technique), (III) les volontaires spontanés des deux pays se coordonnent eux-mêmes au niveau transfrontalier, sans être intégrés dans la protection civile professionnelle et (IV) une coordination commune aux deux pays intègre les volontaires spontanés dans la protection civile professionnelle (coordination parfaite). Bien sûr, le quatrième scénario est apparu comme le plus efficace et le premier comme le moins efficace (Schulte et al., 2020). Bien que le phénomène des volontaires spontanés n'ait pas encore été observé dans un contexte transfrontalier, ceux-ci sont intervenus activement et ont apporté une contribution précieuse à la gestion de la catastrophe lors de divers événements, tels que les inondations. Ce phénomène se développe en outre en raison de la montée en puissance des réseaux sociaux ; il y a donc tout lieu de penser qu'à l'avenir, des volontaires spontanés interviendront également au niveau transfrontalier. En l'occurrence, ce modèle livre de précieux enseignements sur l'efficacité de dispositifs de coordination et illustre les besoins en la matière selon deux perspectives : la centralisation et l'implication des autorités par-delà des frontières. (Schulte et al., 2020).

Ce modèle a été implémenté à l'aide du kit d'outils SMA Repast Simphony (North et al., 2006). Il convient de noter que les modèles ne peuvent représenter qu'une version simplifiée de la réalité, il est donc essentiel de filtrer les caractéristiques décisives du problème examiné. Ce modèle a fait ressortir l'importance essentielle que revêt une bonne coopération par-delà des frontières nationales. Il présente toutefois quelques limites qui exigeraient des analyses plus poussées, notamment sur les points suivants : le postulat est que les agents ne parlent que trois langues selon trois niveaux différents et on ne fait de distinction qu'entre des agents confiants et méfiants, sans préciser les divers niveaux de confiance. Les résultats du modèle ont toutefois été contrôlés au moyen d'une analyse par étapes et du recours à des experts au sein du groupe de travail Entraide en cas de catastrophe de la Conférence franco-germano-suisse du Rhin supérieur (cette institution politico-administrative créée en 1991 est dédiée à la coopération transfrontalière entre la Suisse, la France et l'Allemagne ; https://www.conference-rhin-sup.org/fr/home.html) en mars 2018, à Colmar. Dix membres (six Allemands et quatre Français) sur onze ont estimé que les malentendus d'ordre linguistique représentaient le plus gros défi pour la coopération transfrontalière. L'inconvénient selon lequel les modèles de SMA impliquent une grande complexité mathématique est moins pertinent en l'occurrence car ce modèle n'a pas été conçu pour réaliser des analyses en temps réel mais plutôt comme un soutien lors de la phase de planification stratégique.

1.2. Démarche

Le projet INCA visait à représenter la coopération entre les organisations de protection civile ainsi que les réactions de la population dans la zone frontalière. C'est pourquoi divers instruments ont été utilisés afin d'obtenir une vision globale de la manière de gérer ces scénarios de crise potentielle.

Des entretiens ont été menés avec des spécialistes de la protection civile intervenant dans divers secteurs frontaliers en Allemagne. Outre la coopération à la frontière franco-allemande, le cadre a été élargi en vue d'examiner la coopération dans d'autres régions frontalières. En plus de mener des entretiens qualitatifs semi-directifs, les responsables de l'étude ont observé divers exercices sur le terrain.

Les entretiens conduits avec des experts représentant des services publics et des organisations chargées de missions de sécurité visaient à examiner divers aspects liés à la coopération. Les premières questions portaient sur l'historique et la nécessité d'une coopération transfrontalière dans les régions limitrophes. Les entretiens étaient toutefois axés en priorité sur les facteurs qui influencent la coopération aux niveaux opérationnel et administratif. Pour ce faire, les scientifiques ont examiné quelles organisations coopèrent dans les régions frontalières et la façon dont la coopération est structurée. Concrètement, ils ont interrogé les experts sur les possibilités de lancer des alertes et les modalités appropriées, la coopération sur le terrain et l'évaluation *a posteriori* d'événements transfrontaliers. Ont également été abordés les défis liés au franchissement des frontières nationales, par exemple les différences en matière d'enseignement des langues, mais aussi les difficultés techniques liées à une interopérabilité insuffisante, ou encore l'hétérogénéité des prises électriques en Europe. L'observation des exercices s'est concentrée sur les interactions et les échanges transfrontaliers entre les différents acteurs. Les scientifiques ont notamment examiné comment les difficultés linguistiques avaient été surmontées ainsi que les modalités d'échange de données et d'informations. Ils ont pu observer un exercice mené par une cellule de crise ainsi que le travail des unités opérationnelles de lutte contre les incendies de forêt.

Une analyse comparée de la littérature scientifique a fait apparaître l'existence de diverses formes de coopération, allant d'un cadre informel jusqu'à un environnement standardisé et institutionnalisé, la coopération étant influencée par plusieurs facteurs. Au niveau opérationnel, les facteurs d'influence sont l'interopérabilité technique des équipements et aussi les plateformes d'échange de données, ainsi que des facteurs comme la langue utilisée pour communiquer (Casado et al. 2015). L'efficacité de la coopération peut être entravée par des différences au niveau de la formation, des qualifications et des processus opérationnels (Dahles/van Hees, 2007). Au niveau administratif, la coopération est influencée par des dispositifs de planification distincts pour les services de secours qui s'arrêtent souvent à la frontière et ne tiennent pas compte des risques transfrontaliers. La diversité des systèmes nationaux de protection civile soulève des problèmes pour la coordination transfrontalière lorsque les compétences décisionnelles sont exercées à des niveaux différents et par des institutions distinctes, qui plus est si celles-ci n'ont pas les mêmes domaines de compétences (Boin/Rhinard, 2008). Au niveau administratif, les facteurs culturels peuvent se traduire par une divergence de vues sur les risques partagés dans un espace transfrontalier (Dahles/van Hees, 2007 ; Kuipers *et al.*, 2015). Au niveau des obstacles juridiques à une bonne gestion des crises, la répartition des coûts pour les interventions conjointes ou l'assistance fournie, de même que la protection des données (lors de l'échange de données en lien avec la sécurité) ont été présentées comme sources de problèmes pour la coopération transfrontalière (Casado et al., 2015 ; Pohl-Meuthen et al., 2006). De surcroît, l'autonomie et l'identité nationale peuvent impacter la coopération, par exemple s'agissant de la distribution de vaccins en cas de pandémie. La pratique montre qu'en l'occurrence, une solution nationale est souvent préférée à une solution transfrontalière.

En plus de la coopération entre les acteurs de la protection civile, le comportement de la population joue un rôle décisif dans la gestion d'une crise. C'est ce que révèle notamment la pandémie actuelle de COVID-19 : les mesures décrétées par les gouvernements pour endiguer la propagation du virus ne sont efficaces que si la population les applique et les respecte, par exemple, les gestes barrières (distanciation physique, se laver les mains, porter un masque).

Pour cette raison, la collecte empirique des données dans le cadre du projet INCA ne s'est pas limitée aux organisations mais a porté également sur la population. Pour ce faire, un scénario de planification a été expérimenté auprès de 54 étudiants français et allemands, afin de mieux anticiper la perception et les réactions de la population dans un cas concret : une panne d'électricité durable. De plus, une étude qualitative a été menée auprès d'un petit nombre de participants et à l'aide d'une liste exhaustive de questions afin d'obtenir une vision globale de la situation et des conséquences potentielles.

Même si une panne générale d'électricité est un événement peu probable, du moins en Europe, elle n'est pas exclue, comme l'ont prouvé les incidents dans la région de Münster en Allemagne en 2005 et à Berlin en 2019. Les acteurs en matière de gestion des crises ont longuement discuté des réactions appropriées face à un tel scénario, sachant qu'une panne générale d'électricité aurait des répercussions considérables. Ils ont élaboré un scénario de planification expérimental en trois étapes dans le cadre duquel les étudiants ont été invités à imaginer une panne d'électricité imprévue. Dans un premier temps, ils ont été interrogés sur leur réaction au moment de la panne ; dans un deuxième temps, ils devaient imaginer que cette panne n'avait toujours pas été levée après 24 heures ; dans un troisième temps, on leur a demandé d'imaginer que la panne durait déjà depuis trois jours sans qu'une issue concrète ne soit en vue. Dans le cadre du jeu de rôle, les émotions et perceptions des participants ont considérablement évolué au fil des hypothétiques trois jours : après un calme initial, ils ont ressenti de la colère et de la frustration, puis du désespoir et de la peur. Après 24 heures, ils ont arrêté d'espérer l'aide des services publics, ont commencé à s'organiser entre eux et à rechercher des solutions, sous forme d'entraide et de coopérations avec des tiers. Certains participants ont même envisagé de quitter la région. Les résultats tendent à montrer que la principale cause de l'escalade des réactions émotionnelles était le manque de possibilités de communication. Cela tend à prouver la nécessité de plans d'urgence non seulement pour continuer à alimenter en énergie les infrastructures critiques, mais aussi pour communiquer avec les citoyens en cas de panne d'électricité durable et à grande échelle. Bien que le recours à des étudiants comme sujets de recherche dans des scénarios de jeux de rôle, auxquels s'ajoute le caractère hypothétique de l'exercice, soulèvent des problèmes de validité, les résultats de ces recherches sont plausibles et intrinsèquement cohérents, de sorte qu'ils laissent entrevoir comment les habitants réagiraient face à des événements réels. Les informations de ce type sont importantes car elles peuvent notamment éclairer les instances politiques dans le processus décisionnel en matière de plans de contingence. Les autorités doivent notamment anticiper les peurs provoquées par le manque d'informations qui résulterait immanquablement d'une panne électrique généralisée (Mahdavian et al., 2020 ; Rigaud et al., 2020).

Par ailleurs, le projet INCA a examiné la résilience de la population de zones frontalières et éclairé une thématique qui est souvent omise dans le cadre de l'analyse de phénomènes transfrontaliers : ces régions sont non seulement dissemblables en raison des différences culturelles avec le pays voisin, mais ont également leur propre culture et une « identité transfrontalière » qui est parfois enracinée plus profondément que les cultures nationales respectives (Adrot et al., 2018). On observe une grande diversité au niveau de ces espaces. Dans certains cas, la frontière politique coïncide avec la frontière culturelle, la fracture en termes d'identité géographique et nationale est alors manifeste. Ailleurs, la différence n'est pas aussi patente, l'espace frontalier étant alors une zone plus floue. En l'occurrence, les citoyens se sentent plus proches de leurs voisins des pays limitrophes et des systèmes qui y sont en vigueur, ce qui produit des identités contradictoires. Il existe toutefois diverses échelles en termes d'identité, de sorte que, outre l'influence du pays frontalier à proprement parler, des identités étatiques et nationales plus vastes peuvent s'agréger. Ainsi, certaines régions frontalières sont dominées par l'interaction, le chevauchement et la concurrence entre de grandes identités nationales, où elles développent alors une profonde cohésion régionale qui transcende les identités étatiques. Un concept d'étude innovant a été mis au point pour examiner cette question. Il vise à comparer le « capital social » (Norris *et al.*, 2008) et la propension à apporter de l'aide en cas de catastrophe (Weiner, 1993) parmi des résidents d'une même zone frontalière et des personnes dans les pays respectifs afin de tirer des enseignements sur ces deux facteurs dans la région frontalière. La notion de « capital social » est utilisée ici dans le contexte des sciences sociales : elle se réfère aux ressources inhérentes aux relations sociales, par exemple l'aide entre voisins en situation de crise. Cette étude a pour but de comparer les valeurs en termes de capital social et de propension à apporter son aide entre différents groupes de populations, d'où le choix d'une démarche quantitative.

Dans le cadre de l'enquête, les personnes interrogées ont notamment été invitées à se confronter à la problématique suivante : « Imaginez que le pays limitrophe soit confronté à une catastrophe naturelle grave (comparable à un ouragan aux États-Unis). L'état d'urgence est en vigueur depuis une semaine et a entraîné une pénurie de produits de première nécessité. En plus de l'aide apportée par les services publics de protection civile et par les organisations caritatives, on a besoin du soutien de bénévoles ». Pour l'élaboration du scénario, il a été décidé que la catastrophe surviendrait dans le pays voisin du lieu de résidence des personnes interrogées. Ceci présente l'avantage que ni les personnes interrogées ni leurs proches ne sont susceptibles d'être impactés par la catastrophe et qu'il n'est donc pas nécessaire de hiérarchiser l'aide (en cas de priorisation, on estime que l'aide est accordée en priorité aux ressortissants du pays, cf. par exemple Yamamura [2016]). En outre, le choix de la zone frontalière directe implique que la distance géographique ne représente pas une entrave importante pour apporter de l'aide, Gillis/Hagan (1983) ayant constaté que ce facteur influençait largement la propension à s'impliquer.

L'enquête a été menée par l'institut de recherche sociale *Forsa Gesellschaft für Sozialforschung und statistische Analysen mbH* et *EFG Consulting Worldwide* à partir d'entretiens téléphoniques représentatifs pour la France, l'Allemagne et notamment l'espace frontalier franco-allemand. 700 personnes en Allemagne et 704 personnes en France ont participé à ce sondage réalisé en août 2019. L'échantillon de répondants et leur numéro de téléphone ont été choisis de façon aléatoire à partir des codes postaux. Comme l'étude portait plus particulièrement sur la région frontalière franco-allemande, un maximum de réponses a été sollicité auprès des personnes qui vivent dans cette zone. 202 Français et 197 Allemands résidant dans cet espace ont répondu à l'enquête.

Les méthodes statistiques ont révélé que les personnes interrogées avaient répondu aux questions relatives à la procédure de gestion des catastrophes en référence à leur identité nationale, tandis que les réponses aux questions liées au capital social et à la confiance étaient influencées par l'identité frontalière entre la France et l'Allemagne. Dans l'espace frontalier, les habitants sont sensiblement plus disposés à fournir de l'aide à leurs voisins que dans les autres régions des pays considérés, même si cet effet est moindre. Sachant qu'aucune catastrophe ne peut être surmontée sans l'aide de la population, cette étude fournit de nouveaux éléments sur les capacités potentielles d'une région transfrontalière à faire face à un tel événement et confirme l'hypothèse du modèle de SMA, selon laquelle une aide spontanée est proposée également au-delà des frontières nationales.

Dans le cas d'études empiriques sur un thème aussi sensible que la « solidarité », il faut être attentif au fait que les répondants essayent généralement de se présenter sous un jour favorable, et qu'ils indiquent donc des réponses qui leur semblent socialement souhaitables plutôt que leur intention réelle. Ce constat été pris en compte par le choix d'une approche comparative, à savoir, que les résultats de la zone frontalière ont été confrontés à ceux des autres régions au sein des deux pays. En l'occurrence, la propension à la solidarité n'était pas le seul facteur décisif mesuré, il s'agissait également d'étudier le potentiel de solidarité entre divers groupes. Les deux pays considérés appartenant à la culture occidentale, on peut émettre l'hypothèse que les attentes sociales sont similaires et s'autoriser à comparer les déductions obtenues.

Discussion

Dans le *Guide pratique de la coopération transfrontalière*, la Commission européenne invite les États membres à renforcer entre eux la coopération transfrontalière afin d'éliminer les déséquilibres existants, les inégalités et ainsi les problèmes des périphéries induits par l'effet barrière des frontières nationales. L'objectif est aussi de donner davantage de moyens aux régions en tant que moteurs de la coopération transfrontalière et d'offrir aux citoyens vivant dans une zone frontalière la possibilité de développer une conscience historique commune ainsi que de (re)trouver une vision partagée, davantage orientée vers un avenir européen. Dans ce contexte, le présent article est consacré à la présentation d'outils mis en œuvre dans un projet de recherche permettant d'analyser la coopération transfrontalière. La simulation informatique et la collecte empirique de données sont focalisées de façon complémentaire. La simulation de SMA permet de comparer divers phénomènes à l'aide de scénarios, tandis que la recherche empirique fait émerger des points de vue et comportements, d'une part, au niveau des professionnels de la protection civile et, de l'autre, de la population.

Ces méthodes ont permis de répondre aux questions initiales qui éclairent le potentiel des régions frontalières, complétées par les résultats du projet INCA. Ce projet a examiné sous divers angles la coopération dans des espaces frontaliers, en vue d'élaborer un référentiel d'aide à la décision pour la résilience des régions frontalières en cas de catastrophe, à l'exemple de la région frontalière franco-allemande.

L'enquête auprès des experts révèle que dans les zones frontalières, il n'existe pas de formes généralisables de coopération car celle-ci est souvent fragmentée et s'exerce à l'échelon administratif le plus bas, voire uniquement grâce à des contacts informels au niveau opérationnel. Dans la région frontalière franco-allemande en revanche, une coopération institutionnalisée a déjà été mise en place entre des professionnels et leurs organisations (par exemple la Conférence du Rhin supérieur), cette région est donc relativement avancée si l'on compare aux autres régions frontalières en Europe. En outre, le sondage représentatif auprès de la population a révélé une grande propension à apporter de l'aide, également au-delà des frontières nationales. La transposition de cette volonté en aide concrète exige toutefois l'implication structurée des volontaires dans la gestion de crise professionnelle, afin de pouvoir exploiter au mieux leur potentiel. Ceci exige, en outre, la mise en place d'une culture et d'un langage communs en vue de créer un climat de confiance et de limiter les malentendus.

En conclusion, il convient de retenir que, compte tenu des dispositifs existants de coopération transfrontalière, cette problématique est très complexe et qu'il subsiste un potentiel d'amélioration sur lequel les acteurs impliqués devront continuer de travailler pour mettre davantage à profit l'atout que représente l'accès à des ressources supplémentaires ou à des moyens d'accès plus rapides au lieu de la catastrophe.

Bibliographie

Adrot, A., Fiedrich, F., Lotter, A., Münzberg, T., Rigaud, E., Wiens, M., Raskob, W., Schultmann, F. (2018). Challenges in Establishing Cross-Border Resilience. In: Fekete, A., Fiedrich, F. (ed.) *The Urban Book Series. Urban Disaster Resilience and Security: Addressing Risks in Societies* (S. 429–457). Bâle: Springer International Publishing.

Boin, A., Rhinard, M. (2008). Managing Transboundary Crises: What Role for the European Union? *International Studies Review, 10* (1), 1–26. https://doi.org/10.1111/j.1468-2486.2008.00745.x.

Casado, R., Rubiera, E., Sacristan, M., Schuette, F., Peters, R. (2015). Data interoperability software solution for emergency reaction in the Europe Union. *Natural Hazards and Earth System Sciences, 15* (7), 1563–1576. https://doi.org/10.5194/nhess-15-1563-2015.

Cross, R., Rice, R. E., Parker, A. (2001). Information Seeking in Social Context: Structural Influences and Receipt of Information Benefits. *IEEE Transactions on Systems, Man and Cybernetics, Part*

C *(Applications and Reviews)*, *31* (4), 438–448. https://doi.org/ 10.1109/5326.983927.

Dahles, H., van Hees, E. (2007). Firefighters across frontiers: Two fire brigades cooperating in the Dutch-German borderland. *Culture and Organization*, *10* (4), 315–328. https://doi.org/10.1080/1475 955042000313759.

Dynes, R. R. (1970). *Organized behavior in disaster. The Disaster Research Center Series*. Princeton: Heath Lexington Books.

Gillis, A. R., Hagan, J. (1983). Bystander Apathy and the Territorial Imperative. *Sociological Inquiry*, *53* (4), 449–460. https://doi.org/ 10.1111/j.1475-682X.1983.tb01234.x.

Jones, M., O'Carroll, P., Thompson, J., D'Ambrosio, L. (2008). Assessing regional public health preparedness: A new tool for considering cross-border issues. *Journal of Public Health Management and Practice*, *14* (5), 15–22. https://doi.org/10.1097/01.phh.0000333 891.06259.44.

Klein, M., Rigaud, E., Wiens, M., Adrot, A., Fiedrich, F., Kanaan, N., Lotter, A., Mahdavian, F., Schulte, Y., Schultmann, F. (2018). A Multi-Agent System for Studying Cross-Border Disaster Resilience. In: Boersma, K., Tomaszewski, B. (ed.), *15ᵗʰ International Conference on Information Systems for Crisis Response and Management (ISCRAM)*, Rochester, NY (USA).

Kuipers, S., Boin, A., Bossong, R., Hegemann, H. (2015). Building Joint Crisis Management Capacity? Comparing Civil Security Systems in 22 European Countries. *Risk, Hazards & Crisis in Public Policy*, *6* (1), 1–21. https://doi.org/10.1002/rhc3.12070.

Macal, C. M., North, M. J. (2010). Tutorial on agent-based modelling and simulation. *Journal of Simulation, 4* (3), 151–162. https://doi. org/10.1057/jos.2010.3.

Mahdavian, F., Platt, S., Wiens, M., Klein, M., Schultmann, F. (2020). Communication blackouts in power outages: Findings from scenario exercises in Germany and France. *International Journal of Disaster Risk Reduction*, *46*, Article 101628. https://doi.org/ 10.1016/j.ijdrr.2020.101628.

Norris, F. H., Stevens, S. P., Pfefferbaum, B., Wyche, K. F., Pfeffer-baum, R. L. (2008). Community resilience as a metaphor, theory, set of capacities, and strategy for disaster readiness. *American Journal of Community Psychology, 41* (1–2), 127–150. https://doi.org/10.1007/s10464-007-9156-6.

North, M. J., Collier, N. T., Vos, J. R. (2006). Experiences Creating Three Implementations of the Repast Agent Modeling Toolkit. *ACM Transactions on Modeling and Computer Simulation, 16*, 1–25.

Peyrony, J., Rubio, J., Viaggi, R. (2021). *The effects of COVID-19 induced border closures on cross-border regions: 20 case studies covering the period March to June 2020.* Luxembourg: Publications Office of the European Union.

Pohl-Meuthen, U., Schäfer, S., Gerigk, M., Moecke, H., Schlechtrie-men, T. (2006). *Hindernisse für grenzüberschreitende Rettungseinsätze* (Berichte der Bundesanstalt für Straßenwesen). Bergisch Gladbach. http://bast.opus.hbz-nrw.de/volltexte/2011/246/.

Rigaud, E., Adrot, A., Fiedrich, F., Kanaan, N., Klein, M., Mahda-vian, F., Schulte, Y., Wiens, M., Schultmann, F. (2020). Borderland Resilience Studies. In: Hughes, A., McNeill, F., Zobel, C. W. (ed.). *ISCRAM 2020 – 17th International Conference on Information Systems for Crisis Response and Management (ISCRAM)*, Blacksburg, VA (USA).

Sackmann, S., Lindner, S., Gerstmann, S., Betke, H. (2018). Einbindung ungebundener Helfer in die Bewältigung von Schadensereignissen. In: Reuter, C. (ed.), *Sicherheitskritische Mensch-Computer-Interaktion*. Wiesbaden: Springer Fachmedien. 529–549. https://doi.org/10.1007/978-3-658-19523-6_26.

Schulte, Y., Klein, M., Wiens, M., Fiedrich, F. (2020). Spontaneous Volunteers Across National Borders: An Agent-Based Comparison. In: Hughes, A., McNeill, F., Zobel, C. W. (ed.). *ISCRAM 2020 – 17th International Conference on Information Systems for Crisis Response and Management (ISCRAM)*, Blacksburg, VA (USA).

Weiner, B. (1993). On sin versus sickness: A theory of perceived responsibility and social motivation. *American Psychologist, 48* (9), 957–965. https://doi.org/10.1037/0003-066X.48.9.957.

Yamamura, E. (2016). Natural disasters and social capital formation: The impact of the Great Hanshin-Awaji earthquake. *Papers in Regional Science, 95* (S1), 143–164. https://doi.org/10.1111/pirs.12121.

Christian D. LEÓN, Gisela WACHINGER

(Traduction Christine RIETH)

Les conditions pour une communication sur le risque efficace en cas de catastrophe naturelle complexe – résultats d'un processus de participation virtuelle avec des parties prenantes au Pérou

Résumé: La communication concernant la gestion des risques vise l'échange efficace et ciblé d'informations et de recommandations permettant d'éviter ou de minimiser ces risques. Une communication fluide entre les acteurs étatiques, privés, et ceux de la société civile est essentielle. Ceci est particulièrement vrai pour les événements multirisques complexes à risques multiples, où différents aléas naturels peuvent s'influencer et se renforcer réciproquement. L'un des objectifs du projet de recherche RIESGOS était d'identifier les obstacles et d'élaborer des solutions pour surmonter ces obstacles. Pour ce faire le groupe de chercheurs a utilisé un concept de processus virtuel de participation des parties prenantes. Il impliquait dans l'élaboration des résultats les acteurs concernés des différents secteurs. Les expériences menées dans le cadre du projet ont montré que les plateformes en ligne sont adaptées pour impliquer les parties prenantes dans le processus de recherche de manière transdisciplinaire.

Mots clés: Communication sur le risque, participation, parties prenantes, risques multiples, risques naturels, Pérou, Lima.

Abstract: Risk communication refers to the effective and targeted exchange of information and recommendations for action in order to avoid or minimize risks. A smooth communication between state, private and civil society actors is essential. This is particularly true for complex multi-risk events, where different natural hazards can influence and amplify each other. As part of the RIESGOS research project, the barriers in communication between actors in Lima, Peru, were identified and solutions for overcoming these barriers were developed. In doing so, a concept for a virtual stakeholder participation process was applied, which involves the relevant actors from the different sectors in the elaboration of the results. The experiences in this project have shown that online platforms are suitable for involving stakeholders in research processes in a transdisciplinary way.

Keywords: Risk communication, stake-holder, multiple risk, natural risks, Peru, Lima.

Introduction

Les risques multiples sont des aléas systémiques qui combinent divers risques interconnectés, de sorte que ceux-ci s'influencent mutuellement. En raison de ces interdépendances et de la multiplicité des facteurs de risque, les risques multiples sont associés à des incertitudes particulièrement élevées (Renn, 2008). *L'International Risk Governance Council* (IRGC) a formulé des lignes directrices relatives à la gouvernance des risques systémiques et il définit le dialogue, l'interaction et la coopération comme des éléments importants pour la gestion des risques (IRGC, 2018, p. 22). L'IRGC considère l'identification des barrières à la communication comme un facteur essentiel pour améliorer la résilience et la confiance dans les organisations. Ces aspects se sont en outre avérés probants dans le cadre de l'élaboration de recommandations pour la communication sur le risque (Renn, 2018).

La communication en situation de risques multiples représente un défi de taille dans la pratique. Tous les acteurs pertinents doivent être informés durant les phases de planification, de préparation et de crise afin de pouvoir protéger la population de façon appropriée. Or, cela est particulièrement difficile en cas de risques multiples, lorsque les divers moyens de communication ayant été testés pour des risques individuels doivent être interconnectés (Wachinger/Renn, 2010).

Le paradoxe de la perception du risque (Wachinger et al., 2013 ; Renn, 2019) observé pour divers risques naturels est décrit comme suit : les risques sont certes perçus, mais aucun comportement ni mesure de protection ne sont mis en œuvre. La confiance des parties prenantes entre elles et vis-à-vis de groupes vulnérables a été identifiée comme un facteur permettant de surmonter le blocage à l'origine du paradoxe. Ainsi, on ne peut développer de stratégie efficace de communication sur le risque qu'en impliquant les acteurs sur place. La pandémie de COVID-19 ayant empêché les modalités de participation traditionnelles, en particulier pour des personnes vivant sur divers continents, il a fallu trouver de nouvelles solutions pour permettre cette implication.

Dans le présent exposé, nous décrivons une approche méthodologique permettant d'aborder la communication sur le risque dans le cadre d'un processus de participation virtuelle. Ce concept a été élaboré dans le cadre du volet Communication sur le risque du projet RIESGOS, qui a été subventionné par le ministère fédéral allemand de l'Éducation et de la Recherche sous le numéro 03G0876J. Mis en œuvre à Lima, au Pérou, il visait à identifier des barrières concrètes à la communication et à élaborer de premières recommandations pour surmonter lesdites barrières.

1. Contexte et approche méthodologique

RIESGOS (Analyse des risques multiples et composantes d'un système d'information pour la région des Andes) est un projet collectif financé par le ministère fédéral de l'Education et de la recherche, dont la première phase s'est déroulée d'octobre 2017 à février 2021. La deuxième phase a débuté en mars 2021 et se poursuivra jusqu'en février 2024 (RIESGOS 2.0). Au niveau territorial, le projet RIESGOS se concentre sur le Chili, l'Équateur et le Pérou en Amérique du Sud. Ces États sont souvent confrontés à divers risques naturels. Le projet de recherche vise à élaborer une démarche d'évaluation des risques en cas d'aléas naturels multiples (Schoepfer *et al.*, 2018). Ceux-ci peuvent intervenir lorsque, par exemple, un tremblement de terre déclenche un tsunami ou que de très fortes précipitations provoquent des glissements de terrain, qui bloquent ensuite les cours d'eau. Les réactions en chaîne qui en découlent immédiatement ou avec un certain décalage dans le temps peuvent impliquer des risques pour les infrastructures (bâtiment, routes, réseaux d'approvisionnement...) et la population, en fonction de leur exposition et vulnérabilité.

Le projet collectif RIESGOS se décompose en neuf sous-projets, répartis entre 3 domaines : recherche, développement et application. Le sous-projet Communication sur le risque piloté par DIALOGIK est rattaché au domaine application. Nous avons choisi la région métropolitaine Lima-Callao pour une étude de cas portant sur une analyse régionale approfondie. Celle-ci abrite en effet onze millions d'habitants et subit chaque année des tremblements de terre. Les travaux de recherche de RIESGOS dans la région se sont basés sur un scénario de risques multiples qui débuterait par un tremblement de terre, déclenchant à son tour un tsunami et un effet en cascade, le tout ayant un impact négatif sur des infrastructures critiques, telles que le réseau d'électricité ou de distribution d'eau potable.

Dans le cadre de RIESGOS, nous avons défini la communication sur le risque comme suit : un échange efficace et ciblé d'informations et de recommandations d'action visant à éviter les risques ou à les atténuer. Cette définition générale a ensuite été affinée dans le cadre du projet jusqu'à devenir « la communication entre les acteurs des services de l'État, du domaine scientifique, des entreprises et de la société civile ». Dans notre projet, la communication sur le risque concerne essentiellement la phase précédant la survenue d'une catastrophe, c'est-à-dire la préparation et la planification. Les questions scientifiques centrales du projet sont : quels facteurs de succès peuvent être identifiés pour la communication et l'implémentation de modèles de risques multiples ? Quelles sont les recommandations qui en découlent ?

À partir de ces questions, nous avons élaboré un concept de processus virtuel de participation avec les parties prenantes, impliquant les acteurs pertinents dans les divers secteurs pour l'élaboration des résultats. Le dialogue entre les parties prenantes a été mené conjointement avec nos partenaires du cabinet d'ingénierie *plan + risk consult*. Réparti sur la période d'août 2020 à février 2021, il s'est composé de cinq étapes. Celles-ci consistaient en une combinaison d'enquêtes en ligne, de webinaires et de discussions « virtuelles » (fig. 1).

L'enquête en ligne a été la première étape pour l'élaboration des recommandations relatives à la communication en cas de risques multiples. Elle visait à faire identifier les acteurs de la communication sur

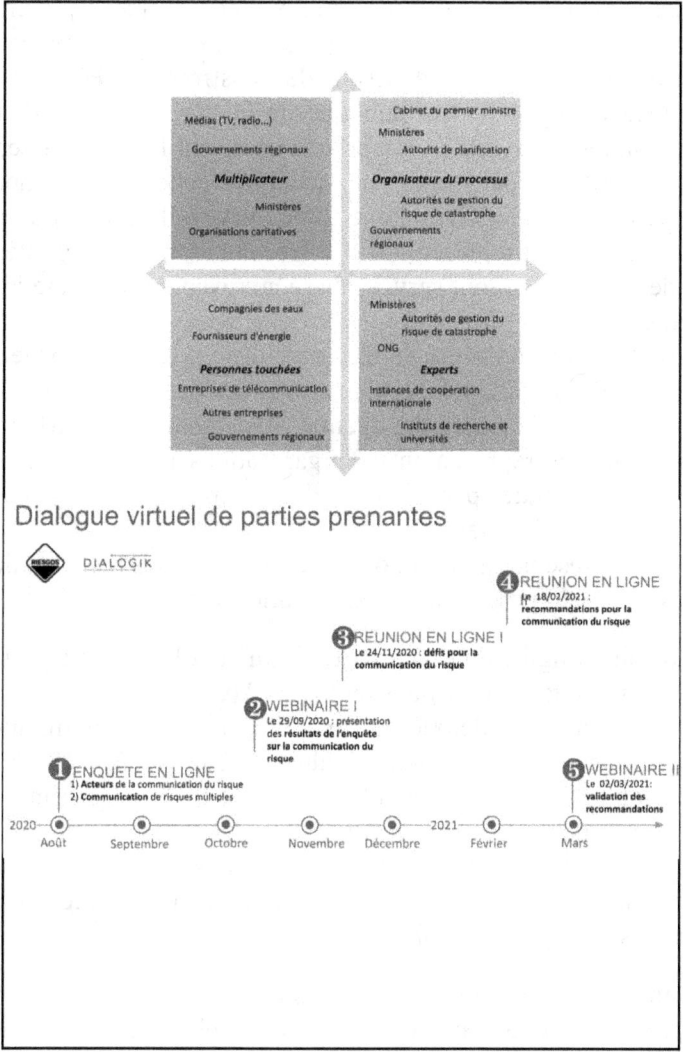

Fig. 1: Déroulement d'un dialogue virtuel de parties prenantes dans le cadre du projet RIESGOS

le risque, à analyser les relations entre eux et à évaluer leur influence et leur intérêt. L'enquête s'adressait à des personnes concernées à titre professionnel par la gestion du risque de catastrophe au Pérou, à savoir des représentants d'instances publiques (ministères, services de l'État, services municipaux...), d'entreprises, de scientifiques et acteurs de la société civile. 60 personnes ont participé à cette enquête anonyme, menée au moyen de l'outil en ligne Lime Survey. Il ne s'agissait pas de réaliser un sondage représentatif. Les résultats ont été présentés sous forme de schémas qui ont servi de base aux webinaires et ateliers virtuels consécutifs.

Les ateliers virtuels qui se sont déroulés via la plate-forme Zoom ont permis d'approfondir le dialogue avec les participants et d'élaborer des recommandations. En moyenne, 50 personnes ont participé aux ateliers, dont des représentants d'organisations gouvernementales et non-gouvernementales péruviennes, dont le travail est en lien avec la gestion du risque de catastrophe.

Dans la présente intervention, nous décrivons les résultats des différentes étapes du processus de participation virtuelle :

- enquête en ligne, première partie : qui sont les acteurs pertinents dans un scénario de risques multiples ? (Chapitre 2)
- enquête en ligne, deuxième partie : comment la communication sur le risque en place est-elle évaluée ? (Chapitre 3)
- réunion en ligne I : quels défis en résulte-t-il pour la communication en situation de risques multiples ? (Chapitre 4)
- réunion en ligne II : quelles sont les propositions et recommandations qui en découlent pour une communication efficace en cas de risques multiples ? (Chapitre 5).

Enfin, une discussion a eu lieu sur les avantages et inconvénients de telles procédures en ligne par rapport à des ateliers en présentiel, ainsi que sur les facteurs de succès d'une telle participation virtuelle.

2. Les acteurs dans un scénario de risques multiples

Dans la communication d'un scénario de risques multiples qui, comme dans notre étude de cas, porte sur un tremblement de terre suivi d'un tsunami, sont pertinents d'une part des acteurs publics et privés (parties prenantes) qui, dans le cadre de leurs fonctions, planifient et mettent en œuvre des mesures et/ou des actions de communication sur le risque. De l'autre, des acteurs (personnes, groupes ou organisations) qui sont (potentiellement) impactés par les risques et sont souvent les destinataires de la communication sur le risque.

De ce fait, la première étape de notre travail de recherche a consisté en une analyse des acteurs, dans le cadre de laquelle nous avons identifié d'une part les acteurs à proprement parler et de l'autre leur rôle dans le processus de communication sur le risque. Pour ce faire, nous nous sommes appuyés sur diverses sources provenant de la littérature et d'Internet. Nous avons validé et actualisé ces recherches lors d'un atelier qui s'est tenu à Lima (Pérou) en novembre 2019 et d'une enquête en ligne sur la communication sur le risque, qui s'est déroulée d'août à septembre 2019. Pour notre étude de cas, nous avons pu répartir les acteurs pertinents entre les domaines suivants : services de l'État (répartis entre les échelons national, régional et local), entreprises, secteur scientifique, société civile et instances de coopération internationale au développement.

Les participants à l'atelier et à l'enquête en ligne ont cité les services de l'État au niveau national en tant qu'acteur principal pour la gestion du risque de catastrophe. Aux niveaux régional et local, ils ont cité plus particulièrement les acteurs implantés dans la ville de Callao, c'est-à-dire les services publics et les entreprises du port et de l'aéroport international de Lima. Il convient en outre de noter que, outre l'exécutif et les autorités publiques de Lima et Callao, les répondants ont également cité des pouvoirs régionaux et locaux dans les environs de ces deux villes car ils ont considéré que la réaction en chaîne découlant du scénario de risques multiples énoncé pourrait avoir un impact suprarégional.

Dans le cadre d'un processus de communication sur des risques multiples, les acteurs peuvent assumer diverses tâches et missions. Même si les missions des uns et des autres se recoupent en partie, on peut citer les catégories suivantes : 1) l'organisateur du processus, 2) les experts, 3) les multiplicateurs et 4) les personnes touchées. Outre la question des acteurs pertinents dans la communication sur le risque, nous avons donc posé une question complémentaire dans l'enquête en ligne : quel est le rôle principal attribué aux divers acteurs (fig. 2).

La majorité des répondants a cité le cabinet du premier ministre (PCM-Presidencia del Consejo de Ministros), qui est compétent pour la stratégie nationale en matière de risques de catastrophes, ainsi que les autorités nationales de gestion du risque de catastrophe (CENEPRED et INDECI, compétents respectivement pour la prévention des risques et la protection civile) en qualité d'acteurs les plus pertinents pour l'organisation d'un processus de communication sur le risque. Par ailleurs, les répondants ont attribué un rôle d'expert en matière d'information sur des risques multiples aux ministères, O.N.G., instituts de recherche et instances de coopération internationale (par ex. PUND, GIZ[1]).

3. Évaluation de la communication sur le risque

Après la question des acteurs et de leur rôle respectif dans le processus de communication sur le risque, la deuxième partie de l'enquête en ligne a porté sur une évaluation générale de la communication sur le risque en place. Premièrement, quels sont les acteurs qui communiquent entre eux ? Entre quels acteurs les relations de communication sont-elles bonnes ou mauvaises ? Et deuxièmement, durant quelle phase du cycle de risques (prévention, préparation, intervention/réponse, réhabilitation) la communication sur le risque fonctionne-t-elle bien ou mal ?

---

1   NDT : GIZ, société allemande pour la coopération internationale.

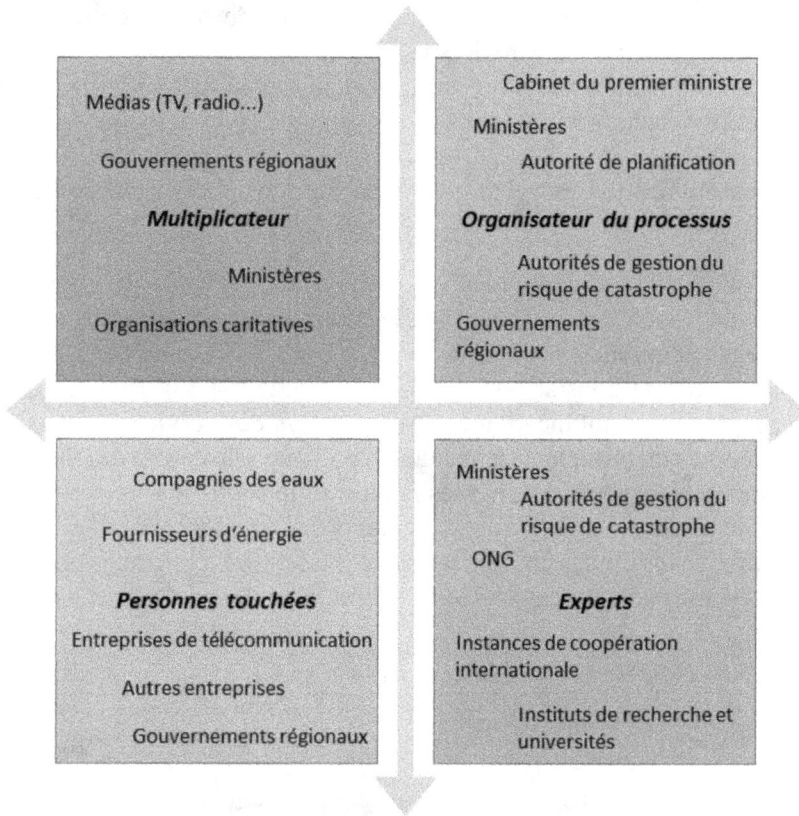

Multiplicateur

Médias (TV, radio...)

Gouvernements régionaux

Ministères

Organisations caritatives

Organisateur du processus

Cabinet du premier ministre

Ministères

Autorité de planification

Autorités de gestion du risque de catastrophe

Gouvernements régionaux

Personnes touchées

Compagnies des eaux

Fournisseurs d'énergie

Entreprises de télécommunication

Autres entreprises

Gouvernements régionaux

Experts

Ministères

Autorités de gestion du risque de catastrophe

ONG

Instances de coopération internationale

Instituts de recherche et universités

Fig. 2: Synthèse des acteurs pertinents dans un scénario de risques multiples portant sur un tremblement de terre/tsunami à Lima-Callao (Pérou) et rôle respectif de ceux-ci dans le processus de communication sur le risque (plusieurs citations possibles), d'après l'évaluation des réponses à l'enquête en ligne sur la communication sur le risque.

A partir de la communication sur le risque menée par les pouvoirs publics, nous avons demandé aux répondants d'évaluer les relations de communication suivantes :

– communication au sein des services publics de même niveau (horizontale)

- communication entre des services publics de niveaux différents (verticale : nationale, régionale, locale)
- communication entre des services publics et le secteur privé
- communication entre des services publics et le domaine scientifique
- communication entre des services publics et des acteurs de la société civile.

Les résultats de l'enquête (fig. 3) révèlent que près de la moitié (47 %) des répondants estiment que la communication entre les acteurs des services publics et ceux du secteur privé est « plutôt insatisfaisante » ; même constat pour plus de la moitié (54 %) d'entre eux à propos de la communication entre les acteurs des services publics et le domaine scientifique. Ces résultats confirment les observations que nous avons faites lors de diverses manifestations qui se sont déroulées au fil du projet à Lima : des représentants des acteurs concernés (État, domaine scientifique, entreprise) se réunissent généralement dans le cadre de forums distincts et seulement rarement lors de manifestations

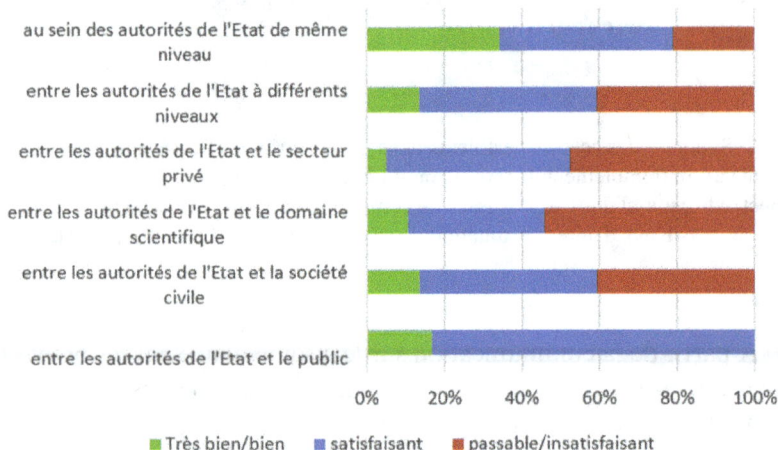

Fig. 3: Évaluation de la communication sur le risque au Pérou du point de vue des personnes interrogées (n=41).

transversales. Les plates-formes transversales, telles que notre projet, constituent l'exception.

Au vu des résultats de l'enquête, qui n'est pas représentative compte tenu du petit nombre de cas, nous avons choisi la question de la communication verticale comme point de départ des discussions dans le cadre des ateliers qui ont suivi.

Pour la qualité de la communication sur le risque, nous avons choisi comme deuxième critère l'évaluation de la communication au cours des diverses phases du cycle de risques. La communication sur le risque entre en jeu au plus tard lors de la survenance de l'événement, c'est-à-dire lors de la réponse à la catastrophe, et se poursuit jusqu'au retour à la situation initiale. Toutefois, la communication sur le risque est un processus continu, qui débute lors de la phase précoce de prévention, à savoir l'évitement de futures catastrophes ou la limitation de leurs effets, et se poursuit jusqu'à la phase de préparation à une catastrophe. C'est pourquoi dans la communication sur le risque, il nous paraît important d'accorder la même importance, à chacune de ces quatre phases du cycle de gestion du risque. Aussi avons-nous demandé dans l'enquête en ligne si les participants attribuaient une évaluation différente aux défis qui se posent dans les diverses phases.

De prime abord, les résultats présentés dans la fig. 4 ne révèlent pas de différences significatives entre les diverses phases du cycle de gestion du risque. Il semble toutefois que les défis liés à la gestion du risque soient légèrement plus importants durant les deux premières phases (prévention et préparation). Pour les discussions ultérieures dans le cadre des réunions en ligne, nous en avons déduit un besoin de discuter de la manière d'aborder la communication sur le risque (s'agissant des risques naturels) durant ces phases, sans toutefois négliger la communication pendant les phases ultérieures (« communication de crise »).

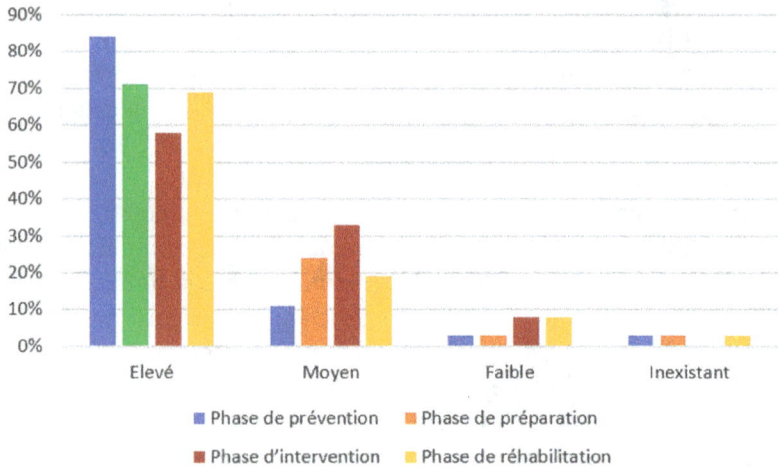

Fig. 4: Défis dans la communication sur le risque durant les différentes phases du cycle de gestion du risque, du point de vue des répondants à l'enquête en ligne (n=41)

4. Défis et barrières en matière de communication

Durant la première réunion distancielle, qui s'est tenue le 24 novembre 2020 via la plate-forme de visioconférence Zoom, nous avons échangé avec les participants œuvrant dans le secteur de la gestion du risque de catastrophe au Pérou sur les barrières et déficits en matière de communication, en nous appuyant sur les évaluations de l'enquête en ligne (cf. chapitres 2 et 3).

Les acteurs présents ont évoqué en premier lieu une communication intense entre les divers services publics, c'est-à-dire aux niveaux national, régional et local (fig. 5, lignes en gras). Celle-ci se traduit notamment par des échanges réguliers de données, de plans et de cartes de risques. Ils ont en outre évoqué d'autres défis et barrières spécifiques en l'occurrence (cf. points-clés à la fin du présent chapitre). La communication entre divers secteurs (par exemple entre les services de l'État et le domaine scientifique ou les entreprises) a été perçue comme peu intense (fig. 5, lignes fines). Les personnes présentes ont estimé que la

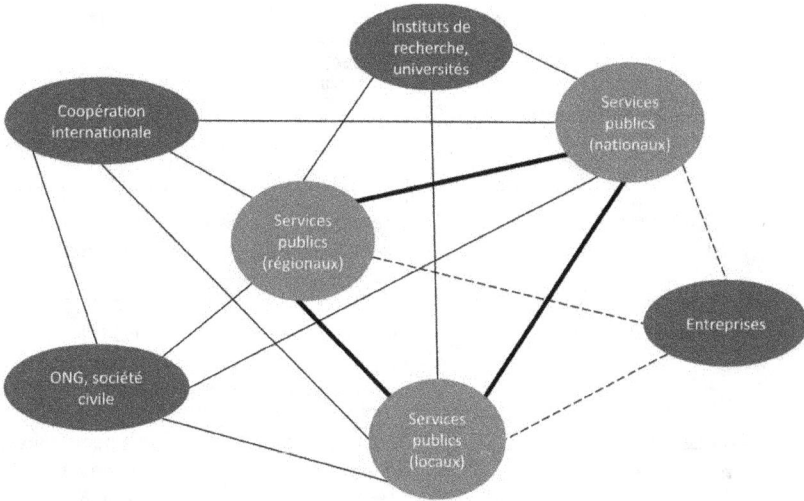

Fig. 5: Relations de communication entre les parties prenantes impliquées à Lima-Callao, à partir des résultats de l'enquête en ligne, validées lors de la première visioconférence avec les parties prenantes

communication entre le secteur privé et les services de l'État (fig. 5, lignes en pointillé) était particulièrement faible. Tous les secteurs ont certes fait état de contacts avec des organisations non gouvernementales (ONG), mais ceux-ci ont été qualifiés de faibles ou rares. Cela s'explique peut-être par le fait que les ONG n'avaient pas été spécifiées.

Lors de la discussion qui a suivi, nous avons demandé aux participants d'indiquer les raisons expliquant les échanges limités entre les acteurs ainsi que les barrières à communication constatées. Globalement, quatre types de barrières ont été identifiés (Tableau 1, Greiving *et al.*, 2021) :

Nous avons préparé ces résultats pour la deuxième visioconférence afin de discuter avec les participants des recommandations visant à surmonter ces barrières.

Tableau 1 : Barrières entravant la communication entre les acteurs au Pérou.

Thème	Barrière
Échange spécifique d'informations	Pas ou peu d'accès aux informations (par exemple aux analyses et évaluations de risques)
Échange d'informations entre des acteurs publics	Retards dans la transmission d'informations (par exemple entre l'échelon local et régional)
Implication du secteur privé	Pas d'échange d'informations (par exemple entre acteurs publics et privés sur les plans de contingence)
Définition de schémas de coopération et de communication	La communication entre des personnes d'institutions différentes est souvent étroite, mais elle est interrompue par une rotation de personnel trop fréquente

5. Propositions pour une communication sur le risque efficace

A partir des résultats de la première visioconférence, nous avons discuté avec les 50 participants de la deuxième réunion de solutions permettant de surmonter ces entraves à la communication. L'atelier a eu lieu en distanciel le 18 février 2021, également via la plate-forme Zoom. Nous avons présenté d'entrée de jeu des pistes de solutions que nous avons discutées avec les participants. Voici les recommandations qui sont ressorties à l'issue du débat :

— **Compétence :** développer les compétences au sein des instances de l'État et de la société civile, notamment aux niveaux local et régional (communes, régions, personnes touchées).
— **Ressources :** renforcement des capacités (financières et en personnel) des instances publiques compétentes pour la gestion du

risque de catastrophe afin qu'elles puissent mener à bien leurs missions.
- **Transparence :** création de plates-formes pour un dialogue ouvert entre les acteurs, permettant également un apprentissage mutuel.
- **Créer la confiance entre les acteurs :** harmonisation des normes de données et mutualisation d'informations relatives aux risques, qui sont en partie réparties entre diverses institutions.

Ces premières recommandations devraient être concrétisées dans d'autres ateliers virtuels.

6. Perspective : quid de l'efficacité d'un processus virtuel impliquant des parties prenantes ?

L'enquête et les ateliers ont été menés en ligne. Le recours à des outils de communication virtuels présente des limites mais recèle aussi des chances, que nous évoquerons brièvement ci-après, dans la perspective d'assurer le succès du processus d'implication des parties prenantes :

- obstacles techniques (disposer d'équipements techniques est une condition sine qua non de participation),
- problèmes techniques éventuels durant les discussions,
- limitation de la durée des sessions à 2 h 30,
- méthodologie adaptée à la visioconférence (documents de travail, discussion, visualisation, compte rendu).

Les deux premiers obstacles ci-dessus ont pu être largement surmontés au moyen d'un soutien individuel et technique continu, et n'ont donc pas constitué de restrictions majeures, car chaque participant s'est vu proposer un test technique personnalisé. La limitation de la durée des ateliers, au motif que l'attention ne pouvait être maintenue aussi longtemps en distanciel que lors d'échanges en présentiel, a été plus gênante. Par ailleurs, il n'y a pas eu de pauses communes, de sorte que le fait de faire connaissance et d'aller les uns vers les autres a manqué, un effet qui peut influer sur les chaînes d'association et d'argumentation, car les participants se connaissent moins.

Les questions à aborder ont été adaptées à cette durée réduite, certaines d'entre elles n'ayant pas pu être traitées de façon aussi approfondie que lors d'une réunion en présentiel. Ainsi, les recommandations pour surmonter les barrières à la communication n'ont pas pu être détaillées. En conséquence, il a été compliqué de proposer des entrées en matière interactives, par exemple des travaux communs sous forme de simulation, ou de distribuer du matériel à étudier en commun (par exemple les cartes de risques à traiter ensemble). Un tableau commun a été utilisé pour diverses thématiques (par exemple le traitement des résultats de l'enquête sur les moyens de communication lors de la première visioconférence). Ce dispositif présente toutefois l'inconvénient que les profils des participants ne sont pas visibles (à moins de disposer de deux écrans), or ce point s'est avéré important pour l'animation de la réunion. Toute forme de visualisation des résultats pour les participants s'inscrit ainsi dans ce qu'on appelle la « présence virtuelle » (Fritz et al., 2021).

Toutefois, ces limites se doublent également des aspects positifs suivants :

1. facilité à convenir d'une date pour des réunions courtes n'impliquant pas de déplacement,
2. accès facilité aux personnes et institutions en raison de l'absence de frais de déplacement,
3. moins de travail d'organisation des manifestations, même si elles font intervenir des experts d'autres pays,
4. possibilité d'un échange continu,
5. possibilité d'une interprétation simultanée à un coût modique pour l'ensemble des réunions,
6. déséquilibres de pouvoir moins marqués en raison de l'absence de symboles de statut,
7. éventuellement, une discussion plus objective lorsque la confiance dans les autres participants était donnée.

Même si l'évaluation des ateliers virtuels à partir des avis des participants n'a pas encore été menée à bien, les premières expériences des organisateurs laissent entrevoir que ces effets jouent un rôle : toutes les manifestations ont attiré beaucoup de participants, dont la plupart ont assisté aux deux visioconférences, ce qui a permis d'obtenir des résultats concluants. Nombre de parties présentes avaient leur caméra allumée tout au long des discussions. Le débat animé prouve que toutes et tous se sont intéressés à cette thématique et avaient envie d'obtenir des résultats. Aucune réserve n'a été émise quant à la confidentialité, certains thèmes difficiles (par exemple la confiance des diverses institutions entre elles) ont été abordés ouvertement.

Notre conclusion est qu'un processus de participation virtuelle des parties prenantes est une méthodologie qui, dans le cadre également de projets internationaux, peut permettre d'impliquer des parties prenantes locales dans une démarche interdisciplinaire. Les facteurs de succès d'un tel processus (Wachinger et al., 2014) – tels que l'équité, la confiance, le sérieux, une bonne gestion du temps – ont pu être mis en place par les modérateurs dans l'espace virtuel. La suite du projet montrera comment les participants évaluent ces facteurs de succès et si la mise en œuvre des résultats peut être facilitée grâce à cette méthode.

Le cas échéant, un processus virtuel continu d'implication des parties prenantes locales pourra être pleinement intégré dans la prévention des risques multiples.

Bibliographie

Greiving, S., Fleischhauer, M., León, C.D., Schödl, L., Wachinger, G., Quintana Miralles, I.K., Prado Larraín, B. (2021): Participatory Assessment of Multi Risks in Urban Regions—The Case of Critical Infrastructures in Metropolitan Lima. *Sustainability* 2021, *13*, 2813. DOI: 10.3390/su13052813.

IRGC (2018): Guidelines for the Governance of Systemic Risks. Lausanne: International Risk Governance Council (IRGC). DOI: 10.5075/epfl-irgc-257279.

Renn, O. (2008). *Risk Governance. Coping with Uncertainty in a Complex World.* London: Earthscan.

Renn, O. (2019). *Das Risikoparadox: Warum die Intuition bei der Bewertung von Risiken für Leben und Gesundheit so oft versagt?* In: Eller, E., Heinrich, M. (ed.): *Jahrbuch Treasury- und Risiko-Management.* Potsdam: Re/peat 2019. 277–292.

Renn, O. (2018). Kommunikation über komplexe Zusammenhänge am Beispiel der systemischen Risiken. In: Pyhel, T. (ed.). *Zwischen Ohnmacht und Zuversicht? Vom Umgang mit Komplexität in der Nachhaltigkeitskommunikation.* München: OEKOM. 15–34.

Schoepfer, E., Lauterjung, J., Kreibich, H., Rakowsky, N., Krautblatter, M., Straub, D., Stasch, C., Jäger, S., Knauer, K., Greiving, S., León, C., Spahn, H., Riedlinger, T. (2018). *Research towards improved management of natural disasters including strategies to reduce cascading effects. EGU General Assembly 2018*, vol. 20, EGU2018-14801.

Wachinger, G., Renn, O. (2010). Risk Perception and Natural Hazards. *CapHaz-Net WP3 Report, DIALOGIK Non-Profit Institute for Communication and Cooperative Research.* Stuttgart. https://www.researchgate.net/publication/228827276_Risk_perception_of_natural_hazards.

Wachinger, G., Renn, O., Begg, C., Kuhlicke, C. (2013). The Risk Perception Paradox—Implications for Governance and Communication of Natural Hazards. *Risk Analysis.* 2013. *33* (6). 1049–1065.

Wachinger, G., Renn, O., Wist, S., Steinhilber, M., Triemer, U. (2014). *Using participation to create resilience: how to involve citizens in designing a hospital system? Environment Systems and Decisions*, New York: Springer. DOI: 10.1007/s10669-014-9502-9.

Jacqueline BREUGNOT

Synthèse et perspectives

Des contributions réunies ici, nous pouvons retirer un grand nombre d'informations, de suggestions précieuses et de possibles perspectives pour une communication plus effective dans la gestion des risques en contexte transfrontalier.

Les dangers qui guettent le Rhin supérieur sont divers puisqu'ils concernent les inondations, les tremblements de terre, les accidents, les pandémies, la criminalité et tous les risques liés au changement climatique. Les modes de communication qui se sont déjà instaurés ou sont en cours de construction diffèrent en fonction de plusieurs critères.

Ils diffèrent selon le degré de l'urgence ou le recul avec lequel ils ont été élaborés. Les travaux relatifs à l'histoire des crues du Rhin ou des épisodes sismiques – qui d'ailleurs se produisent souvent sur les frontières – peuvent constituer des sources précieuses pour anticiper la gestion des catastrophes à venir.

Les besoins en communication diffèrent aussi en fonction de l'enjeu plus ou moins global de la gestion du risque. Les services de secours et d'incendies sont confrontés à des besoins, certes perçus, mais les interventions étant très majoritairement locales, l'effort exigé pour mettre en place des collaborations, pour motiver les personnels à apprendre la langue de l'autre, pour connaître le fonctionnement des services étrangers, est considérable. Un état des lieux des ressources existantes en termes de bilinguisme, un annuaire des interlocuteurs constituent cependant une avancée complétant les travaux des instances de la conférence du Rhin supérieur.

La prévisibilité des catastrophes a des effets complexes sur les formes de communication transfrontalières. Elle permet une préparation en amont, en dehors de toute pression, mais où les acteurs doivent travailler à partir de projections alors que la pandémie de la COVID-19, par exemple, a été un réel défi pour les solidarités et l'aptitude à communiquer quand les frontières avaient tendance à s'ériger de nouveau. Les risques sanitaires comme les risques issus du changement climatique constituent une forte motivation du fait de leur caractère d'urgence, de leur prévisibilité relative, de leur dimension internationale et de la déstabilisation des populations habituées à vivre dans la sécurité. Espérons que les modes de communication et de coopération établis à cette occasion sauront devenir pérennes. Les défiances et la préservation de l'image de soi et de son institution d'appartenance ont dû être dépassées face à la nécessité et si la coopération peut être réciproque, il sera plus facile d'établir une communication professionnelle, de motiver les acteurs à acquérir une maîtrise d'une langue étrangère partagée, que ce soit la langue de l'autre ou une *lingua franca*. Peut-être que d'autres processus d'harmonisation déjà entamés, comme les structures juridiques, pourront fournir un modèle et un soutien aux collaborations débutantes. L'instauration de réunions régulières, relativement informelles, permettant de créer des liens entre les acteurs est une pratique qu'il est sans doute possible d'étendre à d'autres domaines de prévention des risques. Ces rencontres informelles sont peu chronophages, à condition qu'il existe une compétence minimale de compréhension de l'autre langue. L'investissement est rentable car, lorsque des liens interpersonnels, même ténus, ont été établis, il est alors beaucoup plus facile de contacter rapidement le bon interlocuteur de l'autre côté de la frontière le moment venu. On constate, d'autre part, que ce sont les réunions non spécifiquement dédiées à la mise en place des coopérations qui se révèlent finalement les plus efficaces. Les expériences de collaboration vécues en contexte réel font tomber bon nombre d'inhibitions. Les échanges verbaux, même avec un niveau de langue moyen, lorsqu'ils sont réguliers permettent de dépasser les a priori, nombreux dans les régions frontalières. Ils permettent aussi de déconstruire certains tabous, tels que la non maîtrise de l'anglais, comme en témoigne le fonctionnement de la brigade fluviale.

Le retour d'expérience apparaît comme un élément déterminant pour mettre en évidence les besoins réels, pour identifier les investissements pertinents en termes de formation, non seulement linguistique mais aussi interculturelle, en constituant des ressources pragmatiques en termes de connaissances techniques et administratives des différents systèmes en contact.

Les recherches théoriques en cours devraient permettre de théoriser et de transposer les résultats obtenus aux différents contextes transfrontaliers, afin d'établir à moindre coût une coopération linguistique et interculturelle pour une gestion des risques optimisée et pour une construction européenne dynamique.

Gérald SCHLEMMINGER

Postface

Raviver la solidarité européenne ?

Les catastrophes ne connaissent pas de frontières [. . .], par conséquent, le développement de la prévention, de la résilience et de la réaction efficace aux situations d'urgence requiert une coopération transfrontalière. Une coopération transfrontalière efficace apporterait des avantages non négligeables aux 37,5 % de la population de l'Union européenne vivant dans des régions frontalières (Ciambetti, 2019 : 39).

Manifestement, il existe des personnes engagées pour que la gestion des risques dans l'espace rhénan devienne progressivement un sujet sociétal commun. Les responsables administratifs et politiques des régions de Bade, du Palatinat, pour l'Allemagne, d'Alsace pour la France et des cantons de Bâle pour la Suisse, prennent conscience du fait que la gestion des risques ne peut plus relever du seul territoire national et demande une coopération transrégionale et transfrontalière. Cette prise de conscience pose, au-delà des questions de compétences techniques et administratives partagées, des défis linguistiques et culturels. Ces challenges sont nouveaux. Il n'en fut pas toujours ainsi.

La francisation de la rive gauche du Rhin et les trois guerres franco-allemandes qui ont fait du fleuve une limite n'ont pas empêché certaines réalisations de coopération transfrontalières remarquables. La Commission centrale pour la navigation du Rhin, établie en 1831 par la convention de Mayence, et à laquelle adhérait la France, le Grand-duché de Bade, le royaume de Bavière, le Grand-duché de Hesse, le duché de Nassau, les Pays-Bas et le royaume de Prusse en est un exemple éclatant. La correction du Rhin supérieur par l'ingénieur et hydrologue badois Johann Gottfried Tulla, entre 1817 et 1876, est un autre exploit de coopération rhénane.

C'est sur cet arrière-fond historique qu'il faut lire les contributions de cet ouvrage. Ce contexte pluriséculaire donne un relief particulier aux sujets abordés. Les auteurs tiennent compte de l'espace rhénan aujourd'hui segmenté au niveau linguistique et culturel. Ils font une analyse fine des différentes situations de risques possibles et ayant une dimension potentiellement internationale comme le crash d'avions, les activités sismiques, les urgences sanitaires, les incendies... Ils montrent la nécessité de répondre au besoin réel de coopération transfrontalière, pour la prévention, pour les incidents mineurs et même lorsqu'il s'agit d'un besoin rare, car il est alors grave.

Certes, cette coopération transfrontalière se heurte encore à de nombreux obstacles de tous ordres (linguistique, administratif, technologique, entre autres) comme les contributeurs ne manquent pas de le détailler. Mais les textes montrent également les coopérations qui fonctionnent. Ils peuvent être lus comme une liste des meilleures pratiques professionnelles et administratives. Comme les auteurs le décrivent, il peut s'agir des exercices conjoints promouvant une démarche commune, une compréhension mutuelle et un niveau de préparation similaire en cas de catastrophe. Ce livre permettra aux responsables politiques, administratifs, aux entrepreneurs et à tous ceux qui interviennent dans le domaine de la communication, d'exploiter les exemples de coopérations réussies et d'en tirer profit pour leur domaine de compétence.

L'ouvrage a le mérite de faire connaître les spécificités de la communication pour la gestion des risques et d'appréhender les différents groupes cible comme les experts, les administrateurs, les citoyens avec lesquels il faut échanger. Le défi ne se limite pas uniquement à la bonne maîtrise d'une compétence linguistique particulière (vocabulaire technique, phraséologie et langue de spécialité, vulgarisation pour le grand public) ; il met en jeu la tension entre précision et clarté, confiance et vérification. D'ailleurs, la confiance réciproque apparaît comme indispensable à la gestion commune des risques et des catastrophes. Au-delà de la confiance nécessaire, les travaux montrent qu'il y a un besoin de connaissances fiables concernant le partenaire, les techniques et technologies, les habitus culturels et les visées stratégiques dans le domaine concerné.

Au niveau culturel, le défi reste complexe : les propres tabous sont encore une entrave. Ainsi la défense d'une image de soi ou de l'institution engendre des comportements qui freinent la coopération quand ils ne sont pas susceptibles de créer de nouveaux dangers. Le pragmatisme efficace demande un niveau en langue adapté au public, une connaissance au moins passive de l'autre langue et le recours circonscrit et approprié de l'anglais si nécessaire.

Pourtant, alors que l'Office franco-allemand pour la Jeunesse déplorait, il y a quelques années déjà, le manque de curiosité et d'intérêt pour le voisin dans les régions frontalières franco-allemandes, les besoins nés d'une gestion commune des risques pourrait bien relancer un sentiment de solidarité profitable à l'Europe d'aujourd'hui.

Bibliographie

Ciambetti, R. [rapporteur] (2019). Avis du Comité européen des régions – La dimension transfrontalière de la réduction des risques de catastrophe. *Journal officiel de l'Union européenne*, C 404 du 29.11.2019 FR. 39–43.

Liste des auteurs

BOHNERT, Gaël, CRESAT UHA, Mulhouse.

FIEDRICH, Frank, Bergische Universität Wuppertal, Lehrstuhl für Bevölkerungsschutz, Katastrophenhilfe und Objektsicherheit.

GANSTER, Frédérique, Médecin anesthésiste-réanimateur, GHRMSA, Mulhouse.

JAILLET, Laura, Juriste, procureure détachée à l'Université de la Sarre.

KLEIN, Miriam, Karlsruher Institut für Technologie, Institut für Industriebetriebslehre und Industrielle Produktion (IIP).

KLOTH, Melina, Chargée de projet européen, Master en relations internationales, Université de Bohème du Sud, České Budějovice.

KYI-DRAGO, Andrea, Enseignant-chercheure à l'Université Mainz, l'institut de traduction (FTKS) à Germersheim.

LAEMMEL, Christine, Consultante en communication et enseignante à l'Université de Strasbourg.

LEON, Christian D., Directeur de projet, DIALOGIK Gemeinnützige Gesellschaft für Kommunikations- und Kooperationsforschung mbH, Stuttgart.

LOQUET-BEHR, Martine, Chargée des relations transfrontalières au SIS, Strasbourg.

MARTIN, Brice, enseignant-chercheur, géographe, Université de Haute-Alsace, ORRION.

MASSON, Frédéric, Professeur des universités, Institut Terre et Environnement de Strasbourg.

PETIT, Patrice, Lieutenant-Colonel, Chef du Pôle Analyse des risques et organisation des secours, SDIS Strasbourg.

RIDDER, Markus, Hauptkommissar de la brigade de Gendarmerie fluviale franco-allemande, Kehl.

RUDOLF, Florence, Professeure des universités, Département d'architecture, INSA Strasbourg, Responsable et Coordinatrice du projet Clim'Ability Design, Interreg V, www.clim-ability.eu.

RUSCHE, Jörg Administrateur, Commission centrale pour la navigation du Rhin (CCNR), Palais du Rhin-Strasbourg.

SCHULTE, Yannic, Bergische Universität Wuppertal, Lehrstuhl für Bevölkerungsschutz, Katastrophenhilfe und Objektsicherheit.

SCHULTMANN, Frank, Karlsruher Institut für Technologie, Institut für Industriebetriebslehre und Industrielle Produktion (IIP).

SIRA, Christophe, Ingénieur CNRS, Bureau central sismologique français/Réseau national de surveillance sismique, UMS830, EOST Université de Strasbourg.

WACHINGER, Gisela, Directrice de projet, DIALOGIK Gemeinnützige Gesellschaft für Kommunikations- und Kooperationsforschung mbH, Stuttgart.

WIENS, Marcus, Karlsruher Institut für Technologie, Institut für Industriebetriebslehre und Industrielle Produktion (IIP).

ZIMMERMANN, Laurent, CRESAT UHA, Mulhouse.

transversales

Langues, sociétés, cultures et apprentissages

Ouvrages parus

La collection *Transversales* propose une plate-forme de débats, de confrontations des travaux portant sur le plurilinguisme et la pluriculturalité. Elle s'intéresse aux intersections possibles entre langues, sociétés et cultures, notamment à travers l'analyse de situations de contacts entre les individus et groupes dans le cadre de politiques linguistiques au sein des institutions éducatives au sens large. On y aborde aussi les questions liées aux personnes en situation de mobilité et à leurs stratégies linguistiques, sociales, culturelles mises en œuvre dans la communication quotidienne. Par des approches bi ou pluridisciplinaires, *Transversales* interroge les conceptions de l'altérité, l'évolution des représentations véhiculées dans l'apprentissage des langues et dans la formation des médiateurs culturels.

www.ingramcontent.com/pod-product-compliance
Lightning Source LLC
Chambersburg PA
CBHW050631280326
41932CB00015B/2605